I0255007

NOUVELLE BIBLIOTHÈQUE CHOISIE
Collection à 1 franc le volume
1 franc 25 centimes à l'étranger

LE VICOMTE
PONSON DU TERRAIL

LE LION
DE VENISE

Les Oranges de la Marquise.
Chez mon grand-père. — La Dragonne du Chevalier.
Le Marquis de Pré-Gilbert.
La Pupille de Henri IV. — La Fée de Noël.
Les Folies d'une Chanoinesse. — La Clef du Jardin.
Le Trésor mystérieux. — A trente ans.
Le Vase de Chine. — Le Quatrain du Vicomte.
Le Rêve d'or.

PARIS

CHARLIEU, LIBRAIRE-ÉDITEUR
DE LA SOCIÉTÉ DES GENS DE LETTRES
12, BOULEVARD SAINT-MARTIN.

1857

LE
LION DE VENISE

PARIS. — TYPOGRAPHIE MORRIS ET Cie,
rue Amelot, 64.

LE VICOMTE

PONSON DU TERRAIL

LE LION
DE VENISE

Les Oranges de la Marquise.
Chez mon grand-père. — La Dragonne du Chevalier.
Le Marquis de Pré-Gilbert.
La Pupille de Henri IV. — La Fée de Noël.
Les Folies d'une Chanoinesse. — La Clef du Jardin.
Le Trésor mystérieux. — A trente ans.
Le Vase de Chine. — Le Quatrain du Vicomte.
Le Rêve d'or.

PARIS
CHARLIEU, LIBRAIRE-ÉDITEUR
DE LA SOCIÉTÉ DES GENS DE LETTRES
12, BOULEVARD SAINT-MARTIN.

1857

AU GÉNÉRAL

TOSCAN DU TERRAIL

Mon cher Oncle,

Permettez-moi de vous dédier ce livre ; peut-être y rencontrerez-vous çà et là quelque page à l'allure cavalière, qui vous prouvera que la religion du passé m'a seule fait troquer contre une plume cette vieille épée de nos pères, que vous avez portée si noblement durant une loyale et chevaleresque carrière dont je suis fier.

LE LION DE VENISE

I

— Holà! gondolier, prends tes avirons et pousse au large! La nuit est belle, le vent frais, et ta barque glissera comme un cygne sur le flot calme des lagunes.

Ainsi parlait, d'un ton bref et impérieux, un galant seigneur vêtu de soie et de velours, au bras duquel s'appuyait la plus ravissante créature qu'en un jour de folie Venise eût vue passer nonchalante et renversée à demi sur les coussins brochés d'une gondole : c'était l'âge héroïque, l'ère brillante et dorée de la sérénissime République, l'époque où Venise la belle et la superbe étendait sur les mers son sceptre triomphant, l'époque resplendissante des doges et du conseil des Dix, l'ère des fêtes carnavalesques au dedans et des nobles combats au dehors, l'âge enfin où Venise traitait avec les rois de puissance à puissance et leur dictait ses terribles volontés.

Le carnaval commençait, — il faisait nuit, — Venise s'éveillait au bruit d'un baiser et d'un soupir; la place Saint-Marc s'éclairait de mille feux, le palais du doge étincelait, peuple et noblesse remplissaient la ville de ce bruit harmonieux et confus où l'éclat de rire se confond avec un murmure d'amour.

Venise triomphait sur les mers, n'avait-elle donc point le droit de s'amuser et d'aimer sur les lagunes?

Le gondolier auquel s'adressait la brusque interpellation

du grand seigneur était assis sur le bord du quai, les bras croisés, les jambes pendant au-dessus de l'eau, et il fredonnait d'une voix jeune et fraîche, nuancée d'une inflexion mélancolique, le refrain d'une barcarolle commençant ainsi :

> Si j'aimais une noble dame,
> Je voudrais être grand seigneur,
> Avoir au côté fine lame,
> Porter éperon tapageur.

C'était un garçon de vingt ans, de haute taille et beau comme une statue antique; ses cheveux, bouclés et noirs ainsi que l'aile du corbeau, couronnaient un front large, sans ride aucune et de ce brun doré particulier au sang oriental. Malgré son rude métier de gondolier, il avait la main fine, aristocratiquement allongée, garnie d'ongles bien taillés et transparents. Son pied, menu et cambré comme un pied d'Andalouse, était chaussé d'un petit escarpin de cuir de Cordoue, et d'un bas de soie éraillé, mais tiré coquettement.

Le reste du costume était des plus simples, et le hasard s'était singulièrement mis en frais pour lui imprimer un cachet d'élégance en harmonie avec la beauté de celui qui le portait. Une chemise rouge, enfermée dans une culotte bleue, laissant les bras et le col demi-nus, une écharpe de soie blanche nouée en ceinture, un chapeau noir enrubané, de cette forme pointue qui, de nos jours encore, est à la mode chez le peuple italien, — c'était tout, tout si nous mentionnons en outre une mandoline à trois cordes, que le jeune Vénitien portait en bandoulière et qui charmait, parfois, la solitude de ses nocturnes promenades.

— Eh bien! gondolier, reprit le seigneur vêtu de velours, avec une certaine impatience, ne m'as-tu point entendu, et ton escarcelle est-elle assez ronde pour que tu dédaignes une bonne aubaine?

— Pardon, excellence, répondit le jeune homme en tressaillant et sortant de la rêverie profonde où il était plongé lorsque le couple élégant l'avait abordé, je suis à vos ordres.

La voix du gondolier était aussi fraîche, aussi veloutée que son visage était beau; la jeune femme qui s'appuyait au bras du seigneur en fut frappée, et se prit à l'examiner aux rayons de la lune, tandis qu'il sautait dans sa gondole, dénouait l'amarre, et, d'un coup d'aviron, présentait au quai le flanc de l'esquif.

— Voilà, murmura-t-elle à l'oreille de son compagnon, le plus joli garçon que j'aie vu jamais, et qui soit, sans contredit, du cap Misène au Mont-Cenis, et de Naples la coquette à Gênes la superbe.

— Vous trouvez? ricana le grand seigneur en offrant la main à la jeune femme pour la faire entrer dans la gondole, où elle s'assit à la poupe.

— Jugez-en vous-même, répondit-elle.

En ce moment le gondolier allumait les lanternes de couleur de sa barque et leur clarté, inondant en plein son visage, vint en aide à l'assertion de la belle promeneuse, qui, à son tour, apparut aux yeux du Vénitien dans toute la splendeur de sa jeunesse et de sa beauté.

Ce dernier éprouva alors à un si haut degré cette hésitation d'admiration profonde qui s'empare de l'homme à la vue d'un type tellement accompli qu'il surpasse l'idéal rêvé, qu'il laissa retomber ses avirons avec mollesse et oublia son métier pour la seconde fois depuis dix minutes.

— Ah çà, gondolier, mon bel ami, dit le grand seigneur d'un ton de raillerie acerbe, et devinant parfaitement l'émotion du jeune homme, serais-tu poëte, ou bien le fils d'un grand seigneur inconnu? Cherches-tu une rime, ou songes-tu aux moyens de retrouver l'auguste auteur de tes jours, que tu demeures là les bras pendants, l'œil fixe et la bouche ouverte comme une statue priée à un festin?

Le gondolier reprit l'aviron et poussa au large.

— Si je suis poëte, dit-il, c'est pour moi seul, et les vers que j'improvise s'en vont sur les ailes du vent, sans que jamais je songe à les écrire; quant à être fils de grand seigneur, vous avez touché juste, excellence, avec cette différence légère que mon père ne me fut jamais connu... Où votre excellence désire-t-elle aller?

— N'importe où! descends le *Canale-Grande* et passe le pont des Soupirs.

— Ah! dit la jeune femme avec une curiosité croissante, et sans cesser d'admirer les formes hardies et pures, et le visage si correctement beau du gondolier, votre père était un grand seigneur?

— Un peu plus noble que le doge, répondit-il modestement.

— Peste! observa le seigneur vêtu de velours, avec son accent de moquerie dédaigneuse, il faut alors que ta mère fût de condition bien humble pour que ton noble père t'ait laissé devenir gondolier au lieu de te vêtir de soie, de te donner des gens et un palais, une maîtresse convenable et une galante épée damasquinée à Milan, la ville des armuriers artistes.

— Ma mère, répliqua le jeune homme en souriant, était aussi noble que mon père.

— Peut-être avait-elle pour époux un magistrat vieux et jaloux, qui t'aura fait exposer sous le porche d'une église ou sur le pont du Rialto?

— Ma mère était la femme de mon père, répondit fièrement le gondolier.

— Alors, demanda la jeune femme, dont la curiosité allait croissant, quelle bizarrerie du sort?...

— Mon père était pauvre.

— Je comprends, ricana le seigneur, noblesse mendiante, comme celle des lazzaroni.

— A peu près, excellence, avec cette différence, toutefois, que les lazzaroni n'ont jamais été riches, tandis que mes pères avaient assez d'or, jadis, pour prêter à la République des sommes suffisantes à entretenir une armée de terre ou de mer.

Tandis que le gondolier parlait, l'embarcation glissait silencieuse sur le *Canale-Grande* et venait de s'engouffrer sous l'arche du pont des Soupirs.

— Tenez, reprit-il étendant la main, voilà le palais de mes aïeux que la lune éclaire tout entier.

La jeune femme et son cavalier tournèrent la tête et apercurent une ruine magnifique, un bijou d'architecture mauresque lacéré par le temps, un édifice imposant de grandeur et de majesté, dont les croisées, les portes étaient ouvertes, les vitraux brisés, les sculptures et les corniches envahies par le lichen.

Deux lions de bronze en gardaient l'entrée, accroupis sur des piédestaux de marbre que les enfants du peuple avaient outragés en y traçant, à la pointe du stylet, des vers obscènes et des caricatures bizarres.

— Par le doge! s'écria le cavalier sans rien perdre de son inflexion de voix moqueuse, gondolier, mon bel ami, tu te souviens beaucoup trop que tu es poëte, car tu nous fais là un conte à dormir debout; tu sais bien, cependant, qu'on ne dort pas à Venise en temps de carnaval.

— Un conte! fit le gondolier avec dédain; pour qui donc me prend votre seigneurie? Si j'étais poëte par état, je tirerais profit de mes œuvres; si je l'étais pour moi-même et ma simple satisfaction, je serais trop paresseux et surtout trop égoïste pour mettre mon talent au service de la première seigneurie qui entre et se prélasse dans ma gondole en échange de quelques pièces de menue monnaie.

Un sourire moqueur de la jeune femme, — sourire à l'endroit de son compagnon, — accueillit ces paroles du gondolier.

— Bien appliqué, dit-elle tout bas; votre seigneurie en a pour son argent.

— Vous trouvez? repartit le cavalier avec humeur; je suis enchanté, signorina, que vous trouviez quelques charmes aux billevesées de ce garçon.

— Il a de l'esprit comme un gentilhomme.

— En vérité!

— Un gentilhomme qui a de l'esprit, bien entendu, car tous les gentilshommes n'en ont pas, ajouta railleusement la signorina.

Son cavalier se mordit les lèvres et ne souffla mot.

— Il est fort beau ce garçon, continua-t-elle, fort beau, marchese.

— Beauté commune et d'homme du peuple.

— Beauté d'homme de race, au contraire.

— Vous croyez donc à la race, signorina?

— Ma foi, mon cher, dit la signorina avec un calme dédaigneux, j'y crois en vous voyant, car vous n'avez de réellement distingué et de haute mine dans toute votre personne que ce qui vient de vos aïeux, les marchesi de Piombellino : le pied, la main et le reste. Tout ce qui est à vous, c'est-à-dire le regard, l'esprit, la pensée : le regard qui décèle l'intelligence, l'esprit qui pétille, la pensée qui mûrit et féconde l'idée la plus banale, tout cela vous fait complétement défaut.

— Vous avez l'humeur bien noire ce soir, signorina, ricana le marchese avec amertume.

— C'est tout simple, vous êtes près de moi.

— Et vous abusez étrangement de mon amour.

— Je ne vous force point à m'aimer, cependant.

Le marchese soupira et se tut.

Pendant ce bref colloque, le gondolier n'avait cessé d'admirer la jeune femme, et il suivait du regard les expressions diverses et d'une mobilité surprenante de son visage, bien qu'il ne pût entendre les paroles qu'elle échangeait avec le marchese.

La contemplation muette et pleine d'extase du gondolier avait singulièrement nui à la vitesse de l'esquif; les avirons tombaient mollement à l'eau, et la barque avait fait si peu de chemin sur le *Canale-Grande*, qu'elle se trouvait, au moment où le marchese soupira, à quelques brasses seulement du pont des Soupirs, et alla en dérivant heurter les murs de ce palais en ruines, que le jeune homme avait désigné comme l'ancienne et fastueuse demeure de ses pères.

— Eh bien, drôle! grommela le marchese avec humeur, ne sais-tu donc pas ton métier?

— Pardon, interrompit la signorina d'une voix harmonieuse et pleine de caresses, ce garçon a deviné mon désir. Je veux visiter le palais de ses ancêtres.

— Singulière fantaisie, grommela le cavalier.

— Soit, fantaisie ou non, je le veux. Accoste, gondolier!

Le jeune batelier trouva qu'il était beaucoup plus naturel

d'obéir à la signorina que de tenir compte de la mauvaise humeur de son compagnon. Il amarra donc sa barque, sauta lestement sur la jetée et offrit la main à la jeune femme, qui le suivit sur la terre ferme avec non moins de légèreté.

— Merci, lui dit-elle avec un sourire; maintenant prenez une des lanternes de la gondole, offrez-moi votre bras et servez-moi de guide et de cicérone à travers la demeure de vos pères; la porte en est ouverte, il me semble?

— Oui, signora, répondit le gondolier; ce palais appartient maintenant à un juif du nom d'Abraham, qui n'a jamais jugé convenable de l'habiter, et le laisse à la disposition des oisifs qui vont s'y abriter, durant le jour, des rayons du soleil, et des amoureux qui viennent y soupirer tendrement pendant les nuits tièdes et étoilées.

— A merveille! dit la signorina avec le sourire joyeux d'un enfant. Et vous, marchese, suivez-nous, si bon vous semble, ou demeurez dans la gondole à méditer sur les caprices sans nombre des femmes.

Un éclat de rire moqueur accompagna ces paroles.

Le marchese s'était trop aperçu de l'impression causée sur la signorina par la beauté du gondolier pour les laisser aller seuls tous les deux.

Il prit donc le parti de rajuster les plis de son manteau, puis de sauter à son tour sur la jetée pour les suivre.

Quant au gondolier, il tremblait de tous ses membres en sentant appuyé à son bras le bras blanc et nu de la belle signorina.

Le palais de ses ancêtres était à l'intérieur ce qu'il était au dehors, — une ruine splendide, — le souvenir vivant d'une opulence évanouie, d'une grandeur éteinte au souffle dévastateur des âges. Des lambeaux de dorures, des fresques délabrées, des boiseries, chefs-d'œuvre de sculpture, vermoulues et défigurées, quelques haillons de brocart, de soie ou de velours, encadrant encore çà et là les croisées, des écussons à demi disparus sous une couche de rouille et de poussière, partout les traces de la splendeur, partout le passage terrible des temps et de la solitude.

Le jeune Vénitien avait peu à peu dompté l'étrange émotion qui s'était emparée de lui si rapidement, son insouciance était revenue; il montrait le berceau de sa famille salle à salle, pièce à pièce, lambris par lambris, avec cette gaieté triste, ce sourire résigné qui n'appartiennent qu'aux populations méridionales lorsqu'elles se trouvent en face des poignantes ruines de leur passé.

Chaque galerie, chaque salon avait son anecdote. Ici le comte Pepe IV, son trisaïeul, avait aimé un soir la contessina d'Albi, la plus belle femme de Venise; là, son fils, le comte Urbino, avait placé un tableau de Raphaël que lui donna le pape; plus loin, le comte Angelo, le père du gondolier, avait, en une nuit de folie et d'ivresse, perdu, les dés à la main, contre son rival en noblesse, le marchese Adelino d'Urfe, ses trésors, ses biens, ses vaisseaux, et jusqu'à ce palais, qui seul, maintenant, disait qu'autrefois Venise avait inscrit sur la première page de son livre d'or le noble nom des comtes Pepe.

La signorina écoutait tout cela avec cette avidité que déploie la femme à qui l'homme qu'elle aime redit son histoire. Le marchese continuait à maugréer; le gondolier, qui s'appelait Pepe comme ses aïeux, s'exprimait avec insouciance, et n'accompagnait aucun de ses récits d'un soupir ou d'un regret.

Ils étaient parvenus au premier étage du vieil édifice, et ils s'étaient arrêtés dans un grand salon, le seul dont les peintures et les ornements fussent restés à peu près intacts. La signorina s'assit sur le fût brisé d'une colonne, et invita, d'un signe, le gondolier à y prendre place auprès d'elle.

Elle tremblait, la belle jeune femme, et ce fut d'une voix altérée qu'elle engagea l'entretien avec son conducteur.

— Vous n'avez donc, murmura-t-elle, ni regrets du passé, ni soucis de l'avenir, ni ambition des nobles choses?

— L'homme heureux n'est-il point celui qui croit l'être? répondit-il. Que faut-il donc, madame, pour faire la vie riante et bonne? un peu de soleil, un peu d'ombre, un peu de musique et de poésie... un peu d'amour...

Ici, Pepe soupira et se prit à trembler.

La signorina tressaillit.

— Vous aimez donc? demanda-t-elle.

— Je le crois, répondit Pepe. Il y a dans Venise une belle fille du peuple, une fille de gondolier qui se nomme Marietta. Nous avons joué, enfants, sur le seuil de la maison de son père, Bartolomeo; plus grands, nous sommes allés ensemble à la pêche. Bartolomeo m'aime comme son fils, et il m'a toujours dit : Marietta sera ta femme. Or, je crois que j'aime Marietta, et quand elle aura dix-sept ans je l'épouserai.

La signorina se prit à soupirer, et le soupir qui s'échappa de sa poitrine troubla si fort le gondolier qu'il fit un brusque mouvement, comme s'il eût voulu s'arracher à quelque terrible et mystérieuse fascination; mais l'étrangère leva sur lui ce regard profond qui, déjà, l'avait fait tressaillir, et il demeura auprès d'elle, dominé par une inflexible attraction.

— Marietta est donc bien belle? demanda-t-elle tout bas?

— Presque autant que vous, répondit le gondolier, qui avait conservé de l'héritage évanoui de ses pères leur galante et fière courtoisie.

La signorina baissa les yeux et se tut. Son jeune guide continua à trembler. Un moment de silence succéda à ces quelques paroles, puis enfin l'étrangère triompha de son émotion et reprit :

— Comment vous nommez-vous?

— Pepe, signorina.

— Où logez-vous?

— Rialto di Sole, une petite ruelle noire qu'on appelle la rue du Soleil, parce que le soleil n'y pénètre jamais... Les Vénitiens ont bien de l'esprit.

— Vous m'avez dit que ce palais était ouvert à tout le monde?

— Oui, signorina.

— Ainsi, le marchese et moi nous y pouvons demeurer?

— Toute la nuit, si bon vous semble.

— Eh bien, dit la signorina, Pepe, mon ami, retournez à votre gondole, et demain soir, à la brune, attendez-moi à la Piazzetta, devant le lion de Saint-Marc; nous userons encore de vos services... Voici pour aujourd'hui.

Et la jeune femme tendit une pièce d'or à Pepe, qui la repoussa.

— Pardon, signorina, dit-il, je ne prends jamais qu'un ducat. Si vous le désirez, je vous rendrai la monnaie.

— Il est fier, pensa la signorina.

Et elle n'insista point, reprit la pièce d'or et donna un ducat.

Pepe s'en alla en soupirant, et il murmura en sautant dans sa gondole :

— Mon Dieu! que cette femme est belle! C'est étrange! je tremble comme une feuille d'automne, moi qui n'ai jamais regardé d'autre femme que Marietta! Demain je ne me trouverai point à la Piazzetta; je ne la reverrai pas...

O Marietta! Marietta! je ne veux aimer que toi!

II

La signorina demeura longtemps rêveuse, l'œil baissé, sans quitter le lieu où elle s'était arrêtée avec le gondolier.

Tout à coup elle leva la tête, le regard brillant d'une résolution subite : elle aperçut son compagnon qui était assis à quelques pas, et n'avait point osé troubler sa méditation; et alors elle se leva, marcha vers lui, le considéra silencieusement pendant quelques secondes, et appuyant enfin sa main blanche et parfumée sur son épaule, elle lui dit :

— Marchese del Piombellino, je veux avoir un entretien suprême avec vous.

— Suprême? fit le marchese avec émotion.

— C'est-à-dire le dernier, oui, marchese. Vous m'avez trouvée un jour dans les rues de Pise, cheminant pieds nus, vêtue de haillons et vendant des fleurs. Le lendemain j'avais un palais, des gens, un carrosse, et vous me demandiez mon amour en échange. Je vous ai volé, marchese, car je ne vous aime pas; cependant je suis honnête, et je romps ce marché de dupe.

Le marchese recula en pâlissant.

— Vous êtes folle! dit-il.

— Peut-être... La folie a le mérite, du moins, de voiler le prosaïsme de la vie au profit de l'imagination. Je ne rentrerai pas ce soir au palais que vous avez loué à notre arrivée à Venise, je passerai la nuit ici, à contempler les étoiles; ensuite, demain, au jour, j'irai courir aux environs de la Piazzetta; je chercherai ce gondolier, que nous venons de congédier, et puis je l'enlacerai de mes deux bras et je lui dirai :

— Pepe, mon doux ange, j'étais une courtisane dont un grand seigneur essayait d'acheter l'amour; je t'ai vu, je t'ai aimé, je t'aime avec folie et délire, et je viens à toi...

Le marchese recula encore et jeta un cri de douleur.

— Je viens te dire, poursuivit la signorina, que l'amour purifie et élève les âmes les plus souillées, et que si tu veux de moi, si tu veux m'épouser, je partagerai ta rude vie, tes veilles, ta pauvreté, et serai une honnête femme.

Le marchese étouffa un soupir :

— Vous êtes folle à lier, et demain cette étrange fantaisie...

— Sera plus ardente, plus impérieuse encore.

— Et vous renoncerez à ce luxe, à cette vie brillante, à cette oisiveté dorée que je vous ai faite?

— Oui, car elle dissimule mal la plus affreuse des servitudes.

Le marchese demeura silencieux et sombre pendant quelques minutes, puis son regard jeta une fauve lueur où se peignait la haine et l'irritation, et il dit froidement à la signorina :

— Je vous taxais de folie tout à l'heure, j'avais tort. C'est moi qui suis fou, fou à lier, car j'ai enchaîné ma vie à la vôtre et compromis l'héritage et le nom de mes aïeux. A cette heure, Lorenza, si vous me demandiez ma main et mon nom, peut-être vous accorderais-je l'un et l'autre.

— Je n'en veux pas.

— Mais je suis bien plus fou encore, signorina, lorsque je me prends à frissonner et à trembler en songeant que vous m'échapperez demain. Je connais les caprices d'une femme élégante pour un homme du peuple,—feu de paille, flamme éphémère, ivresse d'une heure que suit un vent glacé, un réveil morn cet désolant. Ah! vous aimez Pepe le gondolier! ah! vous le préférez au marchese del Piombellino; eh bien! vous avez raison, mille fois raison, car le marchese est laid, il manque d'esprit, il a cinquante ans, une voix rude, et il n'est point poëte comme le beau Pepe, le gentilhomme gondolier. Cependant je veux vous prouver que le marchese a du bon, qu'il est capable d'un dévouement inouï et sans limites...

La signorina regardait le cavalier avec étonnement.

— Écoutez-moi, poursuivit-il; vous aimez Pepe, je le vois, je le comprends; Pepe est beau, il est de noble race, il a le geste qui séduit, il possède le regard qui fascine, mais il est pauvre, Pepe, et il serait bien, sous le pourpoint de soie de ses pères, le plus galant seigneur du monde. S'il avait un palais, celui-ci par exemple, dont on redorerait les écussons, dont on restaurerait les fresques, des gens pour l'escorter, de l'or pour jouer gros jeu, une fine épée de Milan pour quereller ses rivaux, car il en aura puisque vous l'aimez, Pepe serait le héros de l'Italie, le lion du carnaval de Venise. Il ferait beau vous voir passer enlacés dans une gondole armoriée, jeunes et séduisants tous deux, le sourire de l'amour aux lèvres, la volupté de la fortune au front; il ferait bon vous aimer sous les lambris d'or des palais, sur le brocart des gondoles, et le peuple de la sérénissime république vous saluerait de mille bravos lorsque, par les nuits étoilées, vous daigneriez apparaître au balcon...

— Taisez-vous, démon! interrompit vivement la signorina; si vous avez voulu vous venger de mon abandon, vous avez réussi, car maintenant j'éprouve une soif inextinguible de fortune et de grandeur pour mettre tout cela aux pieds de mon Pepe. Arrière, Satan!

Le marchese se prit à rire.

— Vous oubliez, dit-il, que je suis le plus riche seigneur de Florence.

— Eh bien?

— Eh bien! mon or est le vôtre; vous ne voulez point de mon amour, soyez ma sœur, partageons en frères, remeublez ce palais, faites de Pepe le gondolier le comte Pepe le gentilhomme, aimez-le si tel est votre rêve, moi je demeurerai dans l'ombre, riant faux, souffrant en silence, et puis, comme tout s'éteint en ce monde, les amours les plus ardentes et les haines les plus vivaces, je me prendrai à espérer qu'un jour ou l'autre vous cesserez d'aimer Pepe, que vous adorez à cette heure, et que vous m'aimerez, moi qui ne vous inspire qu'horreur et répulsion.

— Marchese, dit la signorina avec un cruel sourire, une fois encore vous feriez un marché de dupe, car j'aimerai toujours Pepe.

— Qu'importe?
— Ainsi ce que vous m'offrez...
— N'est point une plaisanterie.
— Je suis votre sœur?
— Parfaitement.
— Votre or m'appartient?
— Puisez à volonté dans mes coffres.
— Ainsi donc le marché est conclu?
— Je le garantis de ma parole de gentilhomme.
— Eh bien! dit la signorina en riant, vous êtes volé. A moi Pepe pour toujours!
— Je vous accorde un mois, répondit froidement le marchese.

Et le plus infernal des sourires, un sourire où la haine et un ardent besoin de vengeance se fondirent, passa sur ses lèvres, et eût fait frissonner la signorina si elle l'eût surpris.

III

Pepe le gondolier s'en alla rêveur et sombre, appelant à son aide l'image aimée de Marietta.

Invocation stérile!

Tandis que sa gondole fendait l'onde amère des lagunes et qu'il essayait de revoir avec les yeux du souvenir la tête agaçante et brune, le sourire frais et charmant de l'ingénue Marietta, une ombre se dressait obstinément devant lui, une voix mélancolique, émue et grave, semblait bruire à son oreille, un regard profond étinceler dans l'ombre, un sourire triste et charmant répondre à sa tristesse et lui parler d'avenir et d'espoir.

Cette ombre, cette voix, ce sourire... c'était l'étrangère, l'inconnue qu'il venait de quitter, cette belle signorina qui appuyait naguère son bras parfumé sur le sien.

Pepe laissa sa gondole amarrée au quai de la place Saint-Marc; il gagna le rialto di Sole, cette rue du Soleil où le soleil n'arrivait jamais; il voulut, pour s'arracher à cette étrange fascination, frapper à la porte de Bartolomeo, le vieux gondolier, et voir sur-le-champ sa brune et fraîche Marietta. Mais, sur le seuil de cette porte, il hésita, ses jambes fléchirent, sa main levée s'arrêta sans heurter le chêne vermoulu; il hésita encore .. et puis il détourna brusquement la tête et passa...

Il passa en soupirant, le cœur troublé, la sueur au front, et tout frissonnant, il gagna son logis, cette mansarde où, jusqu'alors, il avait vécu si heureux, sans regrets du brillant passé de sa race, sans souci de son humble et obscure vie à venir. Et lorsqu'il se fut jeté sur son grabat, quand son œil éperdu contempla ces murs noircis et dénudés sur lesquels l'amour de Marietta avait, jusqu'à présent, étendu un voile de pourpre et d'or, une tenture plus riche et plus chatoyante que les tapisseries de haute lisse qui décoraient jadis la fastueuse demeure de ses pères, — il éprouva cette froide et repoussante sensation que fait éprouver l'aspect de la misère, et il se prit à murmurer :

— O mes aïeux! qui donc me rendra votre noble et splendide héritage?

Ce fut une nuit de suprême et terrible angoisse, une nuit sans sommeil et troublée par les plus étranges visions que celle qui s'écoula pour Pepe le gondolier.

Tandis que Venise s'amusait, que le carnaval promenait sur l'eau des lagunes ses rires joyeux et ses torches de plaisir, tandis qu'un baiser et une barcarolle sans fin retentissaient du pont des Soupirs aux grèves étincelantes de l'Adriatique, cette fière épouse du doge, Pepe, accroupi sur son grabat, étreignant de ses mains glacées son front brûlant, Pepe songeait à l'étrangère et à son vieux cavalier ; Pepe était jaloux... Pepe aimait déjà, avec la furie désolée de l'homme déshérité, cette femme dont il aurait fallu sans doute payer l'amour au prix des trésors de la sérénissime république, au prix de la gloire de son plus vaillant amiral...

Et quand l'aurore vint, lorsque les premiers rayons du soleil glissèrent aux cimes des palais de la blanche et superbe Venise, Pepe n'avait point changé d'attitude, et il murmurait avec délire :

— N'aurai-je donc point à mon flanc l'épée retentissante de mes aïeux ? Ne rentrerai-je donc jamais dans leur noble demeure, et Dieu ne permettra-t-il point que Pepe le gondolier reprenne son titre, ses biens et son nom ?

Au moment où le pauvre fou achevait, la porte de son réduit s'ouvrit. Tout à coup, un homme parut sur le seuil, un sourire railleur aux lèvres, et cet homme murmura :

— Hé ! hé ! mon garçon, tu pourrais bien avoir fait là un de ces rêves qui se réalisent au coup de baguette d'une fée !

IV

Le personnage qui venait d'apparaître aux regards étonnés de Pepe était un vieillard courbé en deux doubles. Une grande barbe blanche encadrait son visage osseux et jauni comme une feuille de parchemin ; ses mains amaigries et crochues rajustaient sur ses jambes grêles et tremblotantes les plis étroits d'une sorte de houppelande incolore qui lui servait de vêtement.

— Abraham ! murmura le gondolier stupéfait.

C'était, en effet, le juif Abraham, le vieil usurier, le dernier propriétaire du palais des comtes Pepe ; — Abraham, le dur escompteur, par les mains avides de qui toute la jeunesse du livre d'or, toute la galante noblesse endettée passait au moins une fois l'an.

Pepe n'avait jamais eu besoin d'argent, il n'avait jamais songé à heurter à la porte sombre et basse du juif, car il avait, du reste, qu'il fallait être un galant seigneur et posséder palais à Venise, ou riches galères sur les mers, pour oser franchir le seuil redouté d'Abraham; — et cependant il frissonna à sa vue, il se prit à le regarder avec une intraduisible et poignante émotion, tant la superstitieuse terreur qu'il inspirait dans Venise était devenue populaire.

Abraham s'en allait par les rues de la noble ville, pauvrement vêtu, le front humble et courbé; il logeait en une maison de chétive et misérable apparence, et disait à qui le voulait entendre, qu'il avait toutes les peines du monde à gagner sa pauvre vie; — mais, cependant, en dépit de son assertion, le peuple vénitien soutenait que ses trésors étaient immenses, que le conseil des Dix et le doge lui-même étaient ses débiteurs, — qu'il pourrait, si la fantaisie lui en prenait, équiper une armée nombreuse, armer une flotte et acheter Venise elle-même, si Venise était jamais à son gré.

On disait encore qu'il avait conclu avec Satan un pacte mystérieux, et les plus hardis soutenaient qu'il était Satan lui-même.

Malgré sa noble origine, Pepe était superstitieux comme le peuple parmi lequel il avait vécu, et il eut peur...

Abraham demeurait sur le seuil, un railleur et cauteleux sourire aux lèvres, et il attachait sur Pepe ses petits yeux gris d'où s'échappait un regard étincelant d'une infernale malice.

— Hé! hé! mon garçon, reprit-il enfin après un court moment de silence, sais-tu bien que tu faisais là un beau rêve, quand je suis entré?

— De quel rêve parlez-vous? murmura Pepe frissonnant.

— Ne demandais-tu point à Dieu ou à Satan de te rendre le palais et l'épée de tes pères?

A ce mot de Satan, Pepe se souvint de la tradition populaire qui courait sur Abraham, et il recula d'un pas.

— Bon! fit le juif d'un ton moqueur, vas-tu croire, comme cet imbécile peuple de Venise, que je suis le diable en personne! Ah! rassure-toi, mon garçon, je suis un homme de chair et d'os comme toi, un pauvre brocanteur qui gagne péniblement sa vie. Cependant, je suis chargé d'une mission qui, je le suppose, me grandira fort en ton estime.

Pepe ne cessait de regarder le juif avec un certain effroi.

— Dieu, continua Abraham en souriant, et cet ange déchu qu'on nomme Satan, ont vraiment bien autre chose à faire qu'à restaurer Pepe le gondolier dans la demeure de ses ancêtres, laquelle appartenait hier encore au pauvre Abraham.

— Vous l'avez donc vendue? demanda vivement le gondolier.

— Il y a une heure, mon garçon.

— Et à qui donc, mon Dieu? s'écria Pepe, qui, pour la première fois, s'intéressait à ce palais en ruines, devant lequel naguère il passait dédaigneusement.

— A un grand seigneur florentin, le marchese del Piombellino.

Un éclair d'indignation muette passa dans les yeux du gondolier.

— Le marchese va le faire restaurer sur-le-champ; dans trois jours, il sera redevenu aussi splendide qu'au temps de tes aïeux.

— Juif! murmura Pepe avec colère, si j'avais pu prévoir un tel malheur, j'aurais jeté moi-même une torche dans ce palais pour qu'il brûlât jusqu'à la dernière solive.

Abraham haussa les épaules.

— Attends donc un peu, mon garçon, lui dit-il, et écoute-moi attentivement. Le marchese a acheté mon palais, le tien, pour mieux dire, non pour l'habiter lui-même, mais afin d'y installer sa sœur, la signorina Lorenza, la plus belle fille qu'on ait vue jamais de Gênes la superbe à Venise la belle.

A ce nom de Lorenza, Pepe tressaillit des pieds à la tête.

— Or, poursuivit Abraham, la signorina Lorenza veut se marier... Elle s'est éprise d'un garçon de vingt ans, aussi beau qu'elle est belle, aussi noble par ses aïeux qu'elle l'est par les siens.

Le juif parlait lentement et Pepe frissonnait sous le poids d'une indicible anxiété.

— Ce garçon, continua Abraham, est pauvre comme Job, pauvre comme le vieil Abraham lui-même. Mais, qu'importe! la fortune des Médicis n'est rien auprès de celle du marchese del Piombellino, et la signorina Lorenza enrichira son jeune époux. Or, cet époux, mon garçon, ce jeune homme si beau, si noble et si pauvre, celui que la signorina s'est prise à aimer ardemment, c'est toi.

Pepe poussa un cri terrible.

— Moi! exclama-t-il; mais quelle est donc cette femme?

— Celle que tu as conduite hier dans ta gondole.

Le gondolier appuya ses mains crispées sur son front :

— Je rêve!... murmura-t-il.

— Je te le disais bien, tout à l'heure, répliqua tranquillement le juif, il y a des rêves qui se réalisent comme au coup de baguette d'une fée; et, acheva Abraham avec un jaunâtre sourire, les fées ou les femmes n'est-ce point la même chose?

Et comme le gondolier chancelait et tournoyait sur lui-même ainsi qu'un homme saisi de vertige, Abraham poursuivit :

— Allons, excellenza, comte Pepe V, debout! Laisse là ta barque et tes avirons, ta guitare et ton bonnet de gondolier, reprends cette vaillante épée de tes aïeux, rentre en leur palais restauré, va faire inscrire de nouveau ton nom au livre d'or! Voici le carnaval qui commence, et il faut, monseigneur, que vous soyez cette année le lion de Venise!

Ces derniers mots arrachèrent Pepe à l'étrange ivresse qui s'était emparée de lui. Il se redressa de toute la hauteur de sa noble race; un éclair superbe étincela dans ses yeux, et il alla droit au juif, qu'il regarda froidement pendant dix secondes.

Puis il lui appuya la pointe de son stylet sur la gorge, et lui dit avec un calme terrible :

— Prends garde, vieillard! Il ne faut point jouer avec le feu qui couve, avec l'eau qui murmure et soupire au souffle des brises, avec le lion qui sommeille la tête allongée sur ses griffes. Le feu ravivé étincelle et devient incendie; l'onde, quand la brise fraîchit, peut devenir une mer en courroux; le lion qu'on éveille rugit et se bat les flancs, prêt à déchirer sa proie. Prends garde, vieillard! toi qui viens parler de ses pères, de leurs trésors et de leur vaillante épée à Pepe le gondolier, toi qui promets à l'humble fiancé de Marietta l'amour de la signorina Lorenza, car si tu m'as menti, ce jour qui commence à luire sera ton dernier jour.

— Venez, monseigneur, répondit le juif avec assurance, venez, et vous verrez si je vous ai menti.

— Où me conduis-tu donc? demanda Pepe éperdu.

— Chez la signorina Lorenza.

Le gondolier se prit à trembler de nouveau, comme cette feuille que roule l'aile impétueuse des vents d'octobre.

— Venez, reprit le juif en l'entraînant.

V

Abraham le conduisit ainsi jusque sur le trottoir de l'étroite rue du Soleil. Là, une riche gondole aux armes des comtes Pepe attendait avec ses six rameurs vêtus de soie.

— Vous le voyez, excellenza, dit Abraham avec humilité, le marchese n'a point perdu de temps; il a fait peindre, en une heure, vos armoiries sur votre gondole.

— Je rêve toujours, murmura Pepe fasciné, en s'appuyant sur les coussins de velours de la barque, qui démarra aussitôt et glissa sur le canal avec la légèreté d'un alcyon. Pepe ne détourna point la tête en passant devant la maison de Bartolomeo, le vieux gondolier.

Il avait oublié Marietta!

— Excellenza, reprit Abraham, il n'est point convenable que vous vous présentiez dans le costume où vous êtes devant la signorina Lorenza. Nous allons passer chez moi, où vous trouverez des vêtements de gentilhomme, et où vous ceindrez l'épée à poignée de rubis que votre noble père portait au côté le jour où il perdit son héritage sur un coup de dés. Je l'ai conservée pieusement comme la plus sainte des reliques.

Sur un signe d'Abraham les rameurs dirigèrent l'embarcation vers cette demeure de chétif aspect où logeait le juif. Une porte d'apparence vermoulue, mais solidement ferrée à l'intérieur, s'ouvrit et tourna sur ses gonds avec un bruit lugubre, au premier coup frappé par le maître; une femme aussi vieille, aussi ridée, aussi jaune que le juif, vint, une lampe à la main, à la rencontre de ce dernier et de son jeune compagnon, et elle les conduisit, par un corridor obscur, jusqu'à une petite salle ronde dont les murs étaient couverts des plus galants costumes, des plus riches pourpoints que la noblesse vénitienne eût jamais portés en plein carnaval.

Abraham était non-seulement brocanteur, il était encore fripier.

— Choisissez! dit-il à Pepe.

Le gondolier arrêta un œil indécis sur toutes ces richesses; puis, le sang et la race parlant en lui, avec ce goût exquis d'un grand seigneur galant qui d'un regard devine quelle parure lui sied le mieux, il arrêta son choix sur un pourpoint bleu et blanc soutaché d'or, sur des chausses de velours écarlate et sur un feutre gris à plumes noires.

— Bien, dit le juif, je vais prévenir le valet de chambre de votre excellenza.

Il secoua le gland d'une sonnette; un valet galonné à outrance, à la livrée des comtes Pepe, parut sur-le-champ et se mit aux ordres de son jeune maître.

En un quart d'heure, Pepe, le gondolier, l'humble habitant du *Rialto di Sole*, l'obscur fiancé de Marietta, la brune fille des lagunes, se trouva métamorphosé en brillant gentilhomme, et le vieux juif lui-même laissa échapper un cri d'admiration lorsqu'il l'eut envisagé ainsi vêtu et transformé.

— Par Moïse! murmura-t-il, bon sang ne ment point. Vous avez beau conduire un noble destrier, si le clairon vient à retentir, il se cabre et rejette au loin son vil fardeau; si vous replacez sur sa croupe son caparaçon de bataille, il dresse orgueilleusement la tête, et l'ardeur des combats étincelle soudain en ses yeux. Salut! comte Pepe V; salut, monseigneur!

Abraham ouvrit alors une armoire et en retira une magnifique épée à fourreau ciselé, à poignée enrichie de diamants, et dont la lame damasquinée avait été forgée à Milan, la noble ville des armuriers.

Pepe n'avait jamais ceint une épée, et cependant il boucla celle-là avec la grâce et l'aisance d'un gentilhomme habitué à la porter dès son jeune âge.

— Et maintenant, monseigneur, lui dit Abraham, venez... la signora Lorenza vous attend avec la plus vive impatience.

Le juif passa humblement devant le gentilhomme, qui le suivit la tête haute, le poing fièrement campé sur la hanche droite, la main gauche appuyée sur le pommeau de son épée.

Ils remontèrent en gondole.

— Au palais de la signora! dit Abraham.

La barque reprit sa course rapide et s'arrêta, au bout de quelques minutes, au bas du perron de marbre de ce palais que le marchese del Piombellino avait loué pour Lorenza la courtisane.

Là, Abraham s'inclina bien bas devant le gondolier, redevenu grand seigneur.

— Excellenza, murmura-t-il avec une obséquieuse humilité, votre seigneurie n'a plus besoin de moi; elle peut se présenter toute seule et hardiment. L'aspect d'un vieillard chétif et déguenillé comme moi ne pourrait qu'attrister les regards de la signorina Lorenza, votre noble fiancée.

Et Abraham fit un pas de retraite.

— Où vas-tu donc? lui demanda Pepe.

— Je vais au palais de vos pères, surveiller la légion d'ouvriers qui l'ont envahi depuis l'aube du jour, afin qu'en quelques heures il fût digne de recevoir le dernier rejeton de votre illustre race.

Et le vieil escompteur salua jusqu'à terre et s'éloigna.

Sous le pourpoint de gentilhomme, Pepe, le gondolier, avait trouvé soudain une noble et galante assurance. Ce n'était plus l'humble enfant des lagunes, que le regard de la belle signorina troublait jusqu'au fond de l'âme, c'était ce comte Pepe V, qui gravit d'un pas léger, la tête haute, un orgueilleux sourire aux lèvres, le fastueux escalier du palais de cette femme qui allait lui appartenir tout entière.

Un groupe de valets respectueux et serviles se rangea obséquieusement sur son passage :

— La signorina Lorenza est-elle visible? demanda-t-il.

— Quel noble nom devons-nous annoncer? interrogea l'un des laquais.

— Le comte Pepe! répondit-il...

— La signorina attend votre seigneurie, et si votre seigneurie veut me suivre...

— Marche! fit-il avec dédain.

Pepe traversa successivement plusieurs vastes salles fastueusement décorées, puis le valet l'introduisit en un petit oratoire où régnait un jour mystérieux, d'où s'échappaient de voluptueuses émanations, et au fond duquel, sur les coussins de velours d'un divan à l'orientale, la Lorenza était couchée à demi dans la plus nonchalante et la plus séduisante des attitudes.

Une pâleur mate, qui trahissait les émotions de la nuit, était répandue sur le visage de la belle étrangère, un sourire rêveur arquait à demi ses lèvres rouges où respirait la passion; son œil était humide et disait éloquemment son amour.

Pepe s'arrêta ébloui sur le seuil.

Ah! s'il n'eût oublié déjà Marietta, aurait-il pu s'en souvenir en présence de cette beauté sans égale et fascinatrice? Elle lui tendit sa belle main et lui fit signe d'approcher.

Et alors l'assurance orgueilleuse du comte s'évanouit, son cœur se prit à battre avec violence, il redevint Pepe le gondolier, et il s'agenouilla humblement devant la Lorenza, dont il couvrit les mains de baisers.

— Comte Pepe, lui dit-elle, de cette voix harmonieuse et voilée qui l'avait fait tressaillir si profondément la veille, comte Pepe relevez-vous et placez-vous là... près de moi...

Il obéit. Elle prit sa main dans ses petites mains blanches et poursuivit en baissant les yeux :

— Comte Pepe, nous nous sommes vus une heure à peine, et depuis cette heure je vous aime...

Il poussa un cri enthousiaste.

— O ange! murmura-t-il, votre amour peut-il égaler le mien?

— Vous m'aimez!... fit-elle avec joie; tu m'aimes! Oh!

je suis à présent la plus heureuse, je vais être la plus enviée des femmes...

Ils demeurèrent pendant quelques minutes les mains dans les mains, silencieux, le cœur palpitant, oppressé par ce bonheur immense qui devenait leur partage.

— Nous nous aimons, reprit enfin Lorenza avec émotion, je suis riche et tu es noble, nous sommes beaux tous deux, pourquoi refuserions-nous le seuil de notre porte au bonheur qui nous vient?... Tu vas rentrer en maître, ô mon Pepe bien-aimé, dans la demeure de tes pères, et j'en franchirai la porte appuyée à ton bras...

Pepe crut qu'il allait mourir, tant la joie qui débordait de son âme était immense.

Mais, tout à coup, une pensée étrange et poignante passa dans son cerveau et étreignit douloureusement son cœur. Il se souvint de la railleuse et sombre figure du marchese, il se rappela son attitude pensive et diabolique de la veille, tandis qu'il était debout à l'avant de sa gondole. Un soupçon jaloux s'empara de lui, et, regardant Lorenza, il lui dit:

— Signorina mia, ma Lorenza adorée, dites-moi, le marchese est-il bien votre frère?

A cette brusque interpellation la courtisane tressaillit; il lui sembla qu'un hideux serpent se dressait devant elle, le remords et la honte la mordirent au cœur, et peut-être allait-elle se précipiter aux genoux de Pepe et lui dire:

— Non, cet homme n'est point mon frère, non, je ne suis point une fille de noble race, mais une femme souillée et perdue... et cependant je t'aime, et mon amour me purifiera comme un feu vengeur.

Mais elle leva les yeux et vit sur le seuil de la porte un homme grave, immobile, qui posait impérieusement un doigt sur sa bouche en signe de silence, et elle se tut.

Si le comte Pepe se fût retourné en ce moment, s'il eût pu voir l'infernal sourire qui glissait sur les lèvres minces de cet homme, il eût deviné la terrible comédie dont il était le jouet, et, dégaînant sur l'heure, il eût tué le marchese del Piombellino avec cette noble épée de ses pères qui venait de lui être rendue.

Mais Pepe ne se retourna point; il ne vit pas le marchese, et la Lorenza, l'attirant à elle, lui mit un baiser au front.

Ce baiser était la plus éloquente des réponses, et le pauvre gondolier demeura convaincu.

VI

Au temps de sa splendeur, Venise ressemblait à ces courtisanes antiques qui oubliaient jusqu'au nom des rois et des princes qu'elles avaient vus à leurs pieds. Régnant par la terreur, cette ville étrange, qui abandonnait le bal pour les bouches de fer où l'on dénonçait les conspirateurs à la colère des Dix, ce peuple unique et sans imitateurs oubliait au milieu d'une mascarade le nom et la ruine de son idole de la veille. Les comtes Pepe avaient été les héros de Venise pendant trois générations; le bruit de leur gloire avait fatigué les échos sonores des lagunes, leur splendeur fastueuse avait excité tour à tour l'admiration et l'envie.

Puis, un jour, jour de malédictions et de deuil, cette splendeur s'était évanouie, cette gloire s'était éteinte, une nuit de jeu avait suffi à engloutir cette fortune princière établie à la fois sur la terre et les mers. Venise en avait tressailli; durant quelques heures, le peuple s'était ému, la noblesse avait poussé un rugissement de douleur, — et, ensuite, nobles seigneurs et gondoliers des lagunes s'étaient pris à songer que le carnaval approchait, et ils avaient essuyé cette larme que la ruine du dernier comte Pepe avait fait couler, afin de pouvoir enfariner leur visage et choisir leur nouveau déguisement. Le carnaval était venu, il avait bien fallu que Venise s'amusât; au carnaval avait succédé une grande guerre contre les Turcs, et la voix triomphante des canons de Saint-Marc fut si retentissante que le peuple n'entendit point celle du crieur public mettant aux enchères le palais du comte Pepe.

Au bout de vingt ans, nul ne se souvenait à Venise de cette vaillante et illustre race, et il n'y avait plus guère que quelques vieux pêcheurs qui murmurassent, en voyant passer une gondole conduite par un jeune homme :

— Voilà le fils des comtes Pepe.

Mais, un jour, un jour de carnaval aussi, à cette époque de délire et d'ivresse où la fière reine des mers oubliait les soucis de sa tortueuse politique et s'abandonnait au plaisir, — un bruit se répandit dans Venise avec la rapidité de l'éclair : — le dernier des Pepe avait reparu ! Il s'était montré au grand soleil, vêtu de velours et de soie, comme ses pères, comme eux portant au côté une brillante épée, aux talons des éperons dorés ; son palais était sorti de ses ruines plus brillant, plus fastueux que jamais, et cette demeure abandonnée des hommes et insultée par le lichen, s'était subitement illuminée, un soir, de la base au faîte, emplissant ses cours intérieures d'une légion de valets, entourant ses portiques de riches gondoles et conviant la noblesse vénitienne à une de ces fêtes splendides comme en donnaient jadis ses premiers possesseurs.

Le nouveau comte Pepe brusquement tiré de l'obscurité et de l'oubli, était devenu, en quelques jours, le lion, l'homme à la mode, l'idole de Venise la courtisane. La ville ingrate s'était prosternée devant lui, comme elle s'était inclinée autrefois devant ses pères ; elle avait battu des mains en le voyant passer triomphant et le sourire du bonheur aux lèvres, tandis qu'une femme inconnue, une étrangère aussi belle que l'idéal d'un poëte, s'appuyait sur son bras.

On ne lui avait point demandé en quel lieu obscur s'était écoulée sa jeunesse, à quelle rude profession il avait demandé son pain, de quelles amères épreuves son adolescence s'était abreuvée... Qu'importait ! il revenait, il était là, Venise l'admirait !

Pendant un mois, un mois de carnaval et de folle ivresse, Pepe, le gondolier, fut si heureux qu'il oublia, aux pieds de la Lorenza, jusqu'à son humble passé, et finit par croire que jamais il n'avait cessé d'être gentilhomme.

Ce fut, dans son palais restauré, une fête sans fin, où l'Europe élégante et chevaleresque, accourue à Venise, se donna rendez-vous et se rencontra chaque jour.

La beauté suprême de la Lorenza lui créa des rivaux, il eut vingt duels en un mois, dont il sortit triomphant ; il improvisa mille folies, et Venise applaudit à ces extravagances, comme elle applaudissait à sa bravoure. Le conseil des Dix lui offrit le commandement d'une escadre pour la campagne qui allait s'ouvrir en Orient, et il promit de l'accepter lorsqu'il aurait épousé la Lorenza. Car, au milieu de ce tourbillon de plaisirs et d'amour, tous deux semblaient oublier cette union projetée. La Lorenza prétextait mille obstacles pour retarder son mariage, elle prétendait qu'il fallait attendre le retour de son frère le marchese, lequel avait quitté Venise pour obtenir le consentement de la marchesina del Piombellino à cette union. Avec la disparition du marchese, les derniers soupçons jaloux de Pepe s'étaient évanouis. Pour lui, comme pour Venise entière, la Lorenza était bien la sœur du marchese, la future épouse du comte Pepe.

Ce rêve étrange et splendide devait, cependant, avoir son réveil.

Un soir que le palais Pepe retentissait de mille bruits harmonieux, tandis que le vin coulait à flots dans les coupes d'or ciselé, et qu'un fastueux festin réunissait les plus nobles convives dans la salle d'honneur, celle qu'on nommait la salle des aïeux, et aux murs de laquelle quatre générations de l'illustre race avaient appendu leurs portraits ; tandis que le rire étincelant se mêlait au cliquetis des gobelets et que les plus fous portaient un toast homérique aux plus belles, les deux vantaux de la porte s'ouvrirent, et un homme grave, triste, silencieux, se montra sur le seuil, ainsi que cette fatale statue du commandeur que l'impie don Juan convia à son festin.

C'était le marchese del Piombellino.

Cet homme, nul ne l'avait vu encore ; il était parti le jour même où le comte Pepe avait pris possession de la demeure restaurée de ses pères ; cette railleuse et funèbre figure ne s'était point assise encore à cette fête perpétuelle, à ce banquet indéfiniment prolongé qui remplissait le palais Pepe depuis un mois...

Et, à son aspect, il courut parmi les convives comme un

frisson d'épouvante et de vague et inexprimable angoisse.

— Mesdames et messeigneurs, murmura la Lorenza, qui pâlit légèrement à sa vue, permettez-moi de vous présenter mon frère, le marchese del Piombellino.

Le marchese salua avec son mauvais sourire, il s'inclina courtoisement devant les femmes, et se vint asseoir à la table du festin, en engageant les convives à reprendre leur joyeux entretien.

Mais son arrivée avait jeté une mystérieuse consternation dans la salle; sa funèbre apparition avait cloué les galants propos, le sourire s'était éteint sur les lèvres les plus roses et les plus fraîches; et l'amphitryon lui-même, le brillant et joyeux comte Pepe, subitement atteint d'un malaise étrange, d'une lourdeur semblable à celle qu'occasionne l'ivresse, avait cessé de fredonner sa barcarolle favorite, et reposant son verre plein sur la table, il avait laissé sa tête se courber et s'affaisser sur sa poitrine, tandis que ses yeux se fermaient sous le poids d'un invincible sommeil.

Le comte était-il donc ivre, lui qui s'était acquis en quelques jours une réputation de buveur merveilleux?

Le sommeil de l'amphitryon fut comme le signal de ces déroutes précipitées qui suivent une bataille longtemps disputée. Les convives se levèrent un à un et s'éclipsèrent, les chants s'éteignirent, la corde des guitares cessa de vibrer, les gondoles s'éloignèrent silencieusement. On eût dit qu'avec le marchese la désolation et la mort étaient entrées au palais Pepe.

Bientôt il ne resta plus dans la salle des aïeux que trois personnages : — Pepe, qui s'était affaissé sur un divan et y dormait d'un lourd sommeil, — le marchese et la Lorenza, qui se contemplaient mutuellement en silence.

Un éclat de rire moqueur jaillit enfin des lèvres du marchese.

— Par le doge! murmura-t-il, convenez, Lorenza, que j'ai été bon prince assez longtemps...

— Que voulez-vous dire? lui demanda-t-elle en tressaillant.

— Que j'ai bien fait les choses, il me semble, *cara mia*.

Et votre Pepe, le gondolier, a mené joyeuse vie depuis un mois !...

A ce nom de Pepe, la Lorenza laissa échapper un geste d'effroi et montra du doigt son amant endormi, manifestant ainsi la crainte qu'il ne s'éveillât.

— Bah ! fit le marchese en haussant les épaules, il a trouvé au fond de son verre une dose d'opium suffisante pour le faire dormir douze heures. Nous pouvons causer tranquillement, signorina ; il ne troublera pas notre entretien.

— Qu'avez-vous donc à me dire ? interrogea la Lorenza d'une voix altérée.

— Je veux savoir d'abord si vous aimez toujours le comte Pepe.

— Oui, répondit-elle avec fermeté.

Le marchese pâlit, mais il continua tranquillement :

— Alors, il est réellement fâcheux que le pauvre comte Pepe n'ait plus l'héritage de ses pères.

La jeune femme tressaillit et baissa les yeux.

— Je comprends, murmura ironiquement son interlocuteur, que lorsqu'on est comme lui jeune, beau, spirituel, de noble race, et qu'une femme aussi belle que vous daigne vous parler d'amour, on s'habitue en quelques heures à ce rôle splendide, chevaleresque, d'homme à la mode, de lion de Venise, ainsi qu'on l'a surnommé. Le gondolier, grâce à mon or, est redevenu gentilhomme, il croit posséder l'amour, non de la maîtresse, mais de la sœur du marchese del Piombellino ; il compte l'épouser au premier jour, et alors, cette fortune, ce palais, cet or, tout lui appartiendra réellement...

Le marchese s'interrompit, et laissa bruire sur ses lèvres blêmes un rire infernal.

— Ah ! par le doge ! reprit-il, la plaisanterie serait charmante... et il ne me resterait plus, pour couronner mon œuvre d'humilité et de dévouement, qu'à doter la signorina Lorenza comme j'aurais doté ma sœur, à lui donner la main pour la conduire à l'autel nuptial, et à me retirer modestement ensuite dans un monastère pour y bénir le ciel d'avoir fait le bonheur de ces intéressants époux.

Le marchese continuait à rire. Lorenza l'écoutait la sueur de l'angoisse au front, et ne répondait pas.

— Malheureusement, reprit-il, je manque complétement de cette grandeur d'âme qui fait les grands dévouements, et après mûre réflexion, je me suis avoué que deux amants jeunes, beaux, spirituels comme vous et lui n'avaient nul besoin de l'or de ce pauvre marchese pour vivre heureux.

Lorenza leva la tête et attacha un regard dédaigneux sur le marchese :

— Je vous comprends, dit-elle, et vous pouvez reprendre tout ce que vous avez donné. J'enlacerai Pepe de mes bras, nous retournerons rue du Soleil, il se fera de nouveau gondolier...

— Vous êtes folle ! murmura le marchese avec un sourire de pitié.

— Oh ! fit-elle, je sais ce que vous allez me dire ; vous prétendrez, sans nul doute, qu'accoutumé à la vie opulente et oisive que vous m'avez faite...

— Ce n'est point cela, interrompit-il vivement.

— Pourquoi donc suis-je folle ?

— Parce que vous supposez que Pepe aimera Lorenza, la courtisane, comme il aime la signorina del Piombellino.

Ces derniers mots produisirent l'effet de la foudre sur la jeune femme ; elle se dressa haletante et pâle, et jeta un cri d'angoisse.

— Ah ! exclama-t-elle, il ne le saura pas !

— Pardon, signorina, il ne pourra l'ignorer... et cela pour deux raisons. La première, c'est que je le lui dirai, moi ; car enfin, cara mia, vous ne pouvez pas me refuser cette petite vengeance envers un homme qui m'a enlevé votre amour...

Le front couvert d'une pâleur mortelle, la Lorenza continuait à baisser les yeux.

— La seconde raison, signorina, est plus éloquente encore. Vous sentez bien que lorsqu'il faudra que le noble comte Pepe sorte de ce palais, qu'il abandonne ce luxe dont vous l'avez environné, et que, réduit à une extrême détresse, il se souviendra de la gondole et de son taudis, vous ne pourrez lui affirmer encore que vous êtes la sœur du marchese del Piombellino.

— Mon Dieu! murmura la jeune femme éperdue, cet homme est Satan lui-même.

— Ah! ricana-t-il, vous n'avez point songé à la haine profonde dont vous enveloppera cet homme que vous avez momentanément arraché à l'obscurité pour le produire au grand soleil, pour en faire le lion de Venise, lorsqu'il se verra replongé dans la misère et l'oubli. Peut-être que Pepe le gondolier eût aimé Lorenza la courtisane; mais le noble comte Pepé, obligé de reprendre ses avirons, d'abandonner cette fastueuse existence dont il a goûté assez maintenant pour avoir horreur de tout ce qui n'est point l'opulence, ne lui pardonnera jamais de lui avoir menti, de l'avoir abusé indignement en s'affublant d'un nom qui n'était pas le sien, en lui offrant des trésors, une fortune dont elle ne jouissait qu'au prix de la honte; et alors, madame, alors malheur à Lorenza, car il éprouvera pour elle le plus écrasant mépris.

Un rugissement de douleur s'échappa de la poitrine oppressée de la jeune femme :

— Je suis perdue! murmura-t-elle, perdue sans retour.

— Quant à moi, poursuivit l'implacable marchese, j'avoue que je n'aurai point le courage de revenir à vos genoux après avoir ainsi brisé votre amour... Ah! signorina, vous eûtes une bien mauvaise inspiration le soir où il vous prit fantaisie de visiter ce palais en ruine au bras d'un gondolier. L'existence que je vous avais faite était cependant heureuse, j'étais devenu votre esclave, j'allais au-devant de vos moindres caprices, vos souhaits étaient des ordres pour moi... Eh bien! voilà que tout est changé. Ce malheureux amour que vous ressentez pour Pepe, le gondolier, cause votre ruine et va vous attirer la haine et le mépris de Pepe le gentilhomme, en même temps que l'abandon de ce pauvre marchese del Piombellino.

Lorenza avait couvert son visage de ses deux mains, et au travers de ses doigts jaillissaient des larmes brûlantes.

— Et cependant, continua le marchese, il y aurait un moyen peut-être de réparer ce malheur, d'éviter l'obscurité et la misère et de ne point avoir à subir le mépris de Pepe.

Elle tressaillit, se leva vivement et enveloppa le marchese d'un regard avidement interrogateur.

— Lorenza, murmura-t-il, je vous aime encore, je puis vous pardonner votre abandon... Abandonnez Pepe, suivez-moi, nous oublierons tous deux, et celui que vous aimez, au lieu de vous haïr et de vous mépriser, ignorera toujours ce que vous fûtes et en quel lieu vous avez fui. Il vous pleurera.

— Jamais! dit-elle avec véhémence.

— En ce cas, adieu, fit le marchese froidement, et que le réveil de Pepe le gondolier vous soit léger!

Ces derniers mots, prononcés d'un ton railleur, ébranlèrent l'âme de la Lorenza. Ne valait-il pas mieux encore pour elle abandonner Pepe avec la secrète espérance d'être aimée toujours, que rester auprès de lui pour être témoin de son désespoir et devenir l'objet de son mépris?

Et puis elle promena un regard autour d'elle, embrassa d'un coup d'œil ce luxe qui l'environnait et auquel elle s'était habituée depuis si longtemps; elle se prit à songer que si elle rompait avec le marchese, il lui faudrait renoncer à cette nonchalante et fastueuse vie qui, jusque-là, avait été pour elle une longue fête; et puis encore elle se souvint de sa jeunesse souffreteuse et pauvre, de ces rues de Pise où elle avait cheminé pieds nus, de ces haillons qui la couvraient autrefois, et de ce pain noir parcimonieusement partagé entre elle et sa nombreuse famille...

Et elle eut peur!

Et comme elle était faite de cet impur limon des courtisanes, limon toujours le même depuis l'antiquité jusqu'alors; comme, si naïve et si ardente que soit pour elle une passion, elle ne résistera jamais au bruyant cliquetis de l'or, la Lorenza n'hésita plus...

Elle courba la tête et dit au marchese :

— Je vous obéirai, seigneur.

— Alors, venez, dit-il. Une gondole nous attend et nous partons à l'instant même.

— Où allons-nous?

— En Orient. Pepe ne vous y viendra point chercher.

La Lorenza se leva, elle jeta un suprême regard d'adieu à son amant endormi, puis elle suivit humblement le marchese.

L'amour s'inclinait devant l'or.

VII

Les premières lueurs de l'aube lissaient dans le ciel et pâlissaient la tremblotante clarté des étoiles, lorsque le comte s'éveilla de ce lourd sommeil qu'il avait trouvé au fond de son verre.

Les bougies achevaient de brûler dans leurs bobèches à facettes de cristal, la salle était déserte, et le désordre qui régnait autour de la table abandonnée témoignait de la précipitation avec laquelle les convives étaient partis.

Le comte se frotta les yeux et promena autour de lui un regard étonné, cherchant à s'expliquer la cause de cet isolement auquel il n'était plus accoutumé, car c'était la première fois, depuis que le palais de ses pères avait été ouvert de nouveau à la noblesse vénitienne, que le soleil levant ne surprenait point les convives à table. Il se leva chancelant, ainsi qu'un homme qui a fait un mauvais rêve :

— Que signifie donc tout cela? murmura-t-il, et pourquoi ce sommeil de plomb qui s'est emparé de moi?

Il s'approcha du gland de soie d'une sonnette et le secoua avec force. La sonnette vibra dans l'éloignement, mais nul ne répondit à son appel, et aucun de ces valets nombreux qui peuplaient le palais naguère ne se présenta pour obéir au maître.

— Lorenza? appela-t-il encore.

Lorenza ne répondit point.

Alors, dominé par un pressentiment vague et sinistre, Pepe courut à l'appartement qu'occupait la jeune femme et en poussa brusquement la porte. La chambre de Lorenza était déserte, et le lit non foulé.

Pepe poussa un cri et revint précipitamment dans la salle du festin, celle où appendaient au mur les portraits de ses ancêtres. Au moment où il y entrait, l'un d'eux, celui de son père, se détacha brusquement et tomba...

Et cette chute sinistre troubla si profondément l'âme du jeune comte, qu'il se prit à frissonner, et demeura immobile d'épouvante au milieu de la salle.

En ce moment aussi une porte s'ouvrit, et sur le seuil de cette porte apparut le vieux juif Abraham.

Pepe laissa échapper un nouveau cri, et il lui sembla que le brocanteur arrivait tout exprès pour lui expliquer ce mystérieux abandon.

Abraham n'était plus ce juif obséquieux et servile se courbant jusqu'à terre et appelant le comte « Monseigneur; » il avait perdu ce sourire de rampante courtisanerie dont il armait ses lèvres minces, naguère, lorsqu'il abordait Pepe.

Il avait la tête haute, et il regarda Pepe avec une sorte de pitié dédaigneuse :

— Eh bien ! mon garçon, lui dit-il, nous avons donc rudoyé nos convives, cette nuit, qu'ils sont partis avant l'aurore?

Ce ton insolent et railleur fit tressaillir le comte.

— Que signifient ces paroles, maître Abraham? demanda-t-il dédaigneux et superbe à son tour.

— C'est une simple question, excellence, répondit le juif avec un rire moqueur.

— Drôle ! il me semble que tu oublies le respect qui m'est dû...

— C'est fort possible, mais vous savez le proverbe: « Charbonnier est maître chez lui. »

— Parfaitement, et je suis tenté de te l'appliquer en te jetant par les fenêtres, afin de t'apprendre que je suis chez moi.

— Pardon, observa Abraham, votre excellence se trompe... elle aura fait un mauvais rêve...

— Plaît-il? fit le comte avec hauteur.

— Votre excellence n'est point chez elle, mais chez moi.

Ces mots firent reculer Pepe comme recule l'homme devant qui s'entr'ouvre un abîme.

— Tu es fou, vieux juif! s'écria-t-il.

— C'est votre excellence qui est folle… ou plutôt dupe… Ah! signor contessino, vous aviez fait un joli rêve, ma foi! il est fâcheux que ce rêve ait un réveil… Vous étiez rentré dans le palais de vos pères, et vous le croyiez à vous; on vous avait promis la main de la signorina Lorenzina, la prétendue sœur du marchese, et vous vous flattiez de l'épouser dans quelques jours… Illusion, signor; pure illusion!

Le comte écoutait, la sueur au front.

— Or, poursuivit le juif en ricanant, tout cela, excellence, était pure comédie, — une comédie spirituelle que le marchese del Piombellino a jouée à merveille. Elle lui a coûté beaucoup d'or; mais cet or ne vous profitera pas, car il est entièrement dépensé. Ce palais était loué pour un mois, et il y a un mois aujourd'hui que vous y êtes entré. Quant à la signora Lorenza, elle est partie, signor, et je doute que vous la revoyiez jamais.

Le juif prit à ces mots le jeune comte par la main et le conduisit à une fenêtre qui donnait sur la mer, puis il lui montra, à l'horizon, un navire qui levait l'ancre et qui était celui qui emportait le marchese et sa compagne aux rives d'Orient. Pepe regarda de cet œil atone et sans éclair qu'ont les hommes devant lesquels tout s'écroule; puis il se retourna vers le vieil Abraham :

— Dis-moi que je rêve, murmura-t-il.

— Hélas! non, mon garçon, répondit l'usurier, que cette résignation touchait à son insu; hélas! non, tu ne rêves pas. Le marchese aimait la signorina, la signorina s'était éprise de toi, et le marchese a voulu se venger. Il t'a arraché à ta gondole, à ton existence obscure et calme, il a voulu te faire grand seigneur pour quelques jours, afin que ta chute te laissât d'éternels regrets.

Eh bien! acheva Abraham, ce que tu as de mieux à faire, *porero*, c'est de retourner *rialto di Sole*, d'y reprendre tes avirons et ta gondole, d'aller t'établir chaque jour au quai de la Piazzeta, pour y attendre les chalands, et d'entrer le soir chez Bartolomeo, le vieux gondolier, qui ne te gardera pas rancune de ton abandon et t'accordera la main de la bonne Marietta, lorsque tu la lui demanderas.

— Marietta! murmura Pepe, pauvre Marietta!

Un moment il oublia cette tumultueuse et splendide existence qui finissait pour lui à cette heure, et, se reportant vers le passé, il revit l'humble maison du vieux pêcheur où s'étaient écoulées pour lui tant de soirées heureuses et paisibles, entre le vieillard qui contait ses jours éteints et la brune jeune fille qui chantait tout bas les heures à venir.

Un moment, Pepe songea à écouter le conseil du brocanteur et à retourner à la rue du Soleil, mais ce moment eut la durée d'un éclair.

Prenez un œuf d'aigle et donnez-le à couver à une poule; pensez-vous donc que si l'aiglon s'échappe un jour de la basse-cour et prenne son vol, il y retournera jamais? Et croyez-vous que le lionceau élevé dans un chenil y puisse demeurer après avoir essayé la puissance de ses griffes?

On avait enseigné à Pepe sa noble origine, on lui avait appris la fastueuse et chevaleresque existence de ses aïeux. Pepe ne pouvait plus être gondolier.

Après un moment de silence, il se redressa fièrement et regarda Abraham en face.

— Juif! lui dit-il, te souviens-tu du jour où tu vins dans mon taudis de la rue du Soleil et où tu m'assuras que j'allais redevenir le comte Pepe?

— Oui, murmura Abraham en tressaillant, car il se souvenait des menaces de Pepe?

— Je te jurai, continua-t-il froidement, que si tu m'avais menti, je te tuerais.

Le juif fit un geste d'effroi.

— Mais, poursuivit dédaigneusement Pepe, en veut-on à l'épée qui frappe de préférence au bras qui la brandit? punit-on l'instrument plutôt que la main qui le dirige? Tu étais payé par le marchese, tu l'as fidèlement servi; ce n'est pas à toi que s'adressera ma vengeance, c'est à lui! c'est à cette femme perfide qui s'est jouée de mon amour...

Oh! Lorenza! Lorenza! exclama-t-il avec une douloureuse colère, je t'aimais cependant assez pour n'avoir point mérité l'horrible supplice que tu m'infliges...

Pepe s'interrompit un moment, étouffa un sanglot, jeta

un dernier regard aux voiles blanches du navire qui fuyait à l'horizon comme un alcyon voyageur; puis, il reprit, se tournant vers le juif, et d'un ton fier et doux à la fois, où se peignait une résolution héroïque:

— Je vais sortir de ce palais qui t'appartient, te rendre tout ce que j'ai possédé quelques jours et que je croyais à moi; je n'emporterai rien d'ici, rien, si ce n'est...

Il regarda Abraham; Abraham baissait la tête et paraissait absorbé en une méditation profonde.

— Vieillard, acheva Pepe, il y a un mois aujourd'hui, tu me remis l'épée de mon père. Cette épée n'est pas plus à moi que le pourpoint qui me couvre et que je te rendrai sur l'heure. Eh bien! sois bon et généreux une fois, toi qu'on nomme en frémissant Abraham cœur de marbre, laisse-moi l'épée de mon père.

— Et qu'en ferez-vous donc? demanda le juif.

— Demande à l'aigle ce qu'il fait de ses serres?

Ces mots furent prononcés avec un accent superbe qui fit lever la tête au juif et le força à regarder de nouveau le jeune comte.

— Je te l'avais bien dit, poursuivit celui-ci, le jour où tu vins me mentir en me promettant l'héritage et le palais de mes ancêtres, il ne faut point jouer avec le feu qui couve, avec l'eau qui murmure au souffle des brises, avec le lion qui sommeille la tête allongée sur ses griffes. Le feu ravivé étincelle et devient incendie; l'onde, quand fraîchit la brise, peut se changer en une mer en courroux, le lion qu'on éveille rugit et se bat les flancs! C'est mon histoire, vieillard, tu as attaché mon épée à mon flanc, je ne suis plus, je ne puis plus être gondolier!

L'éclair qui jaillit des yeux noirs de Pepe éblouit le juif, qui baissa de nouveau la tête d'un air pensif. Une lutte bizarre avait lieu sans doute au fond de son cœur d'usurier.

— J'irai, continua Pepe avec un noble enthousiasme, m'enrôler sur les galères de la république dont on m'eût, naguère, donné le commandement; je serai soldat d'abord; — je deviendrai général! Juif, écoute-moi bien: je veux qu'on dise un jour de par le monde: « Le comte

Pepe est le plus pauvre et le plus brave gentilhomme de Venise!... »

Les dernières paroles du jeune homme produisirent une étrange impression sur Abraham, le vieillard redressa soudain sa taille voûtée, son œil fauve projeta une flamme profonde; il vint à ses lèvres minces comme un sourire et il murmura :

— Qui sait? Le garçon serait un jour, peut-être, le doge de Venise?

Alors il le prit par la main, et lui dit :

— Venez, excellence, suivez-moi, et peut-être conviendrez-vous que le juif Abraham est meilleur que ne le prétend le public vénitien.

— Où me conduis-tu?

— Prenez votre feutre et votre manteau, suivez-moi. Nous allons descendre dans les caves de ce palais.

— Et qu'y veux-tu donc faire?

— Venez, murmura le juif d'un ton persuasif.

Pepe le suivit.

Ils traversèrent les vastes salles naguères emplies de valetaille, désertes en ce moment; puis ils descendirent jusqu'à l'entrée des caves du palais.

Là, Abraham alluma une torche et dit à son compagnon:

— Au temps où nous vivons, excellence, un pauvre homme comme moi, qui n'a point au côté une épée retentissante, ne saurait prendre trop de précautions pour cacher ses modestes économies. Dans la maison que j'habite sur le canal de la Giudecca, le vieil Abraham n'oserait enfouir un sequin. On se gêne peu avec les gens de ma religion. Le conseil des Dix me ferait étrangler pour me dépouiller ensuite, s'il avait besoin d'argent; et il a même fait faire deux perquisitions chez moi.

Or, voyez-vous, excellence, le moyen le plus sûr d'être volé est, sans contredit de placer son or dans un coffre solide et bien ferré, sous la sauvegarde d'épais verroux et d'une triple serrure; j'ai tellement compris cela que j'ai enfoui le mien dans les caves de ce palais, au temps où il était inhabité et tombait en ruines, alors que les enfants y jouaient du matin au soir, que les amoureux s'y promenaient et que tout le monde y avait un libre accès. Qui donc eût pu supposer que le vieil Abraham n'avait pas meilleur souci de ses trésors ?

— Ce raisonnement est plein de justesse, observa Pepe.

— Venez, venez, continua le brocanteur entraînant le jeune homme par les boyaux humides des caves.

Il le conduisit ainsi jusqu'à un petit réduit dont l'entrée était obstruée par de vieilles futailles pourries et des toiles d'araignées, s'ouvrit un passage au milieu, et lorsque Pepe y eut pénétré comme lui, il promena sa torche autour de sa tête, et lui dit :

— Regardez, excellence, regardez donc !

Pepe poussa un cri de stupéfaction. Les reflets de la torche, tombant sur le sol, y firent étinceler soudain un monceau de pièces d'or entassées pêle-mêle. Il y en avait plus d'un pied de haut.

— Oh ! fit l'ancien gondolier, quel amas d'or !

— Il y a là dix millions de sequins, répliqua modestement Abraham, qui s'assit sur une vieille futaille.

— Et tout cela t'appartient ?

— Oui, certes, répondit-il. Que voulez, excellence, je suis un pauvre vieillard laborieux et sobre; j'ai travaillé pendant soixante années, et voilà le fruit de mes économies. Or, poursuivit le juif avec mélancolie, quand on est jeune on travaille pour soi; mais lorsque la vieillesse est venue, et que, comme moi, on n'a ni enfants, ni héritiers qu'on aime, on se demande avec épouvante à qui passeront les trésors qu'on a amassés.

Eh bien ! depuis une heure, une pensée généreuse est entrée dans mon âme, dans cette âme de juif sordide dont le cœur de bronze demeura sourd si longtemps à tout autre bruit que celui de l'or qui heurte l'or. L'éclair qui a jailli de vos yeux m'a révélé l'avenir; j'ai deviné qu'en vous, peut-être, il y avait l'étoffe d'un grand homme et non celle d'un gondolier... et je veux que vous soyez ce grand homme !

— Que dis-tu ? s'écria Pepe.

— Je dis, murmura le juif avec émotion, que le marchese

del Piombellino s'est trompé en voulant m'associer à sa vengeance ; je dis que ce palais dont je venais vous chasser tout à l'heure, est toujours à vous, que cet or est à vous, et que je veux faire de toi, ô mon fils ! exclama le vieillard ému, le plus grand seigneur de Venise.

— Tu mens ! tu mens ! s'écria Pepe, et tu veux m'abuser encore.

— Par le Dieu d'Abraham et de Jacob, je vous jure, monseigneur, que je dis la vérité, répondit le juif.

Et il s'inclina devant Pepe et ajouta :

— Salut ! comte Pepe, salut ! tu seras un jour le doge de Venise !

Il le prit de nouveau par la main et le fit remonter à la lumière, fasciné, chancelant ; puis du sommet d'une terrasse où il le conduisit, il lui montra le port, la rade, les lagunes, et cette blanche et fière Venise qui sommeillait au bord de l'Adriatique :

— Tiens, lui dit-il, tu régneras en maître, un jour, sur tout cela !

L'œil ébloui de Pepe embrassa ce panorama immense, les fumées enivrantes de l'ambition montèrent à son cerveau, et, comme le vieux juif, il eut le pressentiment de ses destinées futures...

En ce moment, une barque glissait sur le Canale-Grande ; cette barque portait deux pêcheurs, un vieillard et une jeune fille : le vieux Bartolomeo et la brune Marietta.

Pepe fit un pas en arrière et pâlit ; et peut-être eût-il crié au juif : « Arrière ! arrière, toi et ton or ! »

Mais, en ce moment aussi, une ombre, un fantôme, celui de la Lorenza sembla se dresser devant lui, et il s'écria avec l'enthousiasme de la douleur :

Oh ! c'est Lorenza que j'aime ! Pour la retrouver, elle et le marchese, pour servir mon amour et assouvir ma vengeance, il faut que je devienne l'égal des rois, il faut que je jette un jour un anneau nuptial dans les flots de l'Adriatique !

Marietta était oubliée...

VIII

Dix ans s'étaient à peine écoulés.

Le vieil Abraham était mort, et il avait légué sa fortune au comte Pepe, qui se trouvait ainsi le plus riche seigneur de l'Italie.

En dix années, le comte avait fait son chemin. L'humble gondolier des lagunes était devenu un des hommes les plus braves, les plus remarquables de cette puissante Venise à qui seule appartenait le vaste empire de la Méditerranée. Le brocanteur ne s'était pas trompé en promettant à son fils adoptif les plus splendides destinées ; il lui avait prédit qu'il deviendrait doge de Venise, et cette prédiction, qui ne s'était point accomplie encore, le devait être au premier jour. Pepe était à cette heure membre du terrible conseil des Dix, et, de plus, grand amiral des flottes de la république.

Il avait battu les Turcs en mainte rencontre, humilié es ennemis de Venise, traité de puissance à puissance avec l'Empereur, auprès duquel il avait été en ambassade.

L'or du juif lui avait permis de rendre à la fortune de ses pères sa splendeur primitive ; la mer s'était de nouveau couverte de navires portant son nom à leur proue ; il avait racheté, sur la terre ferme, les nombreuses villas et les châteaux de ses pères. Enfin, à Venise, le peuple s'inclinait sur son passage avec un orgueilleux respect ; les nobles recherchaient précieusement son amitié ; les plus belles et les plus illustres femmes apparaissaient à leur balcon et mendiaient un de ses sourires, lorsqu'il passait sur le Canale-Grande dans sa gondole à douze rameurs, pour se rendre du palais Pepe au palais des Dix, où il tenait conseil avec ses collègues.

Et cependant le front du comte était soucieux ; le sourire apparaissait rarement sur ses lèvres, et son regard n'avait plus ces éclairs de jeunesse qui avaient ébloui le juif Abraham.

Pourtant le comte touchait à peine à sa trentième année, et la fortune avait eu pour lui des tendresses inespérées ; il était déjà monté si haut, au seuil de la première jeunesse, que ses pères eux-mêmes n'eussent jamais osé prétendre à un semblable piédestal.

Pourquoi donc cet homme, dont l'adolescence avait été une chanson et dont la jeunesse virile avait commencé par une fête, pourquoi cet homme, disons-nous, qui semblait n'avoir plus rien à demander au destin, apportait-il sans cesse avec lui, au conseil et dans les plaisirs, les jours de combats ou les soirs de victoires, un visage nuageux et sombre, un sourire triste et navré, un œil sans rayonnement et sans étincelles? Etait-ce ce ver rongeur de l'ambition insatiable qui le torturait? ou bien regrettait-il sa gondole et son insoucieuse existence de pêcheur?

Non, Pepe aimait toujours la Lorenza. Il l'aimait de cet amour étrange et profond dont on environne ceux qu'on a perdus, — culte bizarre qui s'adresse à des ombres.

Pepe avait fouillé le monde en ses replis les plus secrets pour retrouver cette femme dont le regard et le sourire avaient fait éclore en lui ce premier germe d'ambition qui devait le conduire si haut; — cette femme qui, durant un mois, l'avait entouré d'enivrantes caresses et l'avait abandonné ensuite, un matin d'une fête, ainsi que s'en vont les convives lassés. Pepe n'avait jamais su, au juste, quelle était cette étrange et mystérieuse créature. Il la voyait à travers le prisme vague et poétique de son imagination, toujours enveloppée de ce prestige fascinateur qui l'entourait le soir où, pour la première fois, elle apparut à ses yeux éblouis. Pour lui, c'était toujours cet ange au regard profond, à l'enivrant sourire, dans les yeux duquel brillait une larme, alors qu'il lui disait la splendeur évanouie de ses aïeux.

C'était pour elle, avec l'espoir secret, immense, de reconquérir à jamais son amour, qu'il avait accepté l'or du juif; — pour elle qu'il était devenu un grand homme, pour elle qu'il avait livré et gagné des batailles, battu les ennemis de la République, traité de pair à pair avec les empereurs et les rois; — pour elle enfin qu'il rêvait cette dignité suprême d'époux de l'Adriatique, de doge de Venise! Car il espérait toujours, le noble fou, que, fascinée enfin par tant de gloire, la Lorenza se souviendrait de son amour, qu'elle quitterait cette impénétrable retraite qui la dérobait à son amour, et qu'elle reviendrait à lui pour lui dire :

— O mon Pepe, je t'aime toujours !

Et cependant les années s'étaient écoulées et aucun écho n'était venu redire au comte le nom de Lorenza. Vainement avait-il couru l'Italie entière, envoyé des émissaires du Sud au Nord, et du Levant au Couchant. Vainement avait-il employé au service de son amour les yeux de lynx de cette police dont le conseil des Dix avait répandu sur le monde entier les innombrables agents.

La Lorenza et son compagnon le marchese n'avaient pu être retrouvés.

Une passion semblable, ainsi poussée à son paroxisme, avait vieilli Pepe avant son temps ; l'amour l'avait jeté dans les sentiers ardus de l'ambition, l'élevant par degré au comble de la fortune et des honneurs ; et de ce faîte sublime, le noble comte jetait autour de lui un regard désespéré, et se demandait s'il ne serait point sage à lui, pour en finir avec cette torture sans issue, de se passer une épée au travers du corps.

Venise, cependant, ignorait le mal sans remède qui minait sourdement son héros ; le peuple qui l'applaudissait sur sa route, la noblesse qui s'inclinait devant lui, les femmes qui se disputaient un regard le plus indifférent, étaient loin de supposer que cet homme se mourait au sein de son bonheur suprême....

Un soir, un soir de carnaval, le vieux doge s'éteignit, et un glas funèbre retentit aussitôt à travers les lagunes annonçant au monde que l'Adriatique était veuve ; mais aussitôt, à ce glas funèbre, une exclamation d'espérance et d'enthousiasme répondit, et les Vénitiens, songeant à leur idole, s'écrièrent spontanément :

— Le doge est mort ! vive le doge ! vive le comte Pepe.

Le comte allait être, à trente ans, investi de cette puissance souveraine qui n'avait été jusque-là que l'apanage des vieillards.

— A quoi bon? pensa-t-il, cette dignité suprême, à quoi bon ce nouveau piédestal, puisqu'elle est à jamais perdue pour moi?

Et tandis que le peuple chantait noël et entourait le palais du doge futur, Pepe s'échappa par une porte dérobée, se jeta dans une gondole, se souvint de sa première profession, s'enfuit à travers les lagunes, et gagna les quartiers les plus sombres de la ville, pour y cacher son désespoir à tous les yeux.

Un long manteau brun l'enveloppait tout entier, un feutre sans plumes couvrait son front et dissimulait à demi son visage; il pouvait passer à travers les gondoles pavoisées et étincelantes de lumières sans crainte d'être reconnu.

Il erra longtemps ainsi à travers la foule bruyante et joyeuse des pêcheurs et des marins, écoutant sans entendre et regardant sans voir, et ceux qui croisaient sa barque, qu'il n'avait point illuminée, se disaient en haussant les épaules :

— Voilà un niais qui ne sait point encore que le comte Pepe épousera demain la mer Adriatique. Pauvre fou !

Les chants et les rires du populaire exaspéraient la douleur du comte; et le bruit s'acharnait à le suivre, car Venise ne pouvait se taire par une nuit de carnaval; cependant il finit par gagner un dédale de rues obscures et de canaux déserts, et il espéra un moment pouvoir verser en paix ses larmes de colère et de désespoir....

Pepe se trompait étrangement. Une gondole, dans laquelle se trouvait un seul homme qui la conduisait lui-même, heurta tout à coup la sienne, et celui qui la montait laissa échapper un juron énergique.

Cette voix fit tressaillir Pepe; puis il poussa un cri, s'élança à la proue de son embarcation, saisit de ses mains crispées le bordage de la gondole qu'il venait de rencontrer, et jeta un regard avide sur le visage de cet homme dont la voix l'avait si étrangement frappé.

— Le marchese ! murmura-t-il.

— Pepe le gondolier ! exclama ce dernier avec épouvante, car c'était bien le marchese del Piombellino.

— Enfin, fit le comte rugissant; enfin je te tiens, bandit, et tu ne m'échapperas plus.

Et il sauta de sa gondole dans celle du marchese, l'étreignit d'un bras puissant, et continua avec l'accent d'une stridente colère :

— Ah ! je vais donc me venger, marchese de l'enfer, je vais donc savoir ce que tu as fait de Lorenza !

Du pied il poussa sa gondole, qui s'en alla à la dérive; puis il regarda son ennemi avec une expression de joie haineuse et sauvage.

Le marchese avait vieilli, ses cheveux étaient blancs et son front sillonné de rides profondes; mais ses lèvres étaient toujours armées de cet infernal et sarcastique sourire qui désespérait jadis la Lorenza, et il ne répondit à la provocation du comte que par une exclamation non moins sauvage et non moins haineuse.

Les regards de ces deux hommes se croisèrent ainsi que deux lames d'épée.

— Ah! vous voilà, cher comte, ricana le marchese; vous errez seul ainsi, songeant à vos amours, tandis que Venise vous proclame son doge !

— Oui, me voilà ! et Satan soit loué, mon maître, car je te cherchais depuis dix ans.

— C'est beaucoup trop d'honneur pour moi, excellence, murmura ironiquement le marchese.

— Oui, continua Pepe, je t'ai cherché pendant dix ans, car je voulais t'arracher Lorenza.

— Vous perdiez votre temps, monseigneur.

— Parle! misérable, où est-elle?

— Ma foi! cher, ricana le marchese, il y a fort longtemps que je ne l'ai vue.

— Tu mens, infâme!

— Sur ma parole, elle m'a ruiné, la péronelle! Car, ajouta-t-il avec un sourire qui pénétra comme la pointe glacée d'une dague au fond du cœur de Pepe, vous savez bien, excellence, qu'elle n'était pas ma sœur. Mais, que voulez-vous? je l'aimais!...Or, cher seigneur, il n'y a pas d'amour aveugle et tenace qui égale l'amour d'un vieillard. Si j'avais eu une âme, je l'eusse vendue pour la Lorenza. Ses caprices étaient des ordres, j'eusse acheté pour elle le palais des doges si elle l'eût souhaité. Tenez, savez-vous que la fantaisie qui lui prit un jour d'être aimée de vous me coûta un million? Vous étiez fastueux et magnifique en ce palais restauré par mes soins; vous dépensiez royalement mon or, et, si cela eût duré un mois de plus, j'aurais été réduit à mendier. Heureusement la Lorenza ne vous aimait plus; moi je l'aimais encore et je l'emmenai à temps. Ah! soupira railleusement le marchese, je ne me doutais point en quittant Venise, que les choses tourneraient si bien pour vous.... Comment supposer que le vieil Abraham, un usurier, un juif! au lieu de vous chasser de ce palais, vous y installerait en maître et vous léguerait tout son or? Ah! cher comte, vous avez eu assez de bonheur pour ne point désirer revoir la Lorenza....... et vous ferez sagement d'y renoncer, aujourd'hui surtout, que vous devenez le fiancé de l'Adriatique.

— Mais tu ne sais donc pas, démon, s'écria Pepe avec colère, que je ne suis monté si haut que pour la faire asseoir à mes côtés?

— C'est plus d'honneur qu'elle n'en mérite! ricana le marchese.

— Où est-elle? parleras-tu?

— Dieu m'en garde!

Pepe tira sa dague et en appuya sa pointe sur la gorge du marchese.

— Bon! fit ce dernier avec calme, il ferait beau voir un doge futur assassiner son ennemi.

— C'est juste! répondit Pepe en jetant sa dague et portant sa main à son épée. En garde donc, si tu ne veux me dire ce qu'est devenue Lorenza.

— Fi! exclama le marchese, je n'obéis jamais à des menaces.

Et il dégaina sur-le-champ.

— Tiens, fit le comte avec rage, nous allons nous battre là, dans cette gondole, où ni toi ni moi ne pourrons faire un pas de retraite et l'un de nous rougira de sa dernière goutte de sang l'eau du canal.

— A merveille! exclama le marchese ricanant toujours,

la Lorenza serait fière, cher comte, si elle savait que nous tirons l'épée pour elle.

Et il dégagea le fer.

— Démon ! s'écria froidement le comte Pepe, le ciel est juste ! et tu mérites un châtiment, je sens que je vais te tuer... Eh bien ! il en est temps encore, et quelque soif que j'aie de ton sang, je te pardonnerai et te ferai grâce si tu veux me dire où est la Lorenza ?

— Comte, répondit le marchese d'un ton railleur, je crois, sur ma parole, que tu as peur...

Et du plat de son épée, il frappa Pepe au visage.

Le jeune homme rugit, fit un pas en avant, et engagea le fer jusqu'à la garde ; pendant dix minutes, les deux adversaires luttèrent à outrance, rougissant de leur sang confondu le tillac de la gondole, puis le marchese poussa un cri étouffé et tomba sur les genoux... Pepe lui avait crevé la poitrine.

— Ah ! murmura-t-il d'une voix éteinte, comte Pepe, Pepe le gondolier, je ne mourrai point sans vengeance, car je veux te dire où l'on pourra te renseigner sur la Lorenza. Te souviens-tu de la rue du Soleil, où tu logeais jadis ? Eh bien ! il y a dans la maison que tu occupais une tireuse de cartes, une femme perdue qui dit la bonne aventure... va la trouver... peut-être te dira-t-elle ce qu'est devenue la Lorenza.

Un affreux blasphème accompagna ces dernières paroles du marchese, et il mourut en ricanant. Pepe poussa du pied son cadavre et le jeta dans l'eau, où il disparut sur-le-champ.

— Je suis vengé ! murmura-t-il... et lui aussi... car il s'est raillé de moi en me conseillant d'aller trouver la tireuse de cartes... Malheur ! je ne la reverrai jamais !

Cependant l'enfance superstitieuse du comte lui revint en mémoire, il se souvint de la foi qu'il avait eue, dans sa première jeunesse, en la nécromancie, et, se cramponnant à ce dernier espoir :

— J'irai ! dit-il, j'irai sur-le-champ.

Il reprit son aviron, manœuvra rapidement sa gondole,

et se dirigea à force de rames vers cette étroite ruelle ironiquement surnommée *rialto di Sole*.

La nuit n'était point avancée encore lorsqu'il y arriva. Quelques faibles lumières filtraient çà et là à travers les portes mal jointes des maisons de pêcheurs qui formaient cette rue, une de ces portes étaient entr'ouverte... Pepe tressaillit.

C'était celle de Bartolomeo, le vieux gondolier; il y avait dix ans que le comte n'en avait franchi le seuil... dix ans qu'il n'avait songé à s'enquérir de Marietta, la brune fiancée de sa jeunesse...

Pepe sentit battre son cœur sous le poids d'une invincible émotion... il fut tenté de s'arrêter et d'entrer... d'aller à Marietta et de lui mettre un baiser au front...

Mais comme le jour où, du haut de la terrasse de son palais, il avait vu passer la jeune fille dans sa gondole, conduite par son père, il détourna la tête...

Et il passa. Il voulait savoir à tout prix où était Lorenza... C'était Lorenza qu'il aimait. Il ne s'arrêta qu'à l'entrée de cette maison qu'il habitait jadis; un enfant de dix ans était sur la porte.

— N'y a-t-il point ici, lui dit-il, une bohémienne?

— Oui, excellence, répondit l'enfant. Montez tout en haut de la maison... Vous verrez de la lumière.

Pepe monta, le cœur palpitant, et s'arrêta sur le seuil de son ancien logis, dont la porte était entr'ouverte.

Ce misérable réduit était plus délabré, plus infect encore qu'au temps où le gondolier l'habitait. Sur une table graisseuse reposaient une lampe de fer, des fioles et divers ustensiles de nécromancie; un corbeau se promenait gravement à l'entour et un crapaud immonde rampait sur le sol.

Au fond de la chambre, une femme en haillons était accroupie devant l'âtre où se consumait une poignée de broussailles... Le comte éprouva un mouvement de dégoût suprême, et il hésita; puis dominant son émotion, il frappa doucement et demanda :

— N'est-ce point ici qu'on dit la bonne aventure?

— Pour un demi-ducat, répondit la bohémienne; entrez, entrez, mon beau seigneur...

Pepe au son de cette voix recula brusquement, alors la femme accroupie se retourna, le reflet de la lampe éclaira son visage, et le comte poussa un cri terrible...

Cette bohémienne en haillons, cette tireuse de cartes, cette courtisane vieillie, amaigrie, qui, de chute en chute, d'infamies en infamies, en était arrivée à prédire l'avenir pour un demi-ducat, c'était la femme pour qui le noble comte Pepe avait voulu devenir le doge de Venise...

C'était la Lorenza !

IX

Le comte, avons-nous dit, poussa un cri terrible, un cri d'épouvante et d'horreur indicible, et il s'enfuit avant que la Lorenza eût eu le temps de le reconnaître.

Arrivé dans la rue, il voulut fuir encore, il voulut se précipiter dans le canal et y mourir sur l'heure; mais ses jambes refusèrent de le servir, il chancela, pirouetta sur lui-même et s'affaissa enfin sur le trottoir, en exhalant un dernier cri de douleur. Le vainqueur des Turcs, le héros de Venise, s'était évanoui comme une femme...

X

Quand Pepe rouvrit les yeux, il n'était plus sur le trottoir désert du rialto di Sole, mais bien dans une petite salle pauvrement éclairée par les reflets de l'âtre, couché sur un grabat et environné d'objets qui, d'abord inconnus pour lui, éveillèrent bientôt en lui mille souvenirs confus.

Deux personnages assis auprès du feu lui tournaient le dos et causaient tout bas. Le son de leur voix le fit tressaillir, et il se prit à écouter avec anxiété.

— Pauvre enfant, disait une voix cassée par l'âge, tu l'aimes donc toujours?

— Oui, père, répondit celle d'une jeune fille.

— Mais tu ne sais donc pas, mon doux ange, qu'il nous a oubliés dès la première heure de sa fortune?...

La jeune fille soupira.

— Et c'était tout simple, murmura le vieillard. L'oiseau

qui monte radieux et fier dans l'éther garde-t-il souvenir de la branche d'arbre à laquelle était suspendu son nid? La mouette se souvient-elle, en rasant les flots bleus, du creux de rocher qui l'abrita pendant l'orage?

— Hélas! soupira encore la jeune fille.

— Et puis, mon enfant, ne sais-tu point que demain il sera doge de Venise? Et que veux-tu donc qu'il y ait de commun entre le vieux Bartolomeo, sa fille Marietta et le noble comte Pepe?

Le comte écoutait haletant, immobile, et une étincelle qui s'échappa du foyer lui permit de voir tout entier le brun visage de Marietta.

Marietta était toujours belle, plus belle que jamais, peut-être...

C'était bien toujours cette poétique fille des lagunes qui faisait battre le cœur des gondoliers, dont les plus beaux avaient en vain brigué l'amour et la main, et qui n'avait point voulu franchir le seuil du toit paternel pour entrer dans la demeure d'un époux.

— Mon Dieu! mon Dieu! murmura-t-elle en pressant dans ses petites mains les rudes mains du vieux pêcheur, pourquoi donc l'avons-nous trouvé évanoui au seuil de notre porte? Pourquoi m'avez-vous permis de le revoir?...

Pepe écoutait toujours, et à mesure que la jeune fille parlait, cet homme qui avait tant souffert sur les cimes ardues de l'ambition se reportait par la pensée, à cette jeunesse heureuse et calme qui s'était écoulée pour lui dans la petite rue du Soleil; les souvenirs de son adolescence accouraient en foule et se pressaient dans son cerveau. Il revoyait tous les lieux parcourus jadis en compagnie du gondolier et de sa fille.

Ici il avait pris dans ses bras Marietta, enfant encore, et il l'avait portée sur la grève pour la faire asseoir sur le sable doré; là il l'avait aidée à reprendre les mailles échappées d'un filet... puis, dans cette même maison où il se trouvait à cette heure, que de longues et calmes soirées passées entre la jeune fille et le vieillard, que de barcarolles mumurées à mi-voix, les mains dans les mains!...

Puis de ces souvenirs naïfs et heureux, il se reporta à ceux de son existence de grand seigneur, et il eut horreur de lui-même, en songeant qu'il n'était monté si haut que par amour pour la Lorenza, cette indigne créature qu'il venait de retrouver nécromancienne et tireuse de cartes...

Et il continua à prêter une oreille attentive et charmée aux mélancoliques paroles de Marietta disant tout bas son amour à son vieux père, et il retint son haleine, étouffa les pulsations de son cœur qui battait à rompre, afin de ne point troubler et interrompre cette voix fraîche et veloutée, mille fois plus harmonieuse pour lui que le son de ces harpes éoliennes qui retentissaient en son palais les soirs de fête.

— Allons! enfant, dit le vieux Bartolomeo, résigne-toi et prie... Il faut l'oublier pour jamais. Nous allons le placer dans ma gondole avec précaution, de peur qu'il ne s'éveille, et nous le conduirons à son palais...

— Vous avez raison, mon père, et il ignorera toujours qu'il a passé deux heures sous notre toit.

Ces mots étaient à peine prononcés que le comte se leva brusquement et arracha à ses hôtes une exclamation de surprise.

Il alla à Marietta pâle et chancelante, dont tout le sang affluait à son cœur, et il lui prit la main sans mot dire, puis il se tourna vers le vieux Bartolomeo :

— Père, lui dit-il lui donnant ce nom dont il l'appelait autrefois, tu vas nous conduire dans ta gondole sur le *Canale Grande*, et tu repasseras le pont des Soupirs. Je veux montrer la rayonnante Venise à ma petite Marietta.

La surprise et l'émotion du pêcheur et de sa fille étaient à leur comble.

— Viens, dit encore le comte en prenant dans ses bras la taille souple et frêle de la jeune fille. Passe-t-on la nuit au coin du feu en plein carnaval? Je vous écoute depuis une heure, mes bons amis... Je sais que vous m'avez trouvé évanoui et sanglant sur le trottoir qui longe votre porte : je venais de tuer un gentilhomme, et j'étais blessé moi-même.. Rassurez-vous, mes blessures sont légères...

A son tour, Marietta écoutait frissonnante, et songeait que Pepe avait surpris le secret de son amour.

Ils montèrent tous trois dans la gondole; Bartolomeo prit l'aviron, Pepe et Marietta s'assirent à la poupe les mains enlacées.

La barque glissa, rapide et légère, à travers les milliers d'esquifs qui sillonnaient Venise; elle descendit ainsi jusqu'au pont des Soupirs.

—Arrête-toi sous l'arche, dit le comte au gondolier, qui obéit.

De ce lieu, on voyait le palais Pepe splendidement illuminé, et tout à l'entour, sur le canal et les quais, une foule trépignante et joyeuse, qui croyait son idole en son logis et la saluait de bravos.

—Écoute et regarde, murmura Pepe à l'oreille de Marietta; mon nom est dans toutes les bouches; je puis être demain l'égal des rois, le maître suprême de Venise. Tu vois ce palais? il est à moi... Ces armes sculptées sur le fronton des portiques, ce sont les miennes... Veux-tu que demain le comte Pepe proclame hautement qu'il épouse Marietta, la fille du gondolier?

— Vous êtes fou! s'écria Marietta éperdue.

— Ou bien, continua-t-il enlaçant la jeune fille dans ses bras et lui mettant un ardent baiser au front, veux-tu que le comte Pepe, le doge futur, disparaisse, que demain Venise le cherche vainement, et que Pepe le gondolier retourne à la rue du Soleil, qu'il y reprenne ses avirons, ses filets, sa vareuse de pêcheur, et qu'il y épouse Marietta?

La jeune fille jeta un cri.

— Choisis, Marietta, ma bien-aimée, acheva le comte d'un ton ferme, car je te le jure, je t'aime, et tu seras ma femme.

— Eh bien! murmura Marietta, qui crut voir le ciel s'entr'ouvrir devant elle, retournons aux lagunes, le bonheur, c'est l'obscurité.

—Tu as entendu ta fille, dit alors le comte à Bartolomeo, vire de bord, ô mon père, Pepe le gondolier, Pepe l'époux de Marietta la brune, sera plus heureux au rialto di Sole que dans le palais étincelant des doges.

En vain, à l'aurore suivante, Venise chercha-t-elle son nouveau souverain, vainement l'Adriatique attendit-elle ce fiancé jeune et beau qui devait laisser tomber un anneau nuptial dans ses flots d'azur...

L'infidèle avait passé cet anneau au doigt de Marietta, à la brune fille du gondolier.

LES
ORANGES DE LA MARQUISE

I

La marquise était à sa toilette.

Florine et Aspasie, deux soubrettes comme M. de Marivaux en savait créer, poudraient à frimas la séduisante veuve.

Elle était veuve, la marquise, veuve à vingt-trois ans, et riche comme on ne l'était presque plus à la cour du roi Louis XV, son parrain.

Vingt-trois années plus tôt, Sa Majesté l'avait tenue sur les fonts baptismaux de la chapelle de Marly, et il lui avait constitué cent mille livres de rentes, afin de prouver à son père, le baron de Fontevrault, qui lui avait sauvé la vie à la bataille de Fontenoy, que les rois sont reconnaissants, quoi qu'on veuille bien en dire.

La marquise était donc veuve ; elle habitait, l'été, un charmant petit castel situé à mi-côte, au bord de l'eau, sur la route de Bougival à Saint-Germain. Elle était voisine de terre de madame Dubarry, et, en ouvrant les yeux, elle voyait, du fond de son alcôve, se dresser, sur les hauteurs, les pignons blancs et les grands marronniers de Luciennes. Ce jour-là, il était midi, la marquise, tandis que ses camérières la coiffaient et l'attifaient avec un goût infini, s'occupait gravement à faire sauter, l'une après l'autre, deux belles oranges qui se croisaient dans l'air et retombaient dans sa main blanche et mignonne qui les arrêtait dans leur chute.

Ce petit manége, que la marquise interrompait quelquefois pour se poser une mouche au coin de la lèvre ou regarder l'heure, d'un air ennuyé, à la pendule rocaille qui marquait dans le boudoir les instants précieux que le temps enlevait à la belle veuve, durait depuis dix minutes, lorsque la porte s'ouvrit à deux battans, et un valet, le dernier valet de comédie, annonça d'une voix majestueuse :

— Le roi !

Il paraît que la marquise était habituée à une pareille visite, car elle ne se souleva qu'à demi, et salua de son plus frais sourire le personnage qui entrait.

C'était bien Louis XV lui-même.

Louis XV à soixante-cinq ans, mais vert, droit, la lèvre souriante, l'œil guilleret, et vêtu d'un galant juste-au-corps de chasse gris-perle qui lui seyait à ravir.

Il avait sous le bras un joli fusil à la crosse enrichie d'incrustations de nacre. Une petite carnassière, destinée seulement à contenir ses munitions, était suspendue à son épaule.

Le roi venait de Luciennes, presque seul, avec un capitaine des gardes, le vieux maréchal de Richelieu, et un piqueur à pied. Il s'était plu à tirailler des cailles dans les luzernes, chargeant son fusil lui-même comme ses ancêtres, les derniers Valois et les premiers Bourbons.

Le Béarnais, son aïeul, n'aurait pas agi plus simplement et avec moins de façons.

Une giboulée était survenue. Le roi n'aimait pas la pluie; il prétendait que le feu d'une batterie ennemie était moins désagréable que ces gouttes d'eau menues et serrées qui le pénétraient et lui rappelaient ses rhumatismes.

Heureusement il se trouvait à cent pas de la grille du petit castel lorsque la première averse arriva, et il était venu se réfugier chez sa filleule, renvoyant sa suite et ne conservant avec lui qu'un magnifique chien d'arrêt dont la généalogie, établie minutieusement par le duc de Richelieu, remontait directement, avec quelques fautes d'orthographe plus que légères, à Nisus, ce lévrier fameux que Charles IX donna à son ami Ronsard le poëte.

— Bonjour, marquise, dit le roi en entrant et déposant son fusil dans un angle. Je viens vous demander l'hospitalité. La pluie nous a pris à votre porte, Richelieu et moi ; j'ai renvoyé Richelieu...

— Ah! sire, c'est peu aimable.

— Chut! fit le roi d'un air confidentiel. Il n'est que midi ; si le maréchal pénétrait chez vous aussi matin, il s'en vanterait partout ce soir même. Il est fort compromettant et très-fat, le vieux duc... Mais ne vous dérangez donc pas, marquise ; laissez Aspasie terminer le galant édifice de votre coiffure, et Florine étaler avec son couteau d'argent ce nuage de poudre à la maréchale qui va si bien aux lis mélangés de roses de votre coquet visage... Vous êtes jolie à croquer, marquise...

— Vous trouvez, sire?

— Je vous le répète chaque jour. Oh! les belles oranges!...

Et le roi s'assit dans un grand fauteuil, auprès de la marquise, dont il baisa l'ongle rosé avec une grâce infinie ; puis il prit l'un des fruits qu'il avait admirés et le contempla tout à son aise.

— Mais, dit-il, pourquoi ces oranges à côté d'une boîte de Chine remplie de poudre et de fioles à essences? Ce fruit-là serait-il de quelque emploi dans l'entretien si facile de vos charmes, marquise?

— Ces oranges, dit gravement la marquise, remplissaient tout à l'heure, sire, l'office de la destinée.

Le roi ouvrit de grands yeux et caressa les longues soies de son chien pour laisser à la marquise le temps de s'expliquer.

— C'est la comtesse qui me les a données, continua-t-elle.
— Madame Dubarry?
— Précisément, sire.
— Le cadeau me paraît mince, marquise.
— Je le trouve important, au contraire, puisque, je le

répète à Votre Majesté, ces oranges remplacent pour moi le destin.

— Je donne ma langue au chat, dit le roi.

— Figurez-vous, sire, qu'hier j'ai trouvé la comtesse occupée à manier ainsi ces oranges.

Et la marquise recommença son manége avec une adresse inimaginable.

— J'y suis, dit le roi; elle accompagnait même ce singulier amusement des paroles que voici : « Saute, Choiseul! saute Praslin! » et, ma foi! je crois que tous les deux ont sauté.

— Précisément, sire.

— Feriez-vous de la politique, marquise? et auriez-vous quelque fantaisie de vous joindre à la comtesse pour chagriner mes pauvres ministres?

— Nullement, sire, car, au lieu de monsieur de Choiseul et du duc de Praslin, je disais, moi, tout à l'heure : Saute Menneval! saute Beaugency!

— Ah! ah! fit le roi, et pourquoi diable voulez-vous faire sauter ces beaux gentilshommes; monsieur de Menneval, un Crésus, monsieur de Beaugency, un homme d'État qui danse le menuet à ravir?

— Voici, dit la marquise : vous savez, sire, que monsieur de Menneval est un gentilhomme accompli, bel homme, cavalier hardi, danseur infatigable, spirituel comme monsieur Arouet, et ne souhaitant rien tant que vivre à la campagne, dans ses terres de Touraine, au bord de la Loire, avec la femme qu'il aime ou aimera, loin de la cour, des grandeurs, du bruit?

— Il a pardieu raison, dit le roi, on s'ennuie si fort à la cour!

— Oui et non, fit la marquise en se posant une dernière mouche; vous n'ignorez pas non plus, sire, que monsieur de Beaugency est un des plus galants gentilshommes de Marly et de Versailles, ambitieux, zélé pour le service de Votre Majesté, brave autant que monsieur de Menneval, et capable d'aller au bout du monde... avec le titre d'ambassadeur du roi de France?

— Je sais cela, fit Louis XV en riant. Mais, hélas! j'ai plus d'ambassadeurs que d'ambassades; mes antichambres regorgent chaque matin.

— Or, poursuivit la marquise, je suis veuve, sire... depuis deux ans.

— C'est fort long, en effet.

— Ah! soupira-t-elle, à qui le dites-vous, sire? Et monsieur de Menneval m'aime... au moins il me le dit : je suis un peu crédule.

— Eh bien, épousez monsieur de Menneval.

— J'y ai songé, sire, et de fait, je pourrais faire beaucoup plus mal. J'aimerais assez vivre à la campagne, sous les saules, au bord de l'eau, avec un mari tendre, soumis, amoureux, qui détesterait les philosophes et priserait quelque peu les poëtes. Lorsque aucun bruit du dehors ne trouble la lune de miel, cette lune se prolonge indéfiniment, sire. A la campagne, on n'entend jamais de bruit.

— Si ce n'est la bise qui pleure dans le corridor et la pluie qui fouette les vitres.

Et le roi frissonna dans son fauteuil.

— Mais, reprit la marquise, monsieur de Beaugency m'aime également.

— Ah! ah! un ambitieux!

— L'ambition n'exclut pas l'amour, sire. Monsieur de Beaugency est marquis, il a vingt-cinq ans, il est ambitieux ; j'aimerais fort un mari qui brûlerait d'arriver aux charges importantes de l'État. Les grandeurs ont bien leur mérite.

— Alors épousez monsieur de Beaugency.

— J'y songe également, mais ce pauvre monsieur de Menneval...

— Très-bien, répliqua le roi en riant, je vois à quel rôle sont destinées les oranges. Monsieur de Menneval vous plaît, monsieur de Beaugency vous sied pareillement, et comme on ne peut avoir qu'un mari, vous les faites sauter à tour de rôle...

— Précisément, sire. Mais voici ce qu'il arrive.

— Ah! qu'arrive-t-il?

— Que, ne voulant et ne pouvant pas tricher, je m'applique à rattraper au passage les deux oranges, et que je les attrape toujours toutes deux.

— Eh bien! dit le roi, voulez-vous que je m'en mêle?

— Vous, sire? ah! quelle plaisanterie!

— Je suis fort maladroit, marquise. Bien certainement, avant trois minutes, Beaugency ou Menneval roulera sur le parquet.

— Dame! fit la marquise, et si vous avez une préférence pour l'un ou pour l'autre?

— Faisons mieux; tenez, je prends les deux oranges...

— Bon, dit la marquise.

— Vous les regardez bien toutes deux, ou mieux encore, vous enfoncez dans l'une d'elles une de ces épingles de toilette. Maintenant, à part vous, vous désignez celle qui représente monsieur de Beaugency. Moi je n'en sais absolument rien. Si monsieur de Beaugency touche le parquet, vous épouserez son rival; dans le cas contraire, vous vous résignerez à être ambassadrice.

— A merveille! Voyons, sire.

Le roi prit les deux oranges et leur fit faire la navette au-dessus de sa tête; mais à la troisième passe toutes deux roulèrent sur le tapis semé de roses du boudoir, et la marquise laissa échapper un frais éclat de rire.

— Décidément, fit le roi, j'avais raison... je suis un maladroit!

— Et nous voilà plus embarrassés que jamais, sire.

— En effet, marquise, et le plus simple est de couper ces deux fruits, de les sucrer et de les assaisonner de rhum des îles. Priez-moi à goûter, et offrez-moi de ces confitures de cerises et de pêches que vous confectionnez aussi bien que ma fille Adélaïde.

-- Et monsieur de Menneval? et monsieur de Beaugency? fit la marquise d'un ton piteux. Comment décider, à présent?

Le roi se prit à rêver.

— Êtes-vous bien certaine, dit-il, que tous deux vous aiment?

— C'est probable, fit-elle avec un sourire coquet que lui renvoya son miroir.

— D'un amour égal, continua le roi.
— Mais je l'espère, sire.
— Et moi je n'en crois rien...
— Ah! dit la marquise, ceci est une bien affreuse supposition, en vérité. Tenez, sire, ils vont venir.
— Tous deux?
— L'un après l'autre. Le marquis à une heure précise, le baron à deux. Je leur ai promis une décision pour demain, à la condition qu'ils viendraient me visiter une dernière fois aujourd'hui.

Au moment où la marquise achevait, le laquais qui avait annoncé le roi vint prévenir sa maîtresse que M. de Beaugency était au salon et briguait la faveur d'être admis à lui faire sa cour.

— Très-bien! dit Louis XV souriant comme à dix-huit ans, introduisez M. de Beaugency. Marquise, vous allez le recevoir et vous lui direz à quel prix vous mettez votre main.
— Quel est ce prix, sire?
— Vous lui donnerez à choisir : ou renoncer à vous, ou consentir à m'envoyer sa démission de ses charges, pour aller s'enterrer avec sa femme dans sa terre de Courlac, en Poitou, et y vivre de l'existence du gentilhomme campagnard.
— Et puis, sire?
— Vous lui donnerez deux heures de réflexion et le congédierez.
— Et enfin?
— Le reste me regarde.

Et le roi se leva, prit son chien et son fusil, se réfugia derrière un paravent et tira un rideau pour se mieux dissimuler.

— Que faites-vous donc, sire? demanda la marquise.
— Je me voile, comme les rois de Perse, aux yeux de mes sujets, répondit Louis XV. Chut! marquise.

Et M. de Beaugency entra peu après.

II

Le marquis était un charmant cavalier, grand, svelte, la moustache noire et retroussée, l'œil ardent et spirituel, le nez recourbé, la lèvre autrichienne, la démarche hardie et l'attitude noble et superbe.

La marquise rougit légèrement à sa vue, lui tendit sa main à baiser, et murmura à part elle, tout en lui indiquant un siége :

— Décidément, je crois que l'épreuve est inutile, c'est monsieur de Beaugency que j'aime. Et comme je serai fière de m'appuyer à son bras aux fêtes de la cour ! avec quel bonheur je passerai de longues veilles dans votre cabinet, monsieur l'ambassadeur, tandis que vous expédierez les affaires du roi !

Puis, après cet aparté, la marquise redevint souriante et coquette, en femme qui comprenait la haute mission de galanterie réservée à son époque séduisante et mignarde par la Providence indulgente, et qui gardait ses colères et ses mauvais jours au règne suivant.

— Marquise, dit M. de Beaugency en re... ant dans ses mains la main rose de la belle veuve, il y a bien huit jours que vous ne m'avez reçu, n'est-ce pas ?

— Huit jours ! vous êtes venu hier.

— C'est qu'alors j'ai pris les heures pour des siècles.

— Et ce compliment dans un livre de monsieur Crébillon fils.

— Vous êtes méchante, marquise.

— Peut-être... c'est tout naturel, je m'ennuie !

— Ah ! marquise, Dieu m'est témoin que je voudrais faire de votre existence une fête interminable !

— Ce serait au moins fatigant.

— Dites un mot, madame, un seul, et ma fortune, mon avenir, mon ambition...

— Vous êtes donc toujours ambitieux ?

— Plus que jamais, depuis que je vous aime.

— Est-ce nécessaire ?

— Mais, sans doute. L'ambition, n'est-ce pas les honneurs, la fortune, les regards d'envie des rivaux impuissants, les admirations de la foule, la faveur des rois?... Et n'est-ce point prouver son amour d'une façon sans réplique, d'une manière triomphante, que mettre tout cela aux pieds de la femme qu'on adore?

— Peut-être avez-vous raison.

— Si j'ai raison, marquise! Écoutez-moi, belle amie...

— Je vous écoute, monsieur.

— Entre nous, gens qui sommes nés et n'avons pas de croquants dans nos alliances, l'amour vulgaire et sentimental que dépeignent ces espèces qui font des livres pour vos ajusteuses et vos camérières, serait de fort mauvais goût. C'est aimer peu et faire un maigre cas de son bonheur que l'aller enterrer en quelque coin perdu de la province ou de Paris, une autre province, entre nous encore, qui sommes à Versailles, pour y vivre avec lui d'une solitude monotone et d'une contemplation invariable.

— Ah! dit la marquise; vous trouvez?

— Parlez-moi plutôt des fêtes étourdissantes de lumière, de bruit, de sourires, d'esprit, au milieu desquelles on passe enivré, sa conquête au bras... Pourquoi cacher son bonheur et ne le point produire? les regrets et l'envie du monde l'accroissent, loin de l'atténuer.

Mon oncle le cardinal est fort bien en-cour, il a l'oreille du roi et, qui mieux est, de la comtesse: il m'aura, au premier jour, une ambassade dans une cour du nord. Vous voyez-vous, madame l'ambassadrice, traitant sur le terrain d'un salon, de puissance à puissance avec la plus haute noblesse d'un royaume, ayant les hommes à vos genoux, les femmes sur un simple tabouret, alors que vous occuperez un trône et tiendrez un sceptre?

Et M. de Beaugency parlait avec chaleur, et il avait doucement glissé de son siège aux genoux de la marquise, dont il couvrait les mains de baisers.

Elle l'écoutait en souriant; puis tout à coup elle lui dit:

— Relevez-vous donc, monsieur, et écoutez-moi à votre tour. M'aimez-vous bien sincèrement?

— De toute mon âme, marquise.
— Seriez-vous prêt à tous les sacrifices?
— A tous, madame.
— Ceci tombe à merveille, car être prêt à tous, c'est en accomplir un sans la moindre peine, et je n'en exige qu'un seul.
— Oh! parlez. Faut-il conquérir un trône?
— Non pas, monsieur, il faut vous souvenir que vous avez en Poitou un fort beau château.
— Peuh! fit M. de Beaugency, une bicoque!
— Charbonnier est maître chez lui, dit la marquise, et lorsque vous vous en serez souvenu, demandez des chevaux de poste.
— Dans quel but, marquise?
— Afin de m'emmener à Courlac. C'est là que votre aumônier nous unira, dans la chapelle, en présence de vos serviteurs et vos vassaux, nos uniques témoins.
— La fantaisie est singulière, je m'y soumets, marquise.
— Très-bien. Nous partons ce soir. Ah! j'oubliais.
— Quoi encore?
— Avant de partir, vous enverrez vos démissions au roi.
M. de Beaugency fit un bond sur son siége.
— Y songez-vous, marquise?
— Sans doute. Vous ne pourrez remplir à Courlac les charges que vous occupez à la cour.
— Et au retour?
— Nous ne reviendrons pas.
— Nous—ne—reviendrons—pas! articula M. de Beaugency lentement. Et où irons-nous donc alors?
— Nulle part. Nous resterons à Courlac.
— Tout l'été?
— Et puis l'hiver. Je compte m'y fixer après notre union. J'ai la cour en horreur, je n'aime pas le bruit, les grandeurs me fatiguent... et je n'aspire qu'à la vie simple et charmante des champs, à l'existence calme, heureuse, d'une châtelaine oubliée. Que vous importe? vous étiez ambitieux par amour pour moi; je fais peu de cas de l'ambition : vous en devez moins faire encore, puisque vous m'aimez.

— Mais, marquise...

— Chut! c'est convenu. Cependant, pour la forme, je vous donne une heure de réflexion. Tenez, passez par là, entrez dans ce salon d'hiver que vous trouverez au bout de la galerie, et envoyez-moi votre réponse sur une feuille de vos tablettes. Je vais terminer ma toilette, que j'ai laissée inachevée pour vous recevoir.

Et la marquise ouvrit une petite porte, poussa M. de Beaugency dans le corridor et la referma sur lui.

— Marquise, cria le roi du fond de sa cachette et à travers le paravent, vous offrirez à monsieur de Menneval l'ambassade de Prusse que je vous ai promise pour lui.

— Vous ne sortez donc pas de votre retraite?

— Non, certes, marquise; c'est bien plus amusant de rester dans la coulisse : on entend tout, on rit à son aise et l'on n'a rien à dire.

Deux heures sonnèrent; on annonça M. de Menneval. Sa Majesté se tint coi, et fit le mort.

III

M. de Menneval était, de tous points, un cavalier qui ne le cédait en rien à son rival M. de Beaugency. Il était blond, de ce blond cendré qui est la nuance de chevelure des séraphins; il avait l'œil bleu, le front large, la lèvre humide et rêveuse, l'attitude légèrement pensive qui seyait aux trouvères de la vieille France.

Nous ne savons pas si M. de Menneval avait commis des vers, mais il aimait les poëtes, les arts, le calme des champs, les couchers de soleil, les aubes vermeilles, les soupirs du vent dans les feuilles, les harmonies mystérieuses et voilées d'une harpe résonnant, le soir, au fond d'un léger canot filant comme une flèche sur le flot bleu de la Loire, toutes choses qui accompagnent si bien ce mélodieux concert du cœur qu'on appelle l'amour.

Il était timide, il aimait avec passion la belle veuve, son rêve le plus doux était de passer sa vie entière à ses pieds, dans un isolement discret, loin de ces témoins envieux qui savent toujours jeter un sarcasme au bonheur qui sourit, et le contempler en dissimulant leur envie sous la philosophie du scepticisme.

Il tremblait bien fort en entrant chez la marquise; il demeura debout devant elle, frissonna et rougit en baisant sa main; puis, encouragé par un sourire, enhardi par la solennité de ce tête-à-tête suprême, il lui parla de son amour avec cette poétique naïveté, cette chaleur sans emphase d'un cœur réellement épris, cet enthousiasme vrai du prêtre qui croit à son culte.

Et, tandis qu'il parlait, la marquise soupirait et se disait :

— Il a raison; le bonheur c'est l'amour; l'amour c'est être deux, ne faire qu'un et n'avoir pas entre soi, comme un tiers importun, l'indifférence ou l'attention moqueuse du monde...

Cependant elle se souvint à propos de l'avis du roi et elle dit au baron :

— Que feriez-vous bien pour me prouver votre amour?

— Tout ce qu'il est donné à l'homme d'exécuter.

Le baron était moins hardi que M. de Beaugency, qui parlait de conquérir un trône. Il devait être plus sincère.

— Je suis ambitieuse, dit la marquise.

— Ah! fit M. de Menneval avec tristesse.

— Et je veux que l'homme que j'épouserai aspire à tout.

— J'essayerai, si vous le souhaitez.

— Écoutez, je vous donne une heure pour réfléchir. Je suis la filleule du roi, vous le savez; je lui ai demandé une ambassade pour vous.

— Ah! fit M. de Menneval avec indifférence.

— Il me l'a accordée. Si vous m'aimez, vous accepterez, nous nous marierons ce soir, et nous partirons pour Berlin à l'issue de la messe nuptiale, monsieur l'ambassadeur de Prusse. Réfléchissez, je vous donne une heure.

— C'est inutile, répondit M. de Menneval, je n'ai pas besoin de réfléchir puisque je vous aime. Vos désirs sont des ordres, vous obéir est mon unique vœu. J'accepte l'ambassade.

— N'importe! dit la marquise frissonnant de joie et toute rougissante, passez dans le salon où vous attendiez tout à l'heure; j'achève de m'ajuster et suis à vous. Je vous appellerai.

La marquise expédia le baron par la droite comme elle avait fait du marquis par la gauche, et elle se dit:

— Je vais être bien embarrassée si M. de Beaugency consent à finir ses jours à Courlac!

Alors le roi écarta le paravent et se montra.

IV

Sa Majesté se dirigea tranquillement vers le guéridon sur lequel elle avait replacé les oranges et en prit une.

— Ah! dit la marquise, je vois, sire, que vous prévoyez la difficulté qui va surgir et que vous en revenez tout simplement aux oranges.

Pour toute réponse, le roi prit dans la poche de sa veste un petit canif à manche d'ivoire, fit une incision à la peau du fruit, la détacha fort habilement, puis sépara l'orange en deux quartiers et en offrit la moitié à la marquise interdite.

— Mais, que faites-vous donc, sire? demanda-t-elle vivement.

— Vous le voyez, je mange l'orange.

— Mais...

— Elle nous était parfaitement inutile.

— Vous êtes donc fixé?

— Parfaitement. Monsieur de Menneval vous aime plus que monsieur de Beaugency.

— Ce n'est point encore certain, attendons...

— Tenez, dit le roi montrant du geste le valet qui entrait avec un billet du marquis, vous l'allez voir sur-le-champ.

La marquise ouvrit le billet et lut:

« Madame,

» Je vous aime, Dieu m'en est témoin, et renoncer à vous

est le plus cruel des sacrifices. Mais je suis gentilhomme ; un gentilhomme appartient au roi : ma vie, mon sang, sont à lui ; je ne puis, sans forfaire à la fidélité, quitter son service... »

— Et cœtera, dit le roi, comme disait l'abbé Fleury, mon précepteur. Marquise, appelez monsieur de Menneval.

M. de Menneval entra et fut fort troublé de voir le roi dans le boudoir de la veuve.

— Baron, lui dit Sa Majesté, monsieur de Beaugency aimait fort la marquise, mais il m'aimait plus encore, puisqu'il n'a point voulu renoncer, pour lui plaire, à l'ambassade de Prusse. Et vous aimiez, vous, beaucoup plus la marquise que moi-même, puisque vous n'entriez à mon service que pour elle. Ceci me porte à croire que vous seriez un serviteur tiède et que monsieur de Beaugency fera un excellent ambassadeur. Il partira pour Berlin ce soir, et vous épouserez la marquise. J'assisterai à la messe. Marquise, souffla Louis XV à l'oreille de sa filleule, l'amour vrai est celui qui ne recule pas devant un sacrifice.

Et le roi dépouilla la seconde orange et la mangea, tout en plaçant la main de la veuve dans celle du baron.

Puis il ajouta :

— Je viens de faire trois heureux : la marquise, dont j'ai fixé l'indécision ; le baron, qui l'épousera, et monsieur de Beaugency, qui sera peut-être un piètre ambassadeur. Et je n'ai oublié que moi, dans tout cela, j'ai mangé les oranges sans sucre.

On a prétendu cependant que j'étais un monarque égoïste !

CHEZ MON GRAND-PÈRE

I

Nous habitions, mon grand-père et moi, une petite propriété, dans le haut Dauphiné, depuis le commencement de mai jusqu'à la fin d'octobre.

Les premiers bourgeons et les primevères nous amenaient à leur suite, les vendanges nous voyaient partir.

J'aime le Dauphiné; c'est une des provinces de France les plus pittoresques, les plus fraîches et les plus vertes.

La vie des champs y est charmante, les instincts du poëte, du chasseur et de l'homme modeste et simple, y peuvent être aisément satisfaits. On y retrouve de vieilles traditions et quelques légendes, Dieu n'en a point encore été banni, et l'église du village, sous ses réseaux de lierre d'Irlande, apparaît à tous les regards comme la maison bénie où les souffrances sont allégées.

Le vallon où nos pères avaient assis leurs pénates — car nous habitions une propriété de famille — était isolé et perdu en un coin des Hautes-Alpes. Les neiges des montagnes étincelaient aux quatre points cardinaux, la plaine était verte, coquette, ombreuse, et à la fois tréflée de chauds rayons de soleil.

Le printemps y suspendait des clochettes bleues et blanches aux buissons des chemins; il y poudrait les amandiers et couvrait de violettes, de liserons et de nénuphars le bord des ruisseaux.

Chaque maison du village avait un jardin où piaulaient, au soleil levant, des centaines de merles moqueurs et de passereaux bavards. Devant l'église s'étendait une vaste prairie étoilée de marguerites, tapis merveilleux que Dieu déroulait sous les pieds de ceux qui venaient le prier.

Au château, — il faut bien le dire, c'était le château que nous possédions, — au château, dis-je, on trouvait un grand parc de marronniers, de tilleuls et de platanes qu'une génération depuis longtemps éteinte avait plantés ; — un verger pourvu de fleurs et de fruits, aux murs lézardés des vieilles tours, une jeune vigne qui grimpait vigoureusement par-dessus un lierre centenaire. Entre le village et le château coulait une petite rivière, — une rivière sans prétentions qui ne jouait ni au fleuve orgueilleux et vain comme un millionnaire, ni au torrent tapageur et vantard comme un coureur d'aventures affamé, une honnête rivière, qui coulait bleue et transparente sur un sable doré entre deux rives de peupliers et de prés verts, longeant un coteau de chênes-liéges, et assistant, dans sa course, un humble moulin où il se broyait dans l'année plus de sarrasin que de froment.

A une demi-lieue du château, au pied d'une colline, vers le sud, se dressait une maison blanche, coquette, élégante, qu'on eût prise, à sa structure, pour une villa des environs de Paris.

Elle s'était récemment élevée sur les décombres d'une autre maison détruite par l'incendie; un jardin anglais, un jeune parc l'entouraient; les fenêtres avaient des volets verts, le perron des statues de marbre blanc.

Ce n'était plus la vieille demeure féodale appauvrie et vermoulue, c'était la maison moderne de l'opulence, la retraite d'été d'un habitant de la ville. Tout y était jeune, frais, élégant.

Et cependant, nul dans le pays ne se souvenait, depuis dix ans, d'avoir vu la villa habitée par d'autres hôtes qu'un vieux domestique, Caleb, taciturne et discret, qui disait à peine le nom de ses maîtres et n'adressait jamais la parole à personne, quand il ne s'agissait point *d'affaires*. Tout ce que nous savions, c'est qu'un Parisien était venu dix années plus tôt, avait acheté la maison incendiée et les terres environnantes, construit à la place sa jolie villa, planté le parc et le jardin.

Il avait fait une visite à mon grand-père, la surveille de son départ. J'étais enfant alors, mais je me souviens parfaitement de ses traits. C'était un homme de trente-cinq ans à peine, grand, pâle, de tournure distinguée, qu'on nommait M. de Flavy.

Il nous apprit que l'amour de la solitude l'avait poussé à chercher au pied des Alpes une petite retraite pour lui, sa femme et sa fille qu'il amènerait au printemps suivant.

Le printemps arriva, M. de Flavy ne vint point; seulement, on s'aperçut que le vieux serviteur avait remplacé sa livrée orange par des vêtements noirs, et le galon d'or de sa casquette par un crêpe.

L'année suivante, on ne vit pas davantage M. de Flavy, et dès lors on sut qu'il était mort. Comment et de quel mal? Ce fut ce que nul ne put dire.

Dix ans s'écoulèrent; l'unique habitant de la villa allait chaque année à Paris et en revenait au bout de trois semaines. On remarquait, du reste, qu'il introduisait des améliorations importantes dans l'exploitation des fermes dépendantes de la villa. On évaluait dans le pays la propriété tout entière à deux cent mille francs, chiffre de fortune énorme dans une contrée aussi pauvre que les Hautes-Alpes.

J'avais bien alors dix-huit ans, l'imagination ardente, le cœur enthousiaste, et mon grand-père avait commis une faute assez grave en m'abandonnant la clef d'une vieille galerie où, pêle-mêle, étaient entassés douze ou quinze cents volumes de romans qui charmèrent jadis les vieux ans de ma grand'tante la chanoinesse. Je savais peu de latin, peu de grec; en revanche, j'avais le cerveau farci des aventures de cent héros impossibles, depuis Amadis de Gaule jusqu'à Victor ou *l'Enfant de la forêt*, ce conte merveilleux et naïf du plus naïf des romanciers.

J'avais, du reste, commencé de bonne heure ces funestes lectures. A dix ans, plein de don Quichotte, dont je ne comprenais point le vrai sens, je me fabriquais des cuirasses et des casques avec de vieux numéros de la *Quotidienne*; à dix-huit, j'avais, il est vrai, renoncé au rôle de chevalier errant, mais je songeais à quelque amour romanesque que je devais inévitablement rencontrer tôt ou tard sur mes pas.

Il est des gens qui courent inutilement les aventures pendant leur vie entière, et meurent désespérés d'avoir vécu heureux et paisibles; la Providence fut plus indulgente pour moi, — elle m'offrit de bonne grâce la passion romanesque après laquelle mon imagination galopait.

C'était un soir de mai, j'étais à cheval, suivi de mes deux bassets, je trottais dans la direction du bourg voisin situé sur la route de Grenoble, celle de Paris, par conséquent. Dans nos montagnes, les chemins sont mauvais au printemps, la fonte des neiges grossit les torrents, les torrents débordent et remplissent de fange et de cailloux les sentiers et les grandes voies.

Un cavalier y prend garde à peine, une voiture s'embourbe jusqu'au moyeu des roues.

La route de Grenoble était étroite, et mal entretenue; une double haie vive, jetant par-dessus ses buissons fleuris et ses longues lianes, achevait de la rendre périlleuse pour tout attelage fragile.

Du village au bourg on comptait trois lieues de pays, une demi-journée de marche au moins; il était sept heures, le soleil avait disparu, l'ombre arrivait à grands pas et j'étais à peine à mi-chemin; mais j'étais accoutumé à voyager de nuit, et j'avais besoin de poudre pour une chasse au chamois qui devait être faite le surlendemain.

Je continuai donc à trotter par les haies d'aubépine en fleurs et le bord des prairies, aspirant avec délices ces senteurs enivrantes que mai apporte dans un pli de son aile multicolore et répand, le soir, sur les champs et dans les bois. Mon imagination poursuivant son rêve, mes bassets couraient la queue basse, ma monture allait à l'amble, et la nuit descendait insensiblement, si bien, qu'à un coude du chemin, j'aperçus dans l'éloignement une lueur rougeâtre, celle d'un fanal de chaise de poste; j'entendis ensuite d'énergiques jurons, et je compris qu'il y avait des êtres en détresse. J'arrivai au galop et trouvai une berline de voyage dont le timon était brisé et les roues enrayées dans une ornière. Un laquais et le postillon essayaient de réparer l'avarie; une femme avait la tête à la portière et paraissait inquiète des suites de l'événement. Je m'approchai d'elle, le chapeau à la main, et lui offris mes services.

— Mon Dieu! monsieur, me dit-elle d'une voix si fraîche, si suave que j'en tressaillis des pieds à la tête, je me rends aux *Aurettes*, — c'était le nom de la villa, — et je ne sais comment, grâce à l'accident dont ma berline est victime, j'achèverai mon voyage par ces chemins impraticables et cette nuit sombre.

— J'ai un bon cheval, répondis-je en tremblant, les *Aurettes* ne sont distantes que d'une lieue, c'est un trajet que nous pouvons faire en vingt minutes. Oserais-je vous offrir la croupe?

Elle parut hésiter; car elle ne distinguait qu'imparfaitement mon visage. Je crois pourtant qu'au son de ma voix elle devina mes dix-huit ans; et elle finit par répondre :

— Soit! monsieur; je le veux bien.

Elle recommanda au laquais et au postillon de prendre patience et d'abandonner la berline, s'ils ne pouvaient mieux faire, puis elle mit pied à terre et, ensuite, sauta lestement derrière moi, en écuyère hardie et consommée.

Je mis mon cheval au trot, rasant les haies pour éviter l'ornière ouverte au milieu du chemin, ayant bien soin d'écarter adroitement les branches de saule et les tiges de buissons qui auraient pu blesser ma compagne de voyage ou déchirer ses vêtements.

La rapidité de la course, cette angoisse vague de la nuit qui impressionne toujours les femmes, et peut-être aussi cette défiance irréfléchie dont on enveloppe les inconnus qu'on rencontre en un pays où l'on vient pour la première fois, l'empêchèrent de lier avec moi une conversation que je brûlais d'entamer et dont je cherchais vainement le premier mot.

Mais bientôt la scène changea. Au chemin bourbeux de

la plaine succéda un sentier uni, sablé, grimpant en rampes douces au flanc d'une petite colline à mi-côte de laquelle se trouvaient les *Aurettes*. La lune se leva presque en même temps; elle venait à point et tout comme en un vrai roman, car je mourais d'envie de voir enfin les traits de mon héroïne. Pendant les dix minutes qu'avait duré notre course dans le chemin creux, mon imagination était allée bon train, elle aussi; balcons, échelles de soie, lettres confiées à un chien intelligent... j'avais songé à tout déjà.

Aussitôt que les premiers rayons de la lune nous arrivèrent, comme il eût été difficile et même inconvenant de me retourner sur ma selle pour regarder la belle inconnue, — il était impossible qu'elle ne fût point belle ! — j'eus recours à un stratagème :

— Madame, lui dis-je, vous plairait-il saisir l'arçon de la selle? je vais mettre pied à terre, pendant quelques minutes, il y a ici près un mauvais pas, et mieux vaut être prudent.

Le mauvais pas dont je parlais était, à vrai dire, une niaiserie, un ruisseau sans importance sur lequel un pont de sapins très-solide en réalité conservait une apparence débile qui pouvait intimider faiblement le voyageur inexpérimenté.

J'étais à terre avant qu'elle m'eût répondu, et je demeurais, au bord de la route, immobile et saisi d'admiration.

Éclairée en plein par les rayons de l'astre nocturne, elle m'apparut comme la femme de mes rêves, l'héroïne de roman après laquelle je courais. Elle avait peut-être trente ans, — cet âge solennel et critique à la fois où la beauté rayonne dans tout son éclat, dans toute sa splendeur, pour disparaître ensuite avec la rapidité d'un soleil couchant; — elle était pâle à souhaits; ses cheveux noirs, son grand œil bleu, ses lèvres rouges, sa main blanche aux doigs effilés, —tout, jusqu'à sa robe noire, réussissait à faire d'elle une de ces femmes à prisme romanesque, ainsi qu'on en trouve dans les livres de George Sand.

C'était une Edmée de Mauprat brune et âgée de trente étés.

Les femmes ont un merveilleux talent de tout voir, tout

comprendre. Sans abaisser ses yeux vers moi, sans m'examiner, elle me vit tout entier, devina que je l'admirais, comprit que j'avais mis ma prudence au service de ma curiosité. Et alors, comme chaque idole respire l'encens avec un secret plaisir, de quelque cassolette et de quelque lieu qu'il s'élève, elle crut devoir récompenser ma naïve contemplation par une phrase gracieuse, un rien qui servirait de prétexte à une causerie.

— Je suis bien indiscrète, monsieur, d'avoir ainsi accepté votre offre obligeante, je vous ai certainement fait perdre un temps précieux et détourné de votre route.

Une singulière émotion s'empara de moi à ces paroles, et tandis que ma langue roulait vainement sans parvenir à articuler un mot, j'étendis la main vers le nord, et montrai, au fond de la vallée, le château que nous habitions.

— Ah! fit-elle, m'accordant aussitôt un regard plus curieux que le premier, vous alliez au château?

— Non point précisément, balbutiai-je enfin, mais c'est là que je retourne chaque soir.

— N'est-ce point ce château qui appartient au marquis de B...?

— Mon grand-père, madame, en effet...

A sa froide réserve succéda soudain un franc sourire et une expansion de bon goût :

— Vraiment, monsieur, me dit-elle, vous êtes le petit-fils du marquis de B...? mais alors je suis heureuse du hasard qui m'a fait accepter votre appui chevaleresque, et j'espère que cette rencontre imprévue sera le prétexte que je cherchais vainement depuis trois jours...

Je la regardai étonné.

— Monsieur, reprit-elle en souriant, je m'appelle madame de Flavy, et les Aurettes m'appartiennent. Je viens m'y fixer, et je sais que je n'aurai d'autres voisins de campagne que le marquis et vous. Or, vous sentez qu'une femme, une pauvre veuve...

Je tressaillis à ce dernier mot, et trouvai, malgré l'accent de tristesse avec lequel elle le prononça, qu'il sonnait bien à l'oreille.

— Une pauvre veuve ne fait point de visites, et si ses voisins sont taciturnes ou fuient les étrangers...

Je l'interrompis en souriant :

— Croyez, madame, que mon grand-père...

— Bien, fit-elle, souriant à son tour, c'est un commencement de relations assez bizarre, du reste, et qui vous obligera à ne rentrer chez vous qu'à une heure fort avancée.

C'était pour moi l'occasion de faire preuve de mon courage ; je répondis une longue phrase entortillée d'où il ressortait que j'avais la vertu des paladins antiques.

Nous arrivions alors à la grille de la villa, et je n'avais point songé à remonter à cheval, préférant m'appuyer sur le pommeau de la selle et causer tout à l'aise avec la belle étrangère.

Je sonnai, la grille s'ouvrit ; le vieux Caleb arriva en courant, recula d'un pas à la vue de sa maîtresse, poussa un cri et se mit à pleurer en lui baisant la main.

— Mon pauvre Pierre, lui dit-elle avec bonté et d'une voix émue, il y a longtemps que nous ne nous sommes vus, et je comprends ta joie ; mais au lieu de t'étonner de me voir arriver ainsi en compagnie de monsieur et à cheval, mets la ferme en réquisition et donne-moi à souper, je meurs de faim.

Si ces vulgaires paroles n'eussent été débitées d'un ton léger et par la plus jolie voix du monde, j'en aurais été vivement affecté. Je n'avais lu nulle part que les héroïnes eussent faim jamais.

Je lui offris la main et nous pénétrâmes dans sa villa. Nous nous arrêtâmes dans un petit salon ouvert sur le parc, simplement meublé, frais, coquet cependant, malgré sa solitude de dix années et tout prêt à recevoir une jeune et belle maîtresse.

Un portrait d'homme d'une figure distinguée était suspendu au-dessus du sopha.

Madame de Flavy éprouva une vive émotion en l'apercevant, et cette émotion me fut infiniment désagréable, car en rassemblant mes souvenirs d'enfance, je venais de reconnaître M. de Flavy.

Le vieux serviteur, après avoir mis en émoi tout le personnel de la ferme, roula une table devant sa maîtresse et la couvrit de mets rustiques qui l'enchantèrent.

— Mon beau cavalier, me dit-elle avec enjouement, vous plairait-il de partager mon festin?

Je refusai et me levai à contre-cœur pour me retirer.

— Je vous laisse aller, fit-elle, il est si tard! mais nous nous reverrons, n'est-ce pas? vous reviendrez me voir...

Je balbutiai et rougis. Elle me tendit la main, je la baisai en tremblant, saluai avec gaucherie et m'enfuis. J'étais fou... Je lançai mon cheval au galop sur la route du château; quand j'arrivai, mon grand-père était couché, et je m'en applaudis intérieurement; j'aurais été bien embarrassé de lui avouer la cause de mon trouble, et Dieu sait si j'étais troublé!

Le lendemain, au point du jour, je partis avec mon fusil. J'avais besoin d'être seul, il se faisait en moi une révolution complète; j'étais amoureux de madame de Flavy, et la solitude est un terrain merveilleux pour édifier des châteaux en Espagne.

A l'heure du dîner, — nous dînions à midi, selon le vieil usage, — mon grand-père me dit avec une bonhomie malicieuse :

— Je vous trouve bien modeste, monsieur; comment! vous vous conduisez avec la galanterie aventureuse d'un preux d'autrefois, vous arrachez une belle dame au danger, vous lui offrez la croupe sur votre destrier, et vous gardez un secret profond sur cette aventure?

Je rougis jusqu'aux oreilles et balbutiai.

— Heureusement, reprit mon grand-père, madame de Flavy a été moins discrète.

— Vous l'avez donc vue? m'écriai-je avec une vivacité qui heureusement lui échappa.

— Non, mais voici sa lettre.

Et l'excellent homme me tendit le billet suivant :

« Monsieur le marquis,

» Je viens demander un peu de solitude et de paix à vos

» vertes et belles montagnes; cependant je ne prétends point
» y vivre en recluse, et je désire fort avoir de bonnes et
» charmantes relations avec mes voisins. M. Maxime a été,
» cette nuit, mon libérateur, il s'est conduit en vrai cheva-
» lier errant, et m'a retirée d'une ornière où j'étais menacée
» d'attendre le jour; j'étais un peu émue, je crois que je
» l'ai remercié à peine : voulez-vous me fournir l'occasion
» de le faire amplement en venant demain, jeudi, accepter
» aux Aurettes le dîner d'une femme qui a oublié sa cuisi-
» nière à Paris et en est réduite aux imperfections culinaires
» d'un valet de pied?

Louise de Flavy. »

— Voyons, reprit mon grand-père en se mettant à table, conte-moi ton aventure; où as-tu rencontré madame de Flavy et comment t'es-tu acquitté de ton rôle de chevalier errant?

Mon grand-père m'embarrassait fort, car j'avais à peu près tout oublié, à l'exception d'une chose : c'est que madame de Flavy était merveilleusement belle. Je m'en tirai, cependant, tant bien que mal, et l'excellent vieillard se prit à rire sournoisement.

— J'avoue, me dit-il en souriant, que tu mérites bien un peu de reconnaissance de la part de notre voisine la châtelaine des Aurettes. Nous irons demain dîner chez elle; je vais lui envoyer un chevreuil pour lui faire oublier l'absence de sa cuisinière.

II

A dix heures et demie, le lendemain, nous montions à cheval, mon grand-père et moi, pour nous rendre aux Aurettes; au bout de deux heures nous franchissions la grille du petit parc.

Madame de Flavy, une ombrelle à la main, coiffée d'un large chapeau de paille, dans le plus délicieux négligé de campagne que puisse imaginer une Parisienne du *bel air*, comme on disait autrefois, se promenait dans la grande allée, au moment où nous arrivâmes.

Elle vint à nous, souriante, et nous salua de la main, tandis que nous mettions pied à terre. Mon grand-père lui baisa le bout des doigts et lui offrit son bras, tandis que je m'occupais moi-même de confier nos montures à un valet.

Je trouvai mon grand-père bien heureux...

Ils firent un tour dans le parc, causant de Paris, de la mort prématurée de M. de Flavy, tué en duel, au sortir du jokey-club et à la suite d'une querelle sans importance. Ces souvenirs assombrirent quelques minutes le visage de la belle veuve; je l'avais quittée souriante, je la retrouvai mélancolique et plus pâle qu'elle ne m'avait paru l'être la veille.

On vint l'avertir qu'elle était servie. On avait dressé la table dans la salle du rez-de-chaussée qu'ornait le portrait de monsieur de Flavy. Heureusement le siége que sa veuve devait occuper était disposé de manière qu'elle tournait le dos au portrait. C'était une délicate attention du vieux Caleb.

A table, madame de Flavy retrouva peu à peu cet enjouement de bon goût, cette gaîté sans éclat qui trahit la femme du monde et la maîtresse de maison accoutumée à son rôle.

Mon grand-père avait oublié ses soixante-dix ans, il se souvint même beaucoup trop qu'il avait été page, au point, Dieu me pardonne! que je m'en montrai maussade et jaloux durant tout le dîner. Il me semblait que madame de Flavy prenait un plaisir extrême à ses anecdotes, à ses galanteries, à son esprit fin et galant qui sentait le dernier siècle et la poudre.

Cette première visite à la châtelaine des Aurettes, dont je m'étais promis d'avance d'immenses résultats, se termina, en définitive, fort tristement pour mes espérances. Madame de Flavy me traitait en enfant, faisait peu d'attention à mon silence boudeur, et, après le dîner, elle prit encore le bras de mon grand-père, au lieu de s'appuyer sur le mien.

Il y a pour un amoureux novice mille riens imperceptibles qui lui font un mal affreux et le désespèrent. Je rentrai, le soir, au château, morne et désolé. Retiré dans ma chambre, je me mis à fondre en larmes. Pourquoi? j'aurais été bien embarrassé d'en trouver la raison.

La nuit qui suivit fut pleine pour moi de l'image de madame de Flavy, bien que je me fusse juré, dans mon premier accès de dépit, d'oublier cette femme sans cœur qui ne devinait point que je mourais d'amour pour elle, et de ne jamais remettre les pieds aux Aurettes.

Ce serment ne m'empêcha nullement de me lever avant le jour, de siffler mes chiens, de prendre mon fusil et de m'en aller chasser aux environs de la villa.

Ce jour-là, je fus maladroit à plaisir, je tiraillai jusqu'à dix heures le plus innocemment du monde, et mes bassets indignés finirent par me tourner le dos, me plantèrent au milieu d'une pièce de luzerne et s'en allèrent comme d'honnêtes chiens courants qu'on n'a point habitués à des chasses pour rire.

J'allais et venais sous les murs du parc, je gravissais les coteaux voisins du haut desquels je pouvais apercevoir la maison perdue sous les marronniers ; j'espérais que mon tapage éveillerait enfin l'attention de ses hôtes, et que je verrais poindre au détour d'une allée la belle châtelaine étonnée d'un pareil vacarme. Mes peines furent perdues!

Alors, en désespoir de cause, je songeai qu'un lièvre ou deux perdrix me seraient un excellent prétexte pour m'introduire à la villa. Je capitulais avec mon ressentiment, j'oubliais le serment solennel que je m'étais fait la veille.

Abandonné de mes chiens, je résolus de me passer d'eux et je me mis en devoir de battre méthodiquement les allées d'une vigne, un carré de trèfle et un champ de lavandes.

Une compagnie de perdreaux rouges s'enleva du milieu de la vigne, reçut mes deux coups de fusil, et gagna le bois sans dommages. Un lièvre roula sous mon pied dans le trèfle et disparut dans les lavandes sans laisser de poil après lui.

Les chasseurs sont superstitieux : je m'avouai que la fatalité s'en mêlait, et que le plus sage était de rentrer au château le front baissé, comme un vrai *bredouille*, ainsi nomme-t-on le chasseur maladroit qui revient au logis la carnassière vide.

Il fallait renoncer, faute d'un honnête prétexte, à voir ce jour-là madame de Flavy.

O bonheur! au moment où je regagnais le sentier qui conduisait de la villa au château, j'aperçus devant moi le vieux domestique cheminant gravement la tête inclinée, comme un poëte qui prend la route de l'Institut.

Si je ne la voyais point, ce jour-là, au moins, pensais-je, me serait-il permis d'avoir de ses nouvelles.

J'allai au moderne Caleb avec un sourire bien intéressé que j'essayai de rendre naïf et franc, et je le saluai de la façon la plus courtoise.

— Bonjour, monsieur Pierre, lui dis-je.

— Bonjour, monsieur le comte, me répondit-il gravement, en essayant de passer outre.

Je le retins du geste.

— Venez-vous du château?

— Non, monsieur le comte.

— Vous retournez à la villa?

— Oui, monsieur le comte.

— Comment se porte madame?

— Très-bien. Je vous remercie, monsieur le comte.

— J'ai chassé aux environs des Aurettes, poursuivis-je impatienté du laconisme de ce taciturne personnage, il m'a semblé l'apercevoir...

— Monsieur le comte s'est trompé.

— Ah!

— Oh! bien certainement.

Et le Caleb fit mine de nouveau de s'en aller.

— Madame se lève donc bien tard? observai-je.

— Nenni, madame est levée dès sept heures.

— Alors il est fort possible...

— Monsieur le comte se trompe, madame n'est point aux Aurettes.

Je tressaillis des pieds à la tête.

— Et où est-elle? m'écriai-je.

— Madame est partie pour C... ce matin, elle y va visiter le couvent, et je ne crois pas qu'elle revienne avant demain.

J'aurais étranglé maître Pierre de bon cœur, et, cette fois, je ne le retins plus et le laissai aller, trouvant fort mauvais que madame de Flavy eût entrepris sans moi sa première excursion; il me semblait que le privilége de l'accompagner me revenait de droit.

III

— Comme te voilà triste et morose, monsieur le paladin! s'écria joyeusement mon grand-père, tandis que j'entrais vers midi dans la salle à manger.

— Mais non, balbutiai-je.

— Ta, ta, ta, fit le bon vieillard, je sais bien à quoi m'en tenir. Ta tristesse vient de ta maladresse; j'ai vu revenir tes bassets, et, lorsqu'ils s'en retournent, c'est que ta poudre est mauvaise, ton fusil crasseux, c'est que tes amorces ne valent rien. Que sais-je? les chasseurs maladroits ont toujours une demi-douzaine d'excuses qui sauve leur amour-propre.

Je laissai de bonne grâce plaisanter mon grand-père sur mes malheurs de la matinée, m'estimant heureux qu'il ne devinât point la véritable cause de ma sombre humeur.

— Ah ça! me dit-il enfin, madame de Flavy nous a fait renoncer, avec son dîner de jeudi, à notre chasse au chamois; mais *Sonne-Toujours*, notre piqueur, s'en plaint amèrement, et il faut bien faire quelque chose pour lui. Nous partirons demain.

Je pâlis à ces mots. Une chasse au chamois, dans nos montagnes, dure au moins trois journées, quatre parfois; combien de temps allait donc s'écouler avant que je revisse madame de Flavy!

— Demain? murmurai-je du ton d'un homme qui a mal entendu, pourquoi demain?

— Parce que le plus tôt est le meilleur. Les neiges fondent tous les jours, et, quand nous n'aurons plus de neige, il y faudra renoncer.

L'argument était sans réplique. Il me passa dans l'esprit des idées de révolte; — je crois même que je songeai un moment à prendre, le lendemain, ce malencontreux Sonne-Toujours pour un chamois, et à lui loger une charge de chevrotines dans les jambes pour le faire renoncer à toujours à la chasse au chamois.

— Tu as mal fait, reprit mon grand-père, de te fatiguer ce matin, car tu as une course à faire tout à l'heure.

— Ah! fis-je du ton indifférent d'un homme qui s'attend à tous les revers du destin et ne s'en émeut pas.

— Tu connais Gérard le braconnier?

— Oui.

— Tu sais qu'il habite une masure dans les bois, à C..., près des ruines du couvent?

— Oui, fis-je en tressaillant.

— C'est un chasseur de chamois habile et il a un excellent chien.

— Oui, oui, murmurai-je, prenant goût, soudain, à la conversation.

— Eh bien! mon ami, siffle les bassets, s'ils veulent te suivre; prends ton fusil et mets-toi en route. Tu vas aller prévenir Gérard que je compte sur lui et son chien, et tu l'amèneras ce soir.

J'aurais embrassé mon grand-père de bon cœur. Il m'envoyait à C..., c'est-à-dire à la rencontre de madame de Flavy! comprenez-vous?

Je dînai lestement, tordant et avalant comme un homme affamé, tant j'avais hâte de partir; et j'ordonnai qu'on me sellât un cheval.

— Tu ferais plus sagement, me dit mon grand-père, d'aller à pied par le bois. Tu te réhabiliterais un peu en secouant les dernières bécasses.

— Y songez-vous? m'écriai-je. Demain il me serait impossible de marcher.

— Poule mouillée! murmura-t-il.

J'avais calculé qu'en passant par le bois je ne rencontrerais point madame de Flavy, si la fantaisie de coucher chez le gardien des ruines venait à lui passer; et la grand'route allongeait d'au moins deux heures, ce qui, au cas où je la suivrais à pied, ne me permettrait point d'arriver avant la nuit.

Mon calcul était juste; l'événement devait le justifier.

Je lançai mon cheval au triple galop sur la route du couvent, et le noble animal se conduisit si vaillamment que

5.

j'arrivai en moins de deux heures. Précisément, à la porte de l'ermite, qui était en compagnie d'un aubergiste, l'unique gardien du monastère, j'aperçus madame de Flavy prête à monter à cheval.

Elle était venue à cheval, sans autre escorte qu'un petit pâtre de quinze ans.

En me voyant, elle poussa un cri de joie.

— Ah! me dit-elle, c'est la Providence qui vous envoie, mon beau paladin...

— Pardon! madame, c'est mon grand-père.

— Soit, mais vous arrivez à point pour me tirer de souci.

— En vérité! murmurai-je troublé.

— Figurez-vous qu'on n'a point de lit à me donner ici, poursuivit-elle en se tournant vers l'hôtelier, qui courba humblement le front sous ce dur reproche. Et il faut que je retourne aux Aurettes... Là n'est point l'inconvénient, mais croiriez-vous que ce bambin refuse de me suivre et de prendre le chemin du bois, sous prétexte qu'il est hanté par les fées et les esprits?

Je me mis à rire.

— Et grand, je vous jure, était mon embarras, lorsque je vous ai aperçu. Vous allez me servir de chevalier, n'est-ce pas? Nous passerons par le bois.

— Je suis à vos ordres, m'écriai-je avec un enthousiasme qui la fit sourire, et oubliant le but de mon voyage à C....

— Ah ça! me dit-elle, mais vous veniez ici pour quelque affaire, sans doute?

— Oh! une misère, répondis-je, une commission sans importance dont je veux charger le frère ermite.

La maison du braconnier était à un quart de lieue à peine.

Nous sautâmes en selle, madame de Flavy et moi, et nous partîmes.

Nos chevaux étaient de la race du pays, ils avaient le pied montagnard, étaient habitués à côtoyer les précipices, et cheminaient de nuit sans jamais broncher.

Nous entrâmes sous les futaies de sapins au moment où le soleil déclinait à l'horizon.

L'air était tiède, la soirée charmante, le bois embaumé de

mille parfums. Le chemin que nous suivions courait capricieusement tantôt sur une pelouse, tantôt au bord d'un ravin, tantôt sur un pont hardi, construit avec des troncs d'arbres sur un torrent.

Madame de Flavy s'extasiait sur les échappées des panoramas, les lointains bleus entrevus au travers des sapins, les vallées sauvages, les maisonnettes des bûcherons, bâties au bord des clairières.

Et je l'écoutais avec recueillement, éprouvant un charme infini à la voir sourire, à l'entendre; et lorsqu'une boucle dénouée de ses cheveux poussée par un souffle de vent effleurait ma joue, j'éprouvais une de ces sensations magnétiques que la science n'expliquera jamais.

Combien d'heures s'écoulèrent depuis notre départ jusqu'à notre arrivée? je ne l'ai jamais su. Nous étions allés au pas comme des voyageurs que rien ne presse et qui causent avec bonheur, — et la nuit était venue, et le ciel était étoilé et sombre, quand nous nous arrêtâmes au seuil de la villa.

— Quelle délicieuse promenade! s'écria alors madame de Flavy. Monsieur Maxime, vous aimez la chasse, n'est-ce pas?

— Oui, madame.

— Et vous chassez tous les jours?

— Habituellement.

— Si j'exigeais de vous un sacrifice?

— Oh! parlez! m'écriai-je ravi.

— Si je vous priais de ne chasser que tous les deux jours, et de m'accompagner ainsi trois fois par semaine dans mes excursions? Je compte courir les environs, jusqu'à ce que j'aie tout vu, grottes, cascades, ermitages.

— Je serai heureux et fier de vous accompagner.

— Faites-vous de la peinture?

— Un peu.

— Eh bien! venez donc quelquefois, dans l'après-midi, nous peindrons ensemble. Bonsoir!

. . . .

Je rentrai au château fou de joie; je faillis sauter au cou de la vieille Jeannette, la cuisinière qui m'attendait pour me donner à souper, car tout le monde était couché déjà.

Le lendemain, à trois heures du matin, quand mon grand-père entra dans ma chambre tout vêtu et ses guêtres lacées, je me plaignis d'une si forte migraine qu'il me dit avec bonté :

— Je ne puis t'emmener dans cet état, mais nous coucherons à la Combe-Vieille, chez le garde; si ce soir tu te trouves mieux, monte à cheval et viens nous rejoindre.

Dupe de mon stratagème, mon grand-père partit, et à neuf heures j'entrais à la villa.

IV

Pendant un mois, on ne me vit plus au château, je ne quittais pas madame de Flavy; je peignais et montais à cheval avec elle, — nous faisions de longues promenades à pied dans les bois, et elle était assez enfant encore, malgré son trentième printemps, pour se plaire en ma compagnie.

Je l'aimais avec passion, je trouvais un charme infini à m'asseoir près d'elle, sur un tabouret, quand elle se mettait au piano; — je frissonnais lorsqu'elle se penchait sur moi, tandis que je peignais, pour examiner ma besogne et me donner un conseil.

Et pourtant, il faut bien l'avouer, je ne lui avais jamais dit, je n'avais point osé lui dire : *Je vous aime!* Chaque soir, en rentrant, j'ouvrais un de mes romans favoris et je le consultais gravement sur le moyen d'avouer ma flamme. Le roman ne m'offrait que des expédients impossibles.

Un jour enfin, un soir plutôt, je pris mon courage à deux mains, et, tandis que nous étions assis dans le parc sur un banc rustique, je me levai d'un air solennel et lui dis :

— Madame, je suis l'unique héritier de mon grand-père; j'aurai vingt mille livres de rente un jour. C'est peu, mais je vous aime, etc....

Ici je m'arrêtai court et balbutiai : j'étais à bout d'éloquence.

Elle sourit et me prit les mains :

— Vraiment! me dit-elle, vous m'aimez?

J'appuyai ma main sur mon cœur avec un geste dramatique.

— Et vous voulez m'épouser?

Je me mis à ses genoux et les embrassai. Ce fut ma réponse, et l'on conviendra qu'elle en valait bien une autre.

— Mon cher Maxime, me dit-elle en souriant et d'une voix émue, c'est mal de m'aimer, je suis votre aînée.

— Oh! qu'importe? vous êtes si belle...

— Eh bien! reprit-elle, je vous le pardonne, car, moi aussi, je vous aime..

Le cri de joie que je poussai en couvrant ses mains de baisers est impossible à traduire.

— Mais, continua-t-elle, ne vous réjouissez donc point d'avance. Attendez, je suis une femme un peu bizarre, capricieuse même, je l'avoue, j'ai l'esprit si romanesque, et je trouve notre siècle si vulgaire, si prosaïque, que je me prends à regretter les époques de la chevalerie où un damoiseau s'en allait gagner en Palestine ses éperons de chevalier, avant d'épouser la dame de ses pensées.

— Hélas! m'écriai-je, il n'y a plus de croisades.

— Non, mais cependant je n'épouserai jamais un homme qui n'aura point couru le monde et vu du pays. Vous m'aimez, je le crois; moi aussi, je vous aime; vous voulez m'épouser? eh bien! j'y mets une condition. Vous irez à Paris...

Je frissonnai.

— Vous y passerez deux ans.

— Deux siècles! m'écriai-je.

— Non; et d'ailleurs, puisque vous m'aimez...

— Soit, j'irai à Paris.

— Vous y compléterez votre éducation; — je vous permets même d'y courir les aventures, — et vous reviendrez ensuite.

— Et alors? demandai-je les larmes aux yeux.

— Alors, nous verrons.

V

Le lendemain, mon grand-père me dit :

— Il faut qu'un jeune homme de bonne famille voie Paris; tu partiras ce soir. Madame de Flavy a bien voulu m'envoyer quelques lettres de recommandation pour ses amis de Paris.

Et je partis le soir même, emportant un baiser que la femme que j'aimais m'avait mis au front.

VI

Je glisse sur les deux années que je passai à Paris. Mon grand-père m'y faisait une pension convenable qui me permit de mener cette existence facile, oisive et luxueuse d'un fils de famille.

D'excellentes relations dans le monde, un nom, une physionomie expressive, suffisent à procurer à un jeune homme ces aventures que madame de Flavy m'avait autorisé à courir. Mon écorce de provincial tomba à ce souffle élégant de la mode qui métamorphose si rapidement. J'obtins des succès de tout genre et dans tous les mondes; mon éducation fut complète au bout de quelques mois, et je n'eus bientôt plus rien à envier à ces lions et à ces dandys du boulevard, dont la folle existence me séduisit, à mon arrivée, au point de me faire oublier un peu la charmante femme qui m'exilait avec un sourire et m'envoyait mériter à Paris, la nouvelle Palestine, mes éperons de chevalier.

Je m'acquittai de ma mission avec un tel zèle, que, plus d'une fois, il m'arriva de passer de longues journées sans songer à madame de Flavy. Cependant, lorsqu'au milieu de ma vie dissipée survenait une heure de lassitude et de tristesse, une désillusion, un chagrin, mon cri et ma pensée se tournaient vers l'horizon, et il me semblait voir alors, dans le lointain, briller doucement une étoile qui m'appelait et m'indiquait ce pôle tempéré qu'on nomme le repos et le bonheur.

Je revoyais cette tête pâle et suave, ces longs cheveux noirs, cet œil bleu si doux, cette taille frêle et charmante, tout cet ensemble gracieux qui constituait la femme de mon premier rêve, cette belle madame de Flavy qui m'avait mis un baiser au front, en me disant : Partez et revenez plus tard... nous verrons...

Que de fois, en fumant, d'un air ennuyé, mon cigare havanais sur le sopha d'une maîtresse, me pris-je à regretter le petit salon du rez-de-chaussée des Aurettes, et cette bergère à fond canné au bas bout de laquelle je m'asseyais près d'elle!... Que de fois aussi, sous les ombrages de Saint-Germain ou de Montmorency, songeai-je au petit bois de chênes-liéges et de pins des Alpes où *elle* s'appuyait sur mon bras!...

Et cependant, aussi, la vie parisienne est si douce aux oisifs dont la bourse est arrondie et qui ont un aïeul pourvu d'un banquier, les glaces de Tortoni ont un tel parfum, le bois possède des allées si ombreuses et si fraîches, l'Opéra, des loges si dérobées aux regards du vulgaire et des coulisses si merveilleusement encombrées, que les deux années fixées par madame de Flavy s'écoulèrent, puis une troisième...

Un matin je reçus une lettre ainsi conçue :

« Mon cher Maxime,

» Je me souviens d'une histoire du temps des croisades,
» et je veux vous la raconter, espérant qu'elle pourra vous
» distraire, même au milieu des bruyants plaisirs de Paris.
» Il était une fois un chevalier de dix-huit à vingt ans, vail-
» lant et beau comme il appartient à un gentilhomme de
» bonne race. Ce chevalier aimait éperdument une châte-
» laine dont le manoir s'élevait à un quart de lieue du sien. Il
» l'alla visiter un jour et lui avoua sa flamme. La châte-
» laine sourit, car elle l'aimait pareillement; cependant elle
» lui dit : Sire chevalier, votre amour me plait fort, Dieu
» m'en est témoin, et je voudrais vous accorder ma main
» sur-le-champ; malheureusement, vous n'avez point fait
» vos preuves de bonne loyauté, et je me suis juré de n'é-
» pouser qu'un vaillant homme qui aurait combattu les
» infidèles, et cherché à conquester le tombeau de monsei-
» gneur Jésus-Christ. Le chevalier, qui s'était mis aux ge-
» noux de la châtelaine, se releva avec enthousiasme, prit
» son épée, et lui dit : — Vous serez obéie, noble dame, et
» vous n'épouserez qu'un vaillant homme. Quelle durée
» fixez-vous à mon exil? — Cinq ans, répondit-elle.

» Le chevalier parti, mon cher Maxime, il fit maintes
» prouesses en Terre-Sainte, et il y prit un tel goût que les
» cinq années s'écoulèrent, puis cinq autres, et il ne songea
» plus à revenir en Europe. Pourtant, sa châtelaine l'atten-
» dait, elle l'attendit longtemps avec patience et courage;
» puis, un jour, elle apprit que l'infidèle chevalier avait pris
» femme en Orient, et je crois qu'elle se repentit de l'avoir
» envoyé en Palestine. Hier au soir, mon ami, au coin de
» mon feu solitaire, je songeais qu'il y avait trois longues
» années que vous étiez parti... il me sembla que je n'avais
» parlé que de deux Aurais-je donc été folle d'imiter la
» pauvre châtelaine ?

» Votre grand-père est bien vieux, les ans commencent à
» lui peser; il se voûte et ne sort plus qu'avec sa canne. Il
» a fait sa paix avec les chevreuils et les lapereaux ; les per-
» drix chantent impudemment sous sa fenêtre. Je crois
» qu'il tourne bien souvent ses regards vers le nord, l'hori-
» zon qui cache Paris. Ne trouvez-vous pas que vos preuves
» sont faites ?

» Adieu !...
       » Comtesse DE FLAVY. »

Cette lettre me parvenait, par un singulier fait du hasard, un jour où j'étais en proie à la plus noire des mélancolies. J'avais été trahi la veille par une écuyère du Cirque, et, dans la soirée, j'avais perdu mille louis à la bouillotte de mon club.

Cette lettre m'arrivait comme un souvenir du pays natal, comme l'haleine parfumée du premier amour. Le château, les Aurettes, mon aïeul et cette ravissante femme qu'on nommait madame de Flavy, je revis tout et m'écriai :

— Arrière! ville infâme et souillée, où tout se vend et s'a-chète! arrière Babylone des amours faciles! je pars! je vais la revoir! je l'épouserai! je serai heureux!

Et je partis, en effet, non sans quelque hésitation ; mais, enfin, quarante-huit heures après j'étais à Grenoble, et le jour suivant, au moment où la nuit tombait, j'arrivais au sommet d'un coteau du haut duquel on apercevait dans la plaine le château de mon grand-père et la villa de madame de Flavy.

Je mis mon cheval au galop, en proie à cette émotion étrange et presque enfantine de celui qui revoit, après une longue absence, la vallée natale, la fumée du toit paternel, et, perdue au loin dans la brume, la maison de sa première maîtresse.

En moins de vingt minutes, ma monture s'arrêta essoufflée et couverte de sueur à la grille du château; une lettre partie avant moi avait annoncé mon arrivée, si bien que tout le monde était sur pied et m'attendait.

Mon excellent aïeul, qui, une lunette d'approche à la main, avait établi, depuis plusieurs heures, son observatoire en haut d'une tour, accourut au moment où je franchissais la cour; et il me parut si vert, si ingambe, si joyeux, qu'en me jetant ses bras je fis la réflexion que madame de Flavy m'avait légèrement exagéré ses infirmités.

Ma rentrée au château fut triomphale: les pâtres, les bouviers, les domestiques, m'entouraient et me baisaient les mains; mon grand-père allait et venait d'un pas alerte, gourmandait la cuisinière, qui était en retard, revenait à moi, me faisait mille questions, m'embrassait de nouveau, — et jusqu'à mes bassets, devenus vieux et grognons, qui hurlaient en sautant après moi et semblaient me reprocher le bien-être des chevreuils, nos voisins, lesquels, d'après madame de Flavy, vivaient comme des coqs en pâte depuis longtemps déjà.

Le piqueur du château, le vieux Sonne-Toujours, — c'était le sobriquet cynégétique que lui avait valu la vigueur de poumons avec laquelle il entamait un *lancer* ou un *halali*, vint à son tour, tandis que je suivais mon aïeul à la salle à manger, m'offrir ses respectueuses félicitations; puis il s'adressa à mon grand-père :

— Chassons-nous demain, monsieur le marquis?

— Ma foi, non! répondit-il en souriant, demain je me repose.

Je regardai mon grand-père avec étonnement :

— Vous chassez donc? m'écriai-je.

— Sans doute, comme toujours.

— Mais...

— Mais tu me trouves trop vieux, n'est-ce pas? Les jeunes gens sont tous les mêmes; ils s'imaginent qu'à soixante et quelques années un homme n'est plus bon à rien. Eh bien! vous vous trompez, monsieur, et je chasse encore, et presque tous les jours. Il est vrai que j'ai renoncé au chamois, que je ne cours plus le bouquetin à cheval, et que je me suis défait de mes grands chiens de Vendée, qui, tu le sais, ont un jarret d'enfer, mais j'ai acheté un équipage de ces chiens allemands que mon camarade aux gendarmes de Lunéville, le marquis de Foudras, — le meilleur veneur de son temps, s'il vous plaît! — nommait des chiens de porcelaine, et, avec eux, je fais merveille. Ils sont peu vites, je puis les suivre à pied, et ils ont une voix qui éclipse la fanfare la plus vaillante de Sonne-Toujours.

Après cette éloquente tirade, mon grand-père me regarda d'un air malicieux.

— C'est madame de Flavy, lui dis-je, qui m'a écrit.

— Bon! je le sais. Elle s'est moquée de toi. Que veux-tu? il fallait bien trouver un prétexte pour te ramener ici. Il paraît que tu te plaisais fort à Paris...

— Oh! bon papa...

— Mais, enfin, te voilà, et quant à madame de Flavy, je t'assure...

J'interrompis vivement mon grand-père.

— Je vais remonter à cheval après souper, lui dis-je?

— Pourquoi faire?

— Pour courir aux Aurettes.

— Ta, ta, ta! pressons-nous moins, je te prie. Tu ne songes pas qu'il est neuf heures et demie, qu'il en sera dix avant que tu sois aux Aurettes, que madame de Flavy est devenue campagnarde et qu'elle se couche de bonne heure. Ce serait inconvenant de la faire lever. Attendons demain.

— Mais...

— Je comprends ton impatience, mais c'est absolument impossible.

Mon grand-père avait parfaitement raison; je le compris

et me résignai. On dit que les amoureux ne dorment pas, ceci est une erreur profonde. Je me mis au lit à dix heures, et m'éveillai tout honteux le lendemain en m'apercevant qu'il en était huit. Mon grand-père était allé tirer des lapins dans sa garenne.

Par l'empressement que je mis à m'habiller, je rattrappai le temps perdu et me trouvai bientôt sur la route des Aurettes.

J'étais parti au printemps, je revenais trois années plus tard au commencement de l'automne. L'automne, même dans ses plus beaux jours, a toute la mélancolie, toute la poétique lassitude de la maturité approchant du déclin. C'est la trente-cinquième année des femmes.

Le paysage était encore beau, les montagnes vertes, le soleil tiède, le vent doux; — cependant les collines lointaines avaient dépouillé leur mantelet de gaze bleue, l'herbe des sentiers perdait son vert foncé et commençait à jaunir, quelques nuages orangés passaient çà et là entre la terre et le ciel, amortissant les rayons solaires, et, dans l'haleine du vent, on sentait déjà l'âpre frisson des bises d'hiver. Les prairies étaient veuves des marguerites blanches et des liserons bleus; — les nénuphars et les vergiss-mein-nicht des ruisseaux s'inclinaient fanés et tristes. Il semblait que la nature avait vieilli et qu'en vain elle essayait de racheter ses rides par ce dernier sourire, ou tout au moins de se les faire pardonner, à l'aide de cette toilette fanée.

Malgré moi, je pris garde à ce commencement de décrépitude, et je m'en affectai sans trop savoir pourquoi. Je vis avec peine, au bord du sentier, des peupliers qui avaient, en mon absence, grandi d'une coudée. Il me sembla que la grille du parc des Aurettes, devant laquelle je m'arrêtai le cœur ému, était rouillée outre mesure.

Rien n'afflige la jeunesse comme la vieillesse de ce qui l'entoure.

La grille était ouverte, j'entrai dans le parc, puis, mon émotion redoublant, je m'arrêtai devant ce banc rustique où, si souvent, je m'étais assis auprès de madame de Flavy.

Et là, fermant les yeux, je la revis dans toute la splendeur de sa poétique beauté, son frais sourire aux lèvres, passant sur le dos de mes chiens sa belle main blanche aux ongles si roses, ou fouettant de la cravache, avec une mutine impatience, les tiges de pavots qui mouchetaient de taches rouges les bruyères noires.

Je ne sais combien de temps je serais demeuré à cette place sans oser avancer, si je n'eusse tout à coup entendu un bruit de pas sur les feuilles jaunies des marronniers, dont la bise d'automne avait jonché les allées, et levant la tête aussitôt, je vis venir à moi madame de Flavy.

Je m'élançai à sa rencontre, puis, à deux pas d'elle, l'émotion me cloua au sol.

Elle était simplement vêtue, coiffée de son large chapeau de paille, chaussée de brodequins de peau blanche. Cette coquetterie qui préside aux toilettes les plus négligées des élégantes et qui la distinguait avant mon départ avait disparu; elle n'était plus gantée, sa main était même un peu brunie, comme son visage; le nœud de rubans de son tour de col était fané, une robe montante avait remplacé ce corsage ouvert presque voluptueusement, à travers la guimpe de dentelles duquel mon regard s'était permis, jadis, de plonger avec audace.

J'avais acquis à Paris, ce coup d'œil sûr avec lequel on enveloppe une femme des pieds à la tête, sans qu'une négligence ou une imperfection vous puisse échapper; — et quelque tremblant, quelque palpitant que je fusse, je remarquai en deux secondes tous ces riens que je nommerais volontiers des avaries.

C'était cependant toujours cette belle et rayonnante madame de Flavy, avec son col de cygne et sa taille de reine, — et lorsque, faisant elle-même les deux pas que je n'avais plus la force de faire, elle m'eut tendu les mains en s'écriant: « Ah! vous voilà enfin! » l'impression pénible que j'avais éprouvée disparut, et je me jetai dans ses bras aussi ému, aussi frissonnant d'amour que le jour où je la quittai lui laissant mon cœur tout entier et emportant son baiser d'adieu.

— Vous voilà! reprit-elle; oh! venez, mon cher Maxime, venez, nous avons tant à causer!

Elle m'entraîna d'un pas rapide jusqu'à ce petit salon où j'avais passé près d'elle tant de charmantes heures; nous nous assîmes l'un près de l'autre, les mains dans les mains, et, sous l'influence de ces lieux qui me rappelaient mon amour, je me pris à la contempler avec admiration.

— Oh! lui dis-je, vous êtes toujours belle, madame...

— *Toujours*, fit-elle en souriant, c'est un bien vilain mot, mon pauvre Maxime, cela veut dire : Vous êtes encore belle...

— Ah!

— Mais vous l'êtes moins. Que voulez-vous, mon ami, tout vieillit en ce monde, les femmes plus vite que personne. Tenez, ajouta-t-elle me montrant le paysage par la fenêtre ouverte, voyez cette nature; elle est belle encore, n'est-ce pas, et cependant il y a étendu sur elle un voile de mélancolie profonde; elle est triste malgré son sourire, elle regrette le printemps. Au printemps, l'ombre qui descend des collines, pour la nature entière, n'est qu'un sommeil, un court repos pendant lequel la rosée épandra ses perles, et les fleurs s'ouvriront pour murmurer entre elles une chanson d'amour. A l'automne, l'ombre qui s'allonge dans la plaine n'apporte ni rosée ni refrain voluptueux; l'ombre d'alors, c'est la nuit!

Il en est de même des femmes, ami : à leur printemps, l'ombre n'est qu'une image qui passe, la tristesse un orage fugitif qu'un frais sourire dissipera. Les larmes qu'elles versent, quelle que soit leur douleur, ressemblent à la rosée. Quand vient l'automne, l'ombre pour elles, c'est la ride qui point, le filet d'argent qui se glisse parmi l'ébène de leur chevelure, c'est leur sourire qu'attriste la première haleine de l'âge mûr.

Tandis qu'elle parlait, je la regardais, et il me sembla qu'elle avait une ride au coin des tempes, un filet d'argent épars çà et là dans les bandeaux noirs de ses cheveux, un sourire empli de mélancolie sur ses lèvres qui n'avaient plus ce ton rouge et vif qui seyait si bien à sa pâleur.

Un soupir m'échappa; elle en devina la signification et me dit avec enjouement :

— Mon trente-troisième hiver est sonné, mon ami, et nous sommes en plein automne.

Elle me parut si belle en prononçant ces derniers mots, que je me mis à ses genoux et m'écriai :

— Oh! qu'importe? qu'importent votre âge et ce souffle de maturité dont vous parlez? n'êtes-vous point la femme de mes rêves, mon premier, mon unique amour? N'ai-je point mis tout mon bonheur à venir, tout mon espoir, toute mon âme, dans notre union ?

— Enfant, murmura-t-elle pendant que je couvrais ses mains de baisers, cher enfant, avez-vous songé à une chose, c'est que vous avez vingt et un ans à peine ?

— Je vous aime...

— Moi aussi je vous aime, mon cher Maxime, mais je vous aime comme un fils, comme mon élève, comme ce gracieux et naïf jeune homme qui fut mon chevalier, mon compagnon...

— Oh! m'écriai-je, vous me faites un mal affreux!

— Savez-vous, reprit-elle, que j'aurai quarante ans lorsqu'à peine vous en atteindrez vingt-huit? Savez-vous qu'alors je serai vieille et si ridée qu'on vous prendra pour mon fils, et que dans le monde, à Paris, quand nous entrerons dans un salon, on dira peut-être : — Voici le jeune marquis Maxime de R... et sa mère...

— Nous vivrons ici, j'ai Paris en horreur, et je n'y veux point retourner. Vous êtes la femme de mon rêve, je vous aime, à quoi bon ces dures paroles?

— Tenez, me dit-elle, j'ai une douzaine de cheveux blancs: voyez mes tempes, elles sont parsemées de ces petites taches brunes qui disent l'âge des femmes en dépit de leur éclat prolongé, de leurs fraîches toilettes et de leur femme de chambre sans cesse occupée de les rajeunir...

— Mais vous ne m'aimez donc plus! m'écriai-je, remarquant malgré moi toutes ces choses, — vous ne m'aimez donc plus, que vous cherchez à me désillusionner ainsi ? Pourquoi m'exiler il y a trois ans? pourquoi me rappeler ensuite, si c'était pour me dire : Il faut renoncer à moi!

— Pourquoi? fit-elle en souriant, vous me demandez pourquoi je vous ai rappelé? Eh bien! attendez...

Elle se leva, ouvrit une porte et appela:

— Laurence?

Je tressaillis à ce nom, car je savais que madame de Flavy avait une fille de ce nom qu'on élevait dans un couvent de Paris.

A l'appel de madame de Flavy, deux personnages parurent. Le premier était mon grand-père, donnant galamment la main à une jeune fille de seize ans, qui vint à nous rougissante et les yeux baissés.

Elle était grande comme sa mère, belle comme elle, et la ressemblance était si grande entre la mère et la fille, qu'on eût dit une sœur aînée et sa cadette.

Il n'y avait de l'une à l'autre que la différence d'une matinée de printemps à une matinée d'automne. Laurence, c'était madame de Flavy plus jeune, la femme de mon rêve à seize ans.

— Maxime, me dit madame de Flavy en souriant, voulez-vous me permettre de vous présenter à ma fille?

Puis elle ajouta tout bas en se penchant à mon oreille:

— Comprenez-vous, maintenant, pourquoi je vous ai rappelé?

Je me mis à genoux devant elle, je mis le plus respectueux des baisers sur sa main, et je lui murmurai tout bas aussi:

— Savez-vous que le bonheur que vous me faites va me coûter une larme de regret?

LA DRAGONNE DU CHEVALIER

I

Le comte et son jeune frère le chevalier roulaient tous les deux en chaise de poste au galop de quatre chevaux nivernais, et ils rêvaient l'un et l'autre, et d'une façon fort mélancolique, à chacune des portières.

Ils avaient quitté Versailles la veille au soir, après avoir fait leur révérence à Sa Majesté Louis XV, qui avait daigné leur sourire. La nuit entière s'était écoulée sans qu'ils se fussent arrêtés autrement que pour relayer à chaque poste, et il était alors trois heures de l'après-midi. Le comte n'avait cessé de rêver et le chevalier de méditer. Ce mutisme pénible avait gagné Tom lui-même.

Tom était un ravissant épagneul, couleur brique et de race anglaise, qu'une duchesse de vingt ans avait donné au chevalier, un soir de mystérieux rendez-vous.

Couché sur le coussin de rebours de la chaise, l'intelligent animal regardait tour à tour, et depuis vingt heures, le comte et le chevalier, — le comte avec cette colère muette qu'exprime si bien l'œil mélancolique du chien, — le chevalier avec cette tristesse mêlée d'adoration, qui dit si éloquemment son inaltérable fidélité.

Le comte était un homme de trente-six à trente-huit ans,

fort beau malgré cet âge voisin de la maturité, surtout lorsqu'il se montrait dans les demi-jours; car, vus au grand soleil, son visage fatigué, ses yeux cerclés d'un léger bistre, ses lèvres plissées par les coins, sa chevelure noire qu'argentait çà et là un filet blanc, attestaient que M. de Marcigny — ainsi se nommait le comte — avait assisté régulièrement, de vingt ans à trente-huit, à tous les petits soupers de Marly, de Versailles et de Choisy-le-Roi.

Le chevalier avait dix-neuf ans; il ressemblait fort à son frère, — mais comme un bouton à peine éclos ressemble à une rose épanouie depuis longtemps et déjà brûlée du soleil.

Il était grand, svelte, brun de cheveux, blanc et rose de teint; son œil était bleu, sa lèvre cerise, ses mains fines et menues comme des mains de duchesse, son pied délicieusement petit, et fait tout exprès pour chausser la mule à talon rouge et le bas de soie blanc à filets orange.

Le comte était un galant gentilhomme dont toutes les preuves étaient faites et parachevées; le chevalier, un adolescent qui avait commencé les siennes par d'adorables succès.

Son départ avait arrosé les plus jolis mouchoirs de point d'Angleterre des plus chaudes larmes de mainte petite marquise, et le comte, dont l'astre commençait à s'éclipser à l'ombre de ses trente-huit ans, avait été sévèrement et fort justement traité, en plus d'un boudoir intéressé et lésé par ce départ, de frère barbare et inhumain, — ainsi qu'on en voyait dans les romans de l'époque.

Car c'était en partie, disait-on, la volonté du comte, cette volonté souveraine et rigide du chef de famille, qui enlevait ainsi le beau chevalier à ses jeunes triomphes, et le rejetait, de la pénombre mystérieuse et du sopha moelleux d'une ruelle discrète sur les coussins poudreux d'une chaise qui roulait nuit et jour, précisément à ces heures où l'on pleurait si éloquemment dans tous les coins du château de Marly, où la cour se trouvait alors.

Or, il était incontestable, à voir la mine allongée et l'œil terne du comte, que sa brusque rupture avec ce monde élégant, mignard et rosé, qu'on appelait la cour de Louis XV, n'était pas entièrement de son goût; — pas plus qu'elle n'était du goût du chevalier, — lequel attachait son grand œil bleu, triste et voilé de larmes, sur le paysage qu'ils parcouraient au galop et qui offrait ces monotones points de vue du milieu de la France, où la prairie verte succède invariablement au coteau boisé que longe une petite rivière flanquée d'un rustique moulin.

La destinée du comte était donc bien cruelle, qu'elle entraînait celle du chevalier!

Et quel malheur était-il advenu aux deux frères, qu'ils s'étaient vus forcés de quitter Marly précisément à la veille d'un bal travesti auquel madame d'Étiolles, récemment devenue marquise de Pompadour, assisterait vêtue en Diane chasseresse, ce déguisement qu'elle portait un an plus tôt au bal donné à l'Hôtel de Ville par MM. les échevins de Paris, et qui séduisit si fort Sa Majesté Louis le Bien-Aimé.

Le comte et le chevalier étaient les derniers de leur race; ils n'avaient plus qu'un seul parent, un oncle qui était cardinal, vivant dans la retraite, habitant son hôtel de la place Royale, à Paris, et ne se préoccupant plus que de deux choses : son salut et l'avenir de sa race.

A une époque où nos pères commençaient à faire assez bon marché de leur blason, le cardinal avait la faiblesse de tenir beaucoup au sien; son oratoire était empli d'arbres généalogiques, et l'excellent prélat soutenait avec orgueil que le premier évêque de Bethléem qui eut une investiture après la première croisade, avait été un baron de Marcigny.

Son Éminence s'était donc éveillée un matin de fort bonne heure, et sous le poids d'une de ces idées fixes qui sont si tenaces au cerveau des vieillards, il avait envoyé son carrosse à Marly et mandé ses deux neveux, qu'il priait à dîner pour le jour même.

Le comte et le chevalier étaient arrivés à l'heure dite, sans user même du quart d'heure de grâce, et le digne prélat leur avait, après boire et avant le café, tenu le discours suivant :

— Mes chers enfants, j'ai soixante-dix-neuf ans, je ne veux

pas mourir sans avoir assuré l'avenir de notre nom. Voici ce que j'ai décidé. Vous, comte, vous avez trente-huit ans, l'âge où les folies passent de mode et où le bon sens doit nécessairement venir à un gentilhomme.

— Le bon sens, murmura le comte, qu'est-ce que cela?

— Votre patrimoine est fort écorné, continua le cardinal; la preuve en est que j'ai payé pour vous cent mille écus l'année dernière.

— C'est vrai, fit humblement le comte.

— Et pour que nous rendions à notre maison sa splendeur première, il vous faudra compter sur mon hoirie qui vient d'église, mais n'en est pas moins fort belle. Je vous lègue donc mon héritage tout entier, car vous êtes l'aîné et le chef actuel de notre race; à la condition toutefois que vous partirez demain pour le Nivernais, où je vous ai trouvé une femme.

Le comte fit un soubresaut sur son siége; il n'avait jamais songé au mariage, il regardait même cet acte solennel de la vie comme une chose monstrueuse qui ridiculisait fort un galant homme.

— Votre future, poursuivit le cardinal avec calme, est comtesse de son chef; elle a vingt-quatre ans, elle est fort belle, et, ce qui n'a jamais gâté jolie visage, elle est encadrée de six cent mille livres en bonnes terres féodales dégrevées de tout impôt.

Ces détails, que le prélat donnait fort négligemment à son neveu, déridèrent un peu celui-ci et lui permirent d'envisager l'avenir que lui faisait son oncle sous de moins sombres couleurs. Après tout, il serait riche, et c'était beaucoup que pouvoir apaiser une légion de fournisseurs et de croquants que Frontin, le valet de chambre du comte, pourchassait soir et matin, et qui rentraient souvent par les fenêtres après qu'on les avait mis à la porte.

Frontin était un valet intelligent qui avait fait son éducation à la Comédie-Française.

Le chevalier écoutait avec une insouciance merveilleuse l'énumération des projets du cardinal, et loin de se dire: « Que me restera-t-il à moi? » il songeait à un petit billet parfumé d'ambre et d'une orthographe de duchesse, qui lui assignait une promenade au clair de lune sous les ombrages du parc de Marly, entre onze heures et minuit.

Une seule crainte le préoccupait : il avait peur que le verbiage du digne prélat ne le retînt outre mesure à Paris et ne le fît arriver tard au rendez-vous, ce qui, aux yeux d'un gentilhomme, est un tort bien autrement impardonnable que de se faire attendre pour un duel.

— Vous, chevalier, reprit le cardinal après un moment de silence, vous avez dix-neuf ans, vous êtes brave, vous l'avez prouvé d'une fort déplorable façon que je ne veux point rappeler ici ; vous êtes galamment tourné, et vous ferez un chevalier de Malte accompli.

Le chevalier recula et pâlit.

— Les Marcigny vont à Malte, dit froidement le prélat, et par le temps de mésalliance où nous vivons, ce n'est pas un mince honneur. Vous partirez demain avec le comte, vous le quitterez à Saint-Pierre, le château de sa future épouse, et vous continuerez votre route pour Marseille, où vous monterez à bord du premier navire qui fera voile vers Malte.

— Mais... balbutia le chevalier frissonnant.

— Si vous obéissez, acheva le cardinal, je continuerai à vous servir une pension de trois mille écus. Dans le cas contraire, vous chercherez fortune ailleurs que dans ma caisse.

Cette conclusion du prélat avait bien son mérite ; le chevalier se résigna comme s'était résigné le comte.

Et voilà pourquoi les deux frères roulaient, de fort méchante humeur, vers le manoir de Saint-Pierre où mademoiselle de Chavigny, comtesse de son chef, les attendait à souper, le dimanche soir, avisée qu'elle avait été par le vieux cardinal.

Le mutisme chagrin auquel les deux frères s'étaient condamnés, commençait néanmoins à peser singulièrement au comte, lequel se retourna brusquement vers son cadet, et lui dit :

— Ah çà, chevalier, mon bel ami, à quoi diable songez-vous donc ?

— Et vous ? demanda l'adolescent.

— Moi, je songe, grommela le comte, que c'est vraiment déplorable qu'un gentilhomme qui a fait ses premières armes sous le régent, vécu avec le maréchal de Richelieu et plu quelque peu à Versailles, en soit réduit à s'en aller épouser une petite fille de province qui, bien certainement, ne s'est jamais posé une mouche et ignore l'usage des paniers et de la poudre à la maréchale.

— Et moi, dit le chevalier, je me souviens du dernier bal de l'Opéra, dans la nuit du Mardi-Gras au Mercredi des Cendres.

— Vous y advint-il une aventure?

— Charmante, comte.

— Eh bien! narrez-la-moi, je m'ennuie si fort...

— Soit, fit le chevalier avec tristesse, car je m'ennuie pareillement. Figurez-vous qu'il était trois heures. J'avais reçu, la veille, trois billets anonymes plus ambrés les uns que les autres. On m'assignait trois rendez-vous. J'allai à tous trois, je ne vis personne. C'était désolant.

J'avais fini par m'asseoir en un coin du foyer, mon masque à la main, ainsi qu'il convient à un homme qui se meurt du désir d'être intrigué et n'y peut parvenir.

Vers trois heures donc, une petite main bien gantée s'appuya sur mon épaule :

— A quoi rêvez-vous? me demanda-t-on.

— A vous, répondis-je.

— Ceci est impossible.

— Pourquoi?

— Parce que vous ne m'avez vu nulle part.

— Bah!

— Ni à Marly, ni à Choisy, ni à Versailles, ni au diable!

— Alors, pourquoi m'avez-vous écrit?

— Je ne vous ai point écrit; le hasard seul me fait vous remarquer. Je passais, je vous ai vu triste, je vous ai demandé la cause de votre tristesse. Offrez-moi la main et faites-moi vos confidences.

— Oh! oh! fit le comte.

— Ma foi! mon cher, poursuivit le chevalier, nous nous promenâmes deux heures; elle était jolie comme un ange et

6.

spirituelle comme un démon, elle était blonde et rose, son bras était irréprochable, son front blanc, son menton creusé d'une petite fossette, sa taille d'une souplesse charmante..... elle était ravissante sous le masque.

Avant la fin du bal j'étais amoureux fou; je la suppliai de se démasquer, elle refusa; je lui demandai son nom, elle se tut; puis elle me dit :

— Avez-vous jamais songé à vous marier?

— Certes non, répondis-je.

— Alors il est inutile de nous revoir. Je veux un mari.

— Eh! m'écriai-je, mais, au contraire, revoyons-nous, s'il vous plait... Je réfléchirai... Et, tenez, je crois que tout bien considéré...

— Non, non, me dit-elle avec le plus frais des éclats de rire, je vous donne un an.

— Dans un an, je serai mort d'amour.

— On n'en meurt pas, on vit d'espérance, au contraire. Trouvez-vous ici dans un an, à la même heure, je vous redemanderai cette dragonne que je vais nouer à votre épée.

Et elle détacha un ruban rose tendre rayé de bleu, qu'elle noua à la garde de mon épée.

— Ah! fit le comte, je vous l'ai vu.

— Je ne le porte qu'avec mon épée de gala.

— Et... l'avez-vous revue?

— Non, car nous ne sommes qu'en décembre, et le mardi-gras est loin encore. Or, notre oncle le cardinal se soucie peu d'un rendez-vous de telle nature, puisqu'il m'expédie à Malte.

— L'aimez-vous toujours?

— Peuh! il y a si longtemps... et puis elle veut se marier... Un futur chevalier de Malte n'y peut songer.

— Vous connaissait-elle?

— Pas le moins du monde; car elle me demanda mon nom. Ma figure lui seyait, voilà tout.

— C'était une fille d'opéra? fit le comte.

— Non, certes, mon frère, elle était *née*, je vous le jure.

Et le chevalier retomba dans sa rêverie, qui fut interrompue par le relais de poste, le dernier qui restât à parcourir à nos voyageurs pour arriver chez la jeune comtesse de Chavigny.

En ce moment, Jasmin, le valet de chambre du chevalier, qui, pendu aux étrivières, accompagnait seul les sires de Marcigny, montra par la portière une mine effrayée, et dit au comte :

— Monsieur le comte, il vient de nous arriver un affreux malheur.

— Hein? fit le comte.

— Les valises de Votre Seigneurie sont restées à Nevers cette nuit.

Le comte pâlit.

— Sangdieu, dit-il, comment pareille bévue nous advient-elle?

— Je ne sais, dit le valet; je viens de m'en apercevoir, et j'en suis plus désolé que monsieur le comte, car il sera forcé de paraître aux yeux de sa fiancée dans un habit de voyage fripé, et malheureusement monsieur le comte n'est pas de la taille de monsieur le chevalier, dont les valises sont heureusement demeurées sur la voiture. Mais enfin, madame la comtesse sera indulgente... il faut l'espérer.

— Non, non, dit vivement le comte, ceci est impossible. Faites ôter les chevaux et envoyez un courrier à Nevers. Nous coucherons ici.

— Je ferai observer à monsieur le comte, dit respectueusement Jasmin, que madame la comtesse l'attend à souper.

— C'est juste : mais comment faire?

— Il y a un moyen bien simple de tout arranger.

— Ah! voyons le moyen!

— Monsieur le comte demeurera ici sous un prétexte quelconque, et monsieur le chevalier le précédera de vingt-quatre heures pour l'excuser.

Le comte trouva excellente l'idée de Jasmin, se résigna à rester, et laissa le chevalier repartir à triples guides.

A un quart de lieue plus loin Jasmin quitta sa place derrière la berline de voyage, mit de nouveau la tête à la portière et dit à son maître :

— Monsieur le chevalier voudrait-il me faire l'honneur d'un entretien de dix minutes?

Et sans attendre sa réponse, Jasmin, en valet de comédie effronté et qui sait son monde, se glissa à côté de son maître, à la place même que le comte occupait tout à l'heure.

II

— Ah çà, maraud! dit le chevalier, que signifie tout cela? et je vous trouve bien osé...

— Monsieur le chevalier me pardonnera, j'en suis sûr, lorsqu'il m'aura écouté.

— Voyons... je t'écoute.

— J'ai cru m'apercevoir, dit gravement Jasmin, que monsieur le chevalier était fort chagrin de s'en aller à Malte.

— C'est vrai, murmura l'adolescent.

— Et je me suis creusé la tête pour trouver un moyen d'empêcher le départ de monsieur le chevalier.

— Et tu ne l'as point trouvé? c'est tout simple.

— J'en demande humblement pardon à monsieur le chevalier.

— Tu railles, maraud!

— Nullement, et si monsieur le chevalier veut suivre mes conseils, il sera riche, heureux et ne quittera point la cour.

— Êtes-vous fou, mons Jasmin?

— Nullement; je suis dévoué à monsieur le chevalier.

— Et quel est ce moyen merveilleux?

— Ceci est mon secret.

— Faquin! exclama l'adolescent en cherchant sa canne auprès de lui.

— Il faut même, pour atteindre notre but, que monsieur le chevalier se soumette à une condition qui lui paraîtra sans doute fort humble, eu égard à mes humbles fonctions auprès de lui.

— Plaît-il, mons Jasmin?

— Mais ces choses-là se voient cependant, témoin plusieurs comédies de monsieur Poquelin de Molière, dans lesquelles les valets font le dénoûment au profit de leur maître.

— Et quelle est cette condition?

— Monsieur le chevalier me donnera sa parole de gentilhomme qu'il m'obéira aveuglément pendant vingt-quatre heures.

— Oh! oh!

— Et qu'il ne me contredira absolument en rien, confirmant toutes mes paroles, et n'en manifestant aucun étonnement.

— Mais... voulut objecter le chevalier.

— Il n'y a pas de *mais*, répondit Jasmin avec effronterie, monsieur le chevalier n'a qu'à choisir : Malte ou la cour de France.

— Drôle, dit l'adolescent, prends garde à ceci : je veux bien te faire le serment que tu me demandes, mais tu périras sous le bâton si tu échoues.

— Et si je tiens mes promesses?

— Je serai généreux, répondit le chevalier, je te payerai l'arriéré de tes gages.

Et le chevalier jura.

Jasmin salua jusqu'à terre et retourna aux étrivières.

Une heure après, la berline entrait dans la cour d'honneur du manoir habité par mademoiselle de Chavigny.

— J'ai l'honneur de prier monsieur le chevalier, dit alors Jasmin en offrant son bras à son maître pour descendre de voiture, d'oublier son titre modeste et de se souvenir qu'il porte celui de comte.

— Mais...

— J'ai la parole de monsieur le comte, répliqua froidement Jasmin.

Le chevalier fut introduit au manoir et conduit à son appartement, où Jasmin le poudra et le vêtit lestement de son plus splendide habit de gala, n'oubliant point de lui passer en verrouil l'épée qui portait à sa garde la dragonne mystérieuse.

Cela fait, il dit à son maître :

— Je prie monsieur le comte de ne point ouvrir la bouche de monsieur le comte son frère.

— Mais c'est impossible!

— J'ai la parole de monsieur... je lui ferai respectueusement observer que j'ordonne et qu'il me doit obéir.

— Soit, murmura le chevalier.

— Maintenant si monsieur le comte veut bien me suivre, j'aurai l'honneur de le conduire auprès de mademoiselle de Chavigny, qui achève, en l'attendant au boudoir, de poser ses mouches et de mettre ses bagues. Monsieur le comte aura soin de confirmer mes paroles et de me laisser parler tout à mon aise.

Jasmin précéda son maître, ouvrit une porte à deux battants et annonça : M. le comte de Chavigny...

A ce nom, une ravissante créature, assise devant une table à toilette, se retourna négligemment et rendit d'un signe de tête le profond salut que, du seuil du boudoir, lui adressait le chevalier.

Celui-ci demeura ébloui de la beauté de la jeune comtesse et il se prit à souhaiter que son frère mourût d'une attaque d'apoplexie le soir même.

— Monsieur le comte, dit la jeune femme en lui indiquant un siége, il est nuit close, je ne vous attendais presque plus...

— Madame...

— Ah! dit Jasmin, j'aurai l'honneur de faire observer à madame que c'est hier seulement que nous avons quitté Paris... et nous n'avons pas perdu un moment.

— Tant pis! murmura la comtesse. Vous êtes cependant parti trop tard.

— Plaît-il? demanda Jasmin.

— C'est singulier! se disait le chevalier, j'ai entendu cette voix-là quelque part.

— Ah! la ravissante dragonne! s'écria la comtesse en étendant ses doigts rosés vers le nœud de rubans.

Le chevalier, qui déjà était fort déconcerté, perdit tout à fait contenance.

— Cela vient du bal de l'Opéra, continua la comtesse; j'ai appris ce matin, monsieur le comte, que vous aviez fait un serment à une belle inconnue, et comme en me venant épouser...

— Mais, madame, je ne viens pas...

— Chut! dit Jasmin, si monsieur le comte veut bien me le permettre, je le disculperai moi-même.

— Vous obéissiez à votre oncle le cardinal, comme moi à mon oncle l'évêque de Nevers; nous allons désobéir tous les deux à nos oncles, vous pour demeurer fidèle à votre inconnue, moi pour ne point épouser un mari qui ne m'aimerait pas.

— Je ferai respectueusement remarquer à madame la comtesse, répliqua Jasmin, qui, d'un signe, imposa silence au chevalier stupéfait, que je me suis permis de la trahir en confiant à mon maître — lequel refusait d'obéir à son oncle — que mademoiselle de Chavigny et la belle inconnue du bal de l'Opéra ne faisaient qu'une seule et même femme.

La comtesse et le chevalier jetèrent un cri de surprise; Jasmin se hâta d'ajouter :

— Monsieur le comte va l'affirmer à madame.

— C'est vrai, dit le chevalier.

— Alors, fit la comtesse, à moi à vous expliquer, comte, comment je vous ai rencontré au bal de l'Opéra :

Mon oncle, l'évêque de Nevers, m'avait emmenée à Paris pour huit jours. Un soir que le digne prélat dînait chez son vieil ami le maréchal de Richelieu, j'en profitai pour m'échapper avec une femme de chambre, et je tombai en plein bal de l'Opéra. Votre tristesse me plut, vous aviez de l'esprit, vous causiez à ravir. J'y pris goût. En vous quittant, et lorsque je sus votre nom, je résolus de m'assurer par expérience de ce que pouvait valoir la parole d'un gentilhomme aussi léger que vous. J'avisai Jasmin, qui vous suivait pas à pas, je lui glissai dix pistoles dans la main et lui en promis autant chaque mois s'il voulait me tenir au courant de vos fredaines...

— Ah! ah! fit le chevalier.

— Je crois que Jasmin m'a indignement trompée, car il vous a toujours, dans ses notes, dépeint comme un petit saint. Or, il y a deux jours, mon oncle l'évêque de Nevers est arrivé ici et m'a montré cette lettre qui était du cardinal.

Et la comtesse tendit la missive au chevalier, qui lut :

« Mon vieil ami,

» Vous avez une nièce jeune, jolie, titrée et riche. J'ai un » neveu jeune, beau, qui sera mon héritier, et que je veux » marier... »

Le chevalier se tourna vers Jasmin :

— Mais c'est de mon frère qu'il s'agit, dit-il tout bas.

— Monsieur le comte a la mémoire infidèle. C'est de lui qu'il est question.

— Mais enfin...

— J'ai la parole de monsieur.

— Vous voyez, lui dit la comtesse, que l'opinion que j'avais de vous, grâce aux notes de Jasmin, a dû nécessairement se modifier.

— Madame la comtesse se trompe, observa Jasmin, je la trahissais... Monsieur le comte l'aimait, il est accouru.

— Est-ce vrai? demanda la comtesse avec un adorable regard dont un grain de raillerie tempérait la tendresse.

— Oui et non, répondit le chevalier.

— Plaît-il, monsieur? Que signifie ce non?

Le chevalier s'agenouilla aux pieds de la belle héritière.

— Je vous aime, dit-il, je vous le jure; mais ne me questionnez pas sur le dernier mot que j'ai prononcé; je suis lié par un serment.

— Un serment! Et à qui donc, monsieur, avez-vous fait ce serment?

— A ce drôle! dit le chevalier montrant Jasmin.

La comtesse en demeura tout ébahie.

— Oui, madame, poursuivit le chevalier, pendant vingt-quatre heures j'appartiendrai à cet homme, ou du moins il ne me sera point permis de m'expliquer sur certains points qui vous paraîtront peut-être obscurs.

— En effet, murmura la comtesse avec dépit, je trouve que votre plaisanterie ressemble fort...

— Ah! madame...

Et le chevalier couvrit de baisers les mains de la comtesse.

— Et demain, fit-elle un peu radoucie, parlerez-vous?

— Hélas! oui, madame. Mais, auparavant, soupira le chevalier, je casserai bras et jambes, avec ma canne, à ce drôle, qui se sert de ma loyauté pour que je vole mon prochain...

— Ma foi! dit la comtesse, je n'y comprends absolument plus rien.

— Et moi, grommela Jasmin, je ne croyais pas avoir un maître aussi scrupuleux... Ah! quel siècle! Où donc est monsieur Poquelin de Molière? comme il rirait!...

— Comte, dit la jeune femme, j'ai la religion du serment. Je respecte le vôtre, mais il me faut une confession demain soir; sinon je mande contre-ordre à mon oncle l'évêque de Nevers, qui nous devait venir marier demain, et qui le fera après-demain, car je veux réfléchir maintenant, puisque vous me cachez un mystère.

— Bon! pensa Jasmin, j'ai fait une école. Monsieur le comte, le vrai, sera ici demain soir, et tout sera perdu. Ce n'est point à Nevers, c'est à Paris que j'aurais dû laisser ses valises.

III

Le chevalier se trouvait, grâce à Jasmin et au quiproquo établi à dessein par ce dernier, dans la plus singulière des situations.

Il aimait la comtesse, c'était positif, mais la comtesse était destinée à son frère. Or, pouvait-il voler à celui-ci sa fiancée? Et, cependant, si le comte l'épousait, ne se repentirait-il point, lui, chevalier, de son excès de délicatesse?..

Il fit toutes ces réflexions; puis, comme, avant tout, l'adolescent était homme d'esprit, il se dit que le hasard pourvoirait à son embarras, et que le plus sage parti était de profiter des vingt-quatre heures de tête-à-tête avec la belle comtesse, que cet imbroglio lui procurait.

Ces vingt-quatre heures furent charmantes; les deux amants échangèrent les serments les plus doux, et cela si bien, qu'ils oublièrent, la comtesse qu'elle avait l'explication d'une énigme à demander, le chevalier que cette explication renverserait le château de cartes de son bonheur.

Ils avaient passé la journée dans un coquet boudoir ouvrant sur le jardin : la journée, tiède comme un soir de mai, était à son déclin, les oiselets chantaient dans les massifs, le couchant était nuancé des tons les plus moelleux et les plus éclatants ; assis près d'elle, le chevalier imitait les oiselets et chantait un long hymne d'amour en tenant toujours ses deux petites mains dans les siennes.

Tout à coup la porte s'ouvrit et un laquais annonça :

— Monsieur le comte de Marcigny.

Le chevalier se leva pâle et douloureusement stupéfait, la comtesse recula d'un pas et jeta un cri.

Il y avait donc deux comtes de Marcigny.

En même temps Jasmin parut sur le seuil.

— Monsieur le chevalier est délié de sa parole, dit-il, et j'attends ses ordres pour préparer sa chaise de poste. Il paraît que monsieur le chevalier a préféré aller à Malte.

Le chevalier tout ému raconta alors la vérité tout entière.

La comtesse l'écouta haletante ; puis lorsqu'il eut fini, elle se tourna vers le comte :

— Monsieur, lui dit-elle, Son Éminence le cardinal votre oncle, est la première cause du triste quiproquo dont nous sommes tous victimes. En écrivant à l'évêque de Nevers il ne lui disait pas qu'il avait deux neveux. Or, c'était votre frère et non vous que j'aimais, et j'aurais décliné l'honneur...

— D'accepter ma main, interrompit le comte ; je le comprends, madame, il est impossible à un vieux roué comme moi de lutter avantageusement avec un frère jeune et beau comme le mien. Aussi bien, viens-je de réfléchir qu'il donnera plus sûrement que moi de nobles rejetons à ma race...

— Monsieur...

— Et je pars pour Malte, acheva le comte ; cependant il faut bien que j'aie un petit dédommagement, puisque je suis ainsi battu...

Le comte regarda Jasmin.

— Je devine, dit celui-ci avec empressement, monsieur le comte me veut prendre à son service.

— Non pas, je veux t'administrer une volée de bois vert.

— Et moi, je payerai ses gages, ajouta la comtesse.

— Voilà des gens qui ont lu Molière, grommela Jasmin ; ils bâtonnent et payent !

LE MARQUIS DE PRÉ-GILBERT

I

Quand on a vingt-cinq ans, une belle fortune en terres, prés, bois et moulins, un nom, une jolie figure, l'indépendance la plus complète et une seule passion, — une passion honnête et avouable, — que pourrait-on désirer de plus?

Le jeune marquis de Pré-Gilbert avait tout cela; aussi s'estimait-il le plus heureux gentilhomme du pays de France et de la province de Bourgogne.

Le château de Pré-Gilbert était assis au bord de l'Yonne et adossé à un joli coteau chargé de vignoble; autour de lui s'étendait une belle prairie, qui lui tenait lieu de parc; à deux portées de fusil, au delà de la rivière, de grands bois élevaient leurs futaies majestueuses, qui abritaient une merveilleuse quantité de gibier, depuis la grande bête fauve jusqu'au modeste lièvre. Loups, sangliers, daims et chevreuils, perdrix rouges et grises, bécasses en novembre, et pluviers dorés au mois de mars, on trouvait de tout cela sur les terres du marquis.

Le marquis, avons-nous dit, n'était en proie qu'à une seule passion, — la passion de la chasse.

Cette passion dégénérait en maladie, — cette maladie était héréditaire dans sa famille. Ceux des Pré-Gilbert qui n'étaient pas morts sur le champ de bataille, au service du roi, avaient succombé assurément en plaine ou sous bois, comme disent les veneurs. Le grand-père du marquis avait été décousu par un sanglier, son père éborgné par un cerf aux abois.

La plus grosse part du revenu passait, chez le marquis, à entretenir la plus belle meute de la province de Bourgogne, et le piqueur était, au château, un personnage si considérable que, de tout temps, il avait eu le privilége de joindre à ses fonctions cynégétiques l'emploi plus grave d'intendant.

Or, le jeune marquis de Pré-Gilbert avait hérité de cette noble et indomptable passion qui posséda ses aïeux, et il avait une assez belle réputation de veneur dans la contrée, malgré son jeune âge, car la chasse et la vénerie sont des sciences auxquelles l'expérience est presque indispensable.

Le piqueur du marquis était surtout un homme hors ligne, un de ces Nestors de la futaie et du taillis, de ces Ulysses du carrefour et du fourré qui font la gloire de leur maître, le désespoir de ses voisins, dont la science passe à la postérité sous forme de proverbe, qui sont enviés par leurs contemporains, et pris pour arbitres suprêmes dans les questions les plus épineuses.

Jean Guillé prononçait des arrêts sans appel sur tous les différends élevés entre chasseurs; il jugeait froidement d'un chien et le déclarait bon ou mauvais après une seconde d'inspection, sans l'avoir vu à l'œuvre; quand un voisin du marquis voulait fêter un visiteur ou un parent et le faire assister à une belle chasse, à un hallali véritablement fabuleux, on empruntait Jean Guillé.

Le prince de Condé ayant ouï parler de ses mérites, le fit venir un jour à Chantilly, et, enthousiasmé, lui offrit d'entrer chez lui, avec des honoraires décuplés.

Jean Guillé, qui était encore jeune alors, et n'avait pas atteint l'âge où l'ambition commence à poindre dans le cœur de l'homme, refusa net et préféra le service de son maître, le vieux marquis de Pré-Gilbert, alors vivant

Les Guillé étaient piqueurs de père en fils à Pré-Gilbert, comme les marquis étaient seigneurs de génération en génération.

Ces deux dynasties vivaient en bonne intelligence sous le même toit et dans le même royaume. Les marquis avaient trente mille livres de rente, les Guillé de belles et bonnes économies traduites en clos de vignes et en arpents de terres au soleil, situés tout auprès des vignobles et des champs dépendant du château.

Si bien que le dernier des Guillé, Jean, le piqueur célèbre et émérite, ne conservait son emploi que par amour pur de l'art et comme distraction, car il aurait fort bien pu installer sa femme Claire et sa fille Rose dans sa maison du village, prendre des valets de labour et des vignerons, et cultiver ses propriétés lui-même, ce qui lui eût permis de vivre dans l'aisance.

Jean Guillé, à l'époque où commence notre récit, était un homme d'à peu près cinquante ans, gros et court, bien qu'il fût un excellent écuyer, la tête chauve, mais le teint fleuri et rubicond, ainsi qu'il convient à un honnête habitant de la côte d'Yonne, qui sait apprécier les crus merveilleux de son pays.

Sa large poitrine enfermait des poumons de Stentor, et la vigueur homérique du son de sa trompe lui avait valu le sobriquet de *Sonne-Toujours*. Ce sobriquet lui était resté; petit à petit on avait oublié de l'appeler Jean Guillé pour lui donner son surnom, et, en fin de compte, d'Auxerre à Clamecy et d'Avallon à Sens, on ne parlait que de M. *Sonne-Toujours*.

M. Sonne-Toujours habitait un pavillon séparé du château par un potager; sa femme s'occupait des soins du ménage, et sa fille Rose était la lingère, l'intendante au petit pied du château.

Les valets dont la défroque s'usait, les femmes de service qui désiraient une augmentation de gages, les fournisseurs de toute nature, et les pauvres de la paroisse, s'adressaient à mademoiselle Rose. Rose était une charmante enfant de dix-huit ans, blonde comme une création de Rubens, au teint de lis, à la taille svelte et souple, aux petites mains blanches ornées de beaux ongles taillés en amande.

Le pied de Rose n'était pas plus petit peut-être que celui de Cendrillon; mais il l'était assez pour qu'on pût croire que le conte charmant de Perrault — si Perrault eût vécu de ce temps — avait été fait pour elle.

Rose et le marquis, nés sous le même toit, s'aimaient fort tendrement. Ils avaient passé une partie de leur enfance ensemble, ensemble ils avaient grandi et partagé les mêmes jeux.

Seulement, Raoul de Pré-Gilbert ne voyait en Rose qu'une amie, une bonne sœur, une petite fille sans importance qu'on aime pour sa gentillesse, tandis que Rose, beaucoup moins aveugle, se prenait parfois à soupirer bien bas et à penser que le hasard, s'il eût été juste, l'aurait dû faire naître femme de qualité, ou tout au moins placer le marquis dans un milieu moins élevé et qui lui permît de songer à elle.

Malheureusement, Raoul de Pré-Gilbert n'avait fait aucune de ces deux réflexions, — et toutes ses facultés, tous ses instincts étaient trop absorbés par sa passion dominante pour qu'il eût le temps de songer à un amour quelconque.

Quand il rêvait de la chasse, chevauchant côte à côte avec son piqueur et marchant en tête de ses chiens, Raoul, en mettant pied à terre dans la cour du château, déposait un baiser bien affectueux, bien innocent et bien froid sur le front rougissant de Rose, — et Rose soupirait et se disait avec dépit : Soyez donc jolie à croquer pour qu'on ne s'en aperçoive seulement pas!

Or, en ce temps-là, bien qu'il passât ses journées à cheval, quand il chassait à courre, ou dans les vignes ou sur les coteaux, lorsqu'il se contentait de poursuivre, avec un chien d'arrêt, une compagnie de perdreaux et de tuer un lièvre au *déboulé*, le jeune marquis de Pré-Gilbert avait fini par prêter une oreille inquiète — à son double titre de gentilhomme et de riche propriétaire — aux sourdes rumeurs qui grondaient à l'horizon politique. La tempête de 93 approchait et devenait de plus en plus menaçante chaque jour.

Déjà le marquis avait vu ses voisins les plus alarmés quitter le pays et commencer l'émigration ; ses joyeux compagnons de vénerie s'en allaient un à un; sa trompe de chasse résonna bientôt solitaire sous la futaie, sa meute fut bientôt la dernière qui osa suivre à pleine gueule un daim ou un sanglier dans les champs des paysans égarés et furieux, et sur le territoire des communes qui arboraient avec enthousiasme le drapeau tricolore.

Raoul avait l'insouciance de son âge, la bravoure de ses pères; il était aimé dans le pays et il continua hardiment à chasser et à signer ses lettres, ses baux et ses conventions de son titre de marquis. Un soir, cependant, à onze heures, par une nuit sombre de novembre, un cavalier s'arrêta à la porte du château et secoua la sonnette de la grille fort longtemps avant d'avoir réussi à éveiller ses hôtes endormis.

Ce cavalier était un magistrat de la ville voisine. Il se fit introduire auprès de Raoul et lui dit simplement :

— Monsieur le marquis, si vous persistez à demeurer dans votre château, et à vous montrer à la tête de trente ou quarante chiens de meute, vous serez guillotiné à Auxerre avant huit jours. Vous avez été dénoncé au district, et comme j'étais l'ami de votre père, je transige avec mes fonctions et mon devoir pour venir vous sauver. Vous n'avez qu'un parti à prendre et pas une minute à perdre. Montez à cheval et fuyez. Allez vers le nord-est, passez le Rhin. Vous ne serez en sûreté qu'à Coblentz, dans les rangs de l'armée de Condé. Je me suis procuré un passeport pour vous, sous un nom supposé ; le voici.

Raoul comprit enfin que sa vie était compromise s'il restait, et son honneur aussi, car son devoir de royaliste et de gentilhomme l'appelait à Coblentz. Il réveilla son piqueur Sonne-Toujours et tous les serviteurs du château, à qui il annonça son départ et fit ses adieux.

Rose se prit à sangloter comme un enfant, et la bonne Claire, tout émue, serra dans ses bras son jeune seigneur.

Jean Guillé témoigna une vive douleur à son maître, mais cette douleur prenait surtout sa source dans la navrante pensée qu'on ne chasserait plus à Pré-Gilbert. Sonne-Toujours aimait le marquis, au demeurant, parce que le marquis possédait la plus belle meute de l'Auxerrois.

Le marquis absent, plus de meute.

— Mon ami, dit Raoul à son piqueur, ceci est une bourrasque dont, Dieu aidant, la noblesse de France aura bientôt raison. Avant six mois, je l'espère, l'armée des princes, victorieuse, aura traversé la France, assiégé Paris et délivré son roi. Je pars, mais tu me verras revenir bientôt. Je te confie mes intérêts, ma fortune, le soin de mes revenus. Conserve mes chiens si tu peux, et réalise-moi de l'argent si la chose est possible, car j'en aurai besoin peut-être à l'étranger.

Ces recommandations faites, le marquis ceignit ses reins d'une ceinture de cuir renfermant quelques centaines de louis, revêtit un habit de voyage de la plus simple apparence, choisit un de ses domestiques pour l'accompagner, embrassa les autres, et partit.

Huit jours après, Raoul de Pré-Gilbert atteignait les bords du Rhin et se présentait à l'armée de Condé, laquelle presque entièrement composée de gentilshommes, comptait dans ses rangs beaucoup de veneurs qui charmaient les douleurs de l'exil et les fatigues de la guerre par de fabuleuses campagnes de chasse dans ce merveilleux pays où chaque buisson est une bauge ou un fort, où chaque sillon cache un lièvre et chaque carré de luzerne de nombreuses compagnies de perdreaux.

Les six mois fixés par le jeune marquis comme délai accordé à son absence, s'écoulèrent, puis six autres après. — La révolution grandissait ; le roi était mort ; monsieur de Robespierre, de concert avec Samson, avait fini par convertir la France en un vaste et lugubre abattoir, et le plus pur de son sang coulait à flots sur les échafauds dressés aux quatre coins du pays.

Quelques victoires chèrement achetées, quelques batailles noblement perdues : c'était tout ce qu'avait pu faire la chevaleresque armée des princes pour son pays et son roi.

Raoul s'était vaillamment comporté, il avait tiré l'épée en homme qui sait s'en servir, et avait rougi plusieurs fois de son sang le sol des champs de bataille au cri enthousiaste de : Vive le roi !

Mais il continuait en même temps à s'adonner à sa passion favorite, il chassait le plus possible, courait le cerf et l'élan, cette noble bête des forêts du nord qu'envient nos forêts, traquait l'ours dans la montagne Noire, et tirait le faisan dans les îles du Rhin.

Cependant une tristesse qui, tous les jours, revêtait des teintes plus sombres, s'emparait de lui peu à peu. Au milieu de cette noblesse ruinée, et qui conservait néanmoins son esprit et sa bonne humeur, Raoul se laissait gagner par une noire mélancolie, — en dépit des fêtes cynégétiques auxquelles il assistait et prenait part quotidiennement, — il regrettait les futaies modestes, les humbles coteaux, les vignes du pays bourguignon.

Il se souvenait à peine de son château, peut-être, mais son piqueur Sonne-Toujours, sa meute où les bâtards anglais avaient commencé à s'introduire, et ses chasses, moins brillantes sans doute que celles des bords du Rhin, mais qui lui rappelaient son heureux temps, revenaient sans cesse en sa mémoire.

Lorsqu'il plantait son couteau de chasse dans le poitrail d'un élan pour en faire la curée, il songeait aux chevreuils de ses bois ; — les faisans du Rhin lui faisaient regretter les perdrix rouges de ses coteaux.

Le marquis, avouons-le, résista longtemps à cette humeur sombre qui s'emparait de lui ; il lutta énergiquement et essaya de triompher.

Son courage, sa résignation, ses forces succombèrent. Un matin il se leva avec la résolution de rentrer en France, dût-il marcher à l'échafaud, et de regagner les futaies de Pré-Gilbert.

— J'ai le mal de chasse du pays, se dit-il ; mourir ici ou là bas, peu importe !

Et il se mit bravement en route.

II

Il nous paraît assez utile maintenant de raconter ce qu'étaient devenus le château de Pré-Gilbert, la meute de jolis bâtards anglais, le piqueur Sonne-Toujours et sa famille.

Dix-huit mois s'étaient écoulés depuis le départ du marquis Raoul; — pendant ce laps de temps, le roi était monté sur l'échafaud, les émigrés déclarés hors la loi et soumis à la confiscation.

Le château de Pré-Gilbert fut mis en vente un matin, comme bien national, et les acquéreurs se présentèrent en petit nombre, en faisant de maigres offres, car il y avait peu de gens assez hardis pour oser aventurer leurs fonds en des ventes qu'une révolution nouvelle pouvait déclarer nulles et mettre à néant.

L'émotion fut vive dans la maison de Jean Guillé, le piqueur et l'intendant du château. Claire se mit à pleurer et Rose frissonna : elle conçut cependant comme un mouvement de joie, il lui sembla que Raoul devenu pauvre serait moins éloigné d'elle.

Quant à maître Sonne-Toujours, il ne put apprendre sans un violent accès de colère qu'on allait vendre le château, couper les bois et désorganiser la meute. Avant tout, Jean Guillé était veneur! Or, les paysans des environs, bien que très-chauds partisans de la république, n'avaient pu, en quelques jours, s'habituer assez aux idées de fraternité, d'égalité que prêchaient les représentants de la nation, pour ne pas éprouver le besoin de témoigner leur sympathie, leur obéisance et leur respect à quelqu'un.

Les seigneurs de la contrée partis ou guillotinés, les intendants se trouvèrent être de grands personnages, des hommes influents, qui faisaient dans le pays le beau temps et la pluie, s'exprimaient fort librement sur les événements politiques, et étaient toujours à la tête du district, ce qui garantissait leur sûreté personnelle.

L'importance de maître Sonne-Toujours, déjà si grande

au temps où ses mérites en vénerie étaient seuls en relief, s'accrut considérablement après le départ du marquis. On le nommait, il est vrai, citoyen Guillé, mais on le saluait tout aussi bas que Raoul naguère. Il était devenu maire de Pré-Gilbert, il avait son franc parler à Auxerre, et, insensiblement, il commençait à goûter les nombreuses réformes de la révolution avec d'autant moins de remords qu'il continuait à chasser, courant tous les jours, sous le prétexte qu'il fallait détruire le gibier des aristocrates. Le prétexte était bon, le district autorisa le citoyen Sonne-Toujours à faire résonner des puissants accords de sa trompe tous les bois du ci-devant marquis de Pré-Gilbert.

L'accès de colère qui s'empara de Jean Guillé en apprenant la mise en vente du château fut moins le résultat de son attachement au marquis que l'effet de la pensée qu'il allait être expulsé du pavillon, et qu'on débiterait la meute aux plus offrants, comme le plus vil bétail.

L'accès de colère, si violent qu'il fut, finit pourtant par se calmer, et alors le citoyen Sonne-Toujours se prit à méditer, et sa méditation amena cette réflexion :

— J'ai pas mal de beaux écus bien enfermés dans de solides sacoches de cuir; les écus sont rares par le temps d'assignats qui court; mille francs de numéraire valent dix mille francs d'assignats : pourquoi n'achèterais-je pas le château pour le préserver de la déprédation, sauver les bois, la meute et la fortune du marquis? Lorsqu'il reviendra, il me remboursera mon argent.

Le raisonnement était juste; Sonne-Toujours était un homme actif, intelligent et de résolution. Il intimida les uns, fit courir, par les autres, le bruit qu'il était fort riche, découragea par avance les acquéreurs qui comptaient pousser l'enchère, et, le jour de la vente arrivé, il se présenta presque seul.

Le château, ses dépendances, meubles et immeubles, les capitaux, les bois, les prairies, tout ce qui constituait la fortune du marquis lui fut adjugé pour deux cent mille francs, qu'il paya en assignats, après avoir acquis cette somme en papier avec vingt mille francs d'écus.

Le soir, le citoyen Jean Guillé, dit Sonne-Toujours, maire de la commune de Pré-Gilbert, membre du district, etc., fut déclaré possesseur légitime, propriétaire sans conteste du château, des bois et des fermes du ci-devant marquis de Pré-Gilbert.

En achetant les terres de son ancien maître, le piqueur était de bonne foi, il songeait sérieusement à les lui restituer un jour, et sa femme et sa fille n'avaient jamais compris autrement cette acquisition.

Mais Jean Guillé n'avait point compté sur la dangereuse ivresse de la possession, sur les fumées d'ambition et d'orgueil qui allaient lui monter à la tête.

Le lendemain, il visita ses limites, et il éprouva un tressaillement de vanité en songeant que tout cela, vignes, forêts, champs, prairies et château, lui appartenait bel et bien de par la loi, qu'il l'avait payé, et que rien ne le pourrait obliger à s'en dessaisir si la fantaisie de tout garder le prenait.

Le jour suivant, afin, pensa-t-il d'abord, qu'on ne fit aucune supposition malveillante et suspecte sur le motif qui l'avait poussé à se rendre acquéreur, le lendemain, disons-nous, il s'installa dans les appartements du château, au grand scandale de sa femme Claire et de sa fille Rose, qui levaient les yeux au ciel et semblaient lui demander grâce pour cette profanation.

Le troisième jour, Jean Guillé chassa. Il fit découpler sa meute dans le bois voisin, et il éleva aux fonctions de piqueur un simple valet de chiens, ne pouvant plus être piqueur lui-même, puisqu'il était devenu maître et chassait pour son propre compte. Jamais la futaie ne lui parut plus ombreuse, le taillis plus vivace et de meilleure venue, la meute plus ardente et plus infatigable.

La possession décuplait les jouissances de veneur du citoyen Sonne-Toujours.

Le soir, au débotté, il trouva charmant d'avoir son souper servi dans la grande salle à manger du château, et de se coucher ensuite dans un vaste lit à colonnes torses et à baldaquin de soie. Il y dormit plus mal, peut-être, que dans le sien, dont il avait l'habitude, mais il ne s'en éveilla pas moins tout guilleret et tout dispos, bien résolu à courre, le jour même, un daim dix cors, au mépris des lois sur l'égalité et la fraternité.

Au bout de huit jours, Jean Guillé se surprit à faire les réflexions suivantes :

— Après tout, le château de Pré-Gilbert m'appartient, puisque je l'ai payé... Je ne dis pas que si le marquis revenait... mais il ne reviendra pas... Voici plus d'un an qu'il n'a donné de ses nouvelles, et sans doute il a été tué à l'armée de Condé... Si cela était, je n'aurais pas le moindre remords, et d'ailleurs je n'ai rien volé ; je suis un honnête homme... Ce que j'ai m'appartient. Si je rendais son château au marquis, ce serait par pure obligeance...

Une fois entré dans le cercle de ces restrictions mentales, le citoyen Sonne-Toujours ne s'arrêta plus ; le lendemain, à la vue des plafonds écussonnés, il songea charitablement que ces vestiges de l'aristocratie lui pourraient causer des désagréments et des taquineries. Il fit donc venir des ouvriers, leur ordonna de passer une couche de plâtre sur les armoiries du marquis ; mais trouvant, après cette opération, que les plafonds étaient nus à l'œil, il ne put résister à la fantaisie de faire peindre son chiffre entrelacé aux lieu et place des écussons.

Quelque temps après, il parut craindre d'être suspecté de fidélité à l'ancien régime s'il conservait les serviteurs du marquis. Il les congédia jusqu'au dernier, et, comme la république une et indivisible n'autorisait point la domesticité en France, il prit quatre *officieux* pour le servir.

Un peu plus tard, tandis qu'il dînait somptueusement, au mépris de la frugalité républicaine, il dit brusquement à sa fille :

— Rose, mon enfant, tu as vingt ans tout à l'heure ; il faudrait songer à t'établir.

— Et qui voudrait d'une pauvre fille comme moi? demanda Rose avec une naïveté parfaite.

— Une pauvre fille, massacre de cerf! exclama le nouveau châtelain, une pauvre fille! mais tu auras trente mille livres de rente un jour, et tu te trouves une pauvre fille!

Claire et Rose se regardèrent avec stupeur.

— Eh bien, reprit le citoyen Sonne-Toujours, qu'y a-t-il là de bien surprenant? Ma prairie du bord de l'eau rapporte mille écus, mes vignes de la côte donnent, bon an mal an, de douze à quinze mille livres, je puis couper chaque mois de mars pour deux mille écus de bois, et les réserves, les champs, etc., s'élèvent bien à trois ou quatre mille francs de revenu. Or, quinze et trois font dix-huit, et six vingt-quatre, et quatre vingt-huit. Tu vois que nous ne sommes pas bien loin de compte.

— Mais, s'écria Rose, le marquis?

— Le marquis est mort, c'est probable... D'ailleurs son bien est à moi; je l'ai payé, et je le garde.

— Mais c'est affreux!

— Tarare! répondit Sonne-Toujours; quand on a payé, on est chez soi. J'ai fait une bonne affaire, je n'en disconviens pas; mais il n'est pas défendu d'avoir du bonheur, et si je n'avais acheté le château, il eût été pour un autre.

À partir de ce jour, maître Jean Guillé, fort de son droit, se complut à faire des projets pour l'avenir; il tailla, rogna, ajouta, arrangea dans ses domaines; il planta un parc, bâtit un corps de logis et augmenta le nombre de ses chiens. Il se prit à songer même que sa fortune lui permettait d'avoir quelque ambition politique, et il se promit de se mettre sur les rangs à la prochaine élection de représentants.

Puis, comme la vanité humaine n'a pas de bornes, il pensa que la République pourrait bien finir par imiter la monarchie, et qu'à l'exemple de Rome elle créerait une noblesse nouvelle pour remplacer l'ancienne.

Le titre de baron eût séduit fort maître Sonne-Toujours. Mais, comme il n'est pas de rêve sans réveil, de ciel sans nuages et de bonheur parfait, une préoccupation terrible empoisonnait l'opulente sérénité de l'ancien piqueur. Il craignait que la France, lasse enfin du joug sanglant de la Terreur, ne se soulevât un beau jour pour renverser la République et rappeler ses rois légitimes. Alors, si le marquis n'était pas mort, lui, Jean Guillé, risquait fort d'être contraint de rendre gorge.

Cette affreuse pensée troublait le sommeil du pauvre homme et lui donnait le vertige. Dans ces moments là il se prenait à souhaiter que la guillotine fît des petits, et se multipliât tellement qu'il ne restât pas un seul gentilhomme dans l'univers.

Or, un soir, on sonna à la grille du château, et Rose, qui s'était approchée de la croisée, poussa un cri, devint pâle et chancela.

III

Aux dernières lueurs du crépuscule, Rose avait aperçu un mendiant, une sorte de gueux en haillon, la barbe et les cheveux longs, le visage hâve et souffrant.

Mais ce mendiant, elle l'avait reconnu, et son cœur s'était pris à battre avec une telle violence qu'elle chancela et faillit s'évanouir.

Sa mère la soutint dans ses bras, tandis que Jean Guillé, ému par ce cri qu'avait poussé son enfant, sautait sur un fusil à double coup déposé dans un coin, et se précipitait hors de la salle à manger pour savoir de quoi il était question.

Deux des officieux de maître Sonne-Toujours s'étaient dirigés avant lui vers la grille qu'ils avaient ouverte, et le maître du logis se trouva face à face avec le nouvel arrivant.

— Qu'est-ce que ce mendiant? s'écria-t-il avec colère, ce vagabond, ce gueux qui vient sonner à la porte d'une honnête maison à l'heure où les bons citoyens sont paisiblement retirés chez eux?

Et dans son emportement, maître Jean Guillé examina dédaigneusement les vêtements déchirés et souillés de l'homme qui se présentait.

— Jean! Sonne-Toujours! s'écria ce dernier, tu ne me reconnais donc pas?

Au son de cette voix qui éveillait en lui tout un monde de souvenirs, maître Sonne-Toujours recula d'un pas et demeura bouche béante et l'œil hagard, comme s'il eût vu se dresser devant lui un fantôme, le spectre d'un homme qu'il aurait assassiné.

— Monsieur le...

Le mendiant lui ferma la bouche d'un geste.

— Citoyen Guillé, lui dit-il, j'ai à vous parler.

Et d'un regard il indiqua les deux officieux du nouveau châtelain.

Sonne-Toujours fit un signe impérieux aux valets, qui s'en allèrent.

Alors le mendiant reprit :

— Jean, mon ami, je viens de loin, j'ai soif et j'ai faim : donne-moi à manger et à boire, après nous causerons.

Et il se dirigea vers la porte d'entrée du château, se croyant suivi par Sonne-Toujours.

Mais Sonne-Toujours ne bougeait ; il était à la même place, muet, immobile, et comme frappé de la foudre.

Sur le seuil, le mendiant se trouva face à face avec Rose et sa mère.

Rose poussa un nouveau cri et lui sauta au col.

— Raoul! murmura-t-elle. Monsieur Raoul, est-ce vous?

— Monsieur le marquis, notre bon maître! exclama la pauvre Claire, qui pleurait et tremblait d'émotion.

— Oui, c'est moi, mes amis, répondit tout bas le marquis de Pré-Gilbert, touché de cet élan, c'est moi : mais parlez bas.

Les deux femmes l'entraînèrent dans la salle à manger, fermèrent les portes soigneusement, comme si elles avaient redouté qu'on ne leur vint arracher le proscrit sur l'heure pour le conduire à l'échafaud, et là elles se jetèrent à ses genoux, baisèrent ses mains, l'accablèrent de caresses.

Rose roula un fauteuil au bout de la table, à la place d'honneur, cette place où Raoul prenait jadis son repas solitaire, et elle lui dit de sa jolie voix, à laquelle la joie et les larmes ajoutaient une harmonie de plus :

— Mettez-vous là, monsieur le marquis, vous avez faim, vous avez soif, buvez et mangez, vous êtes toujours chez vous.

— Hélas! non, mes amies, répondit Raoul, je ne suis plus chez moi, mais chez vous.

— Nous verrons bien, murmura Rose... Mon père est un honnête homme... et...

— Ton père, mon enfant, a acheté et payé mes biens; ces biens sont à lui... je ne les réclame pas.

Claire se prit à fondre en larmes; mais Rose, qui était une fille de résolution et de cœur, fronça ses blonds sourcils avec une expression de colère toute olympienne, et elle répéta :

— Nous verrons bien !

En ce moment, la porte s'ouvrit brusquement, et maître Sonne-Toujours apparut sur le seuil. De pâle qu'il était naguère, le petit homme était devenu tout rouge, son œil brillait d'un feu sombre; sa démarche brusque, son geste fiévreux et saccadé contrastaient étrangement avec son immobilité de tantôt.

Sonne-Toujours paraissait en proie à un accès de folie furieuse.

— Massacre de cerf! disait-il, la République une et indivisible, que l'Être suprême la conserve! la République a une mansuétude réellement ridicule. Elle laisse les aristocrates, les ennemis de la patrie pénétrer dans son sein et s'y réchauffer à leur gré !

Les deux femmes joignirent les mains et levèrent les yeux au ciel.

— Le citoyen Robespierre, poursuivit Sonne-Toujours avec exaltation, protége cette race maudite, — la chose est évidente; — s'il ne les protégeait pas, verrait-on des ci-devants venir frapper à la porte d'un bon et loyal patriote tel que le citoyen Jean Guillé?

Raoul écoutait avec stupeur.

— Après tout, poursuivit Sonne-Toujours revenant à une idée fixe, les biens des aristocrates ont été légalement vendus par la nation, ceux qui les ont acquis en sont bien les légitimes propriétaires, et si les tyrans eux-même revenaient, ils n'y pourraient rien.

— Eh! qui diable te parle de me rendre mes biens, mon pauvre Jean? s'écria le marquis devinant enfin le secret mobile du patriotisme écarlate de son ancien piqueur. Sois tranquille, mon ami, je te ne demande qu'à souper.

A ces paroles froides et un peu railleuses, Sonne-Toujours recula et regarda le marquis :

— Vrai? fit-il avec un accent de joie qui fit monter au front des deux femmes la rougeur qui naît de la honte.

— Très-vrai, répondit Raoul avec calme.

— Ainsi, vous ne venez pas... pour me... dépouiller?

— Je n'y ai nullement songé.

— Vous me laisserez mon château? demanda le piqueur avec l'accent de naïve angoisse d'un enfant qui sollicite un jouet, auquel on le promet sans hésiter, et qui n'y peut croire, tant il redoutait de ne pouvoir l'obtenir.

— Je te laisserai ton château, tes bois, tes vignes, tes prairies, dit tranquillement Raoul.

Le mouvement de joie, l'accès de cupide ivresse qu'éprouva Jean Guillé fut tel à ces paroles, qu'il faillit se précipiter aux genoux de son ancien maître, et eut toutes les peines du monde à se souvenir que la République française et monsieur de Robespierre avaient interdit aux patriotes toute démonstration servile, qui pût rappeler les tyrans.

— J'ai toujours pensé que vous étiez un honnête homme! dit-il au marquis d'un ton burlesquement digne, — et que vous ne voudriez point vous approprier le bien d'autrui.

Le marquis réprima un sourire, les deux femmes un geste d'indignation et de pitié.

— Mon bon ami, dit Raoul à Sonne-Toujours, tu me permettras, je l'espère, de t'expliquer mon retour et son but. Je vais le faire pendant que tu activeras ton souper, que j'ai interrompu. Mettez-vous donc à table, mes amis.

Les deux femmes ne bougèrent pas et continuèrent à demeurer derrière le marquis. Sonne-Toujours lui-même hésita un moment à s'asseoir à la table de son ancien seigneur; mais il se souvint qu'il était membre du district, maire de la commune de Pré-Gilbert, qu'il possédait de vingt-huit à trente mille livres de rente, et alors il n'hésita plus. Il se mit bravement à table et osa regarder le marquis en face.

— Mon pauvre Jean, reprit celui-ci, tu es devenu républicain, partisan de M. de Robespierre et de la Convention, membre du district, maire de Pré-Gilbert, que sais-je! Ceci est affaire d'opinions, et Dieu m'est témoin que peu m'importe ta manière de voir en politique. Mais j'aime à croire qu'en changeant de foi, de maîtres et d'idoles, tu n'as point tellement rompu avec le passé que tu aies oublié nos campagnes de chasse, ta belle réputation de veneur, et ton vigoureux coup de trompe n'a pu être réduit à un éternel silence.

Ces paroles réveillèrent les instincts de Sonne-Toujours.

— Ah! ah! dit-il avec une orgueilleuse satisfaction, vous verrez ma meute, citoyen marquis, et vous en jugerez...

— Pouah! fit le marquis, appelle-moi Raoul tout court, mais non citoyen. Ce mot hurle aux oreilles.

— Excusez-moi, dit Jean Guillé, c'est une affaire d'habitude.

— Tu n'as donc pas conservé mes chiens?

— Si fait! mais j'en ai acheté d'autres... des chiens de la race *céris* de Saintonge, tout ce qu'il y a de plus beau et de mieux engorgé : robe blanche et feu orangé, jambes nerveuses, pied lent, pendants magnifiques, voix du diable. Quand ces braves bêtes poussent un sanglier à pleine gorge, on les entend d'Avallon et de Clamecy.

— A merveille! murmura Raoul, dont l'œil commençait à s'allumer.

Puis il continua avec calme :

— Figure-toi donc, mon ami, que je reviens ici comme un homme malade, un Breton qui a besoin de revoir ses landes natales, un veneur réduit à l'inaction. J'ai le mal de chasse du pays.

— Plaît-il? fit Jean Guillé, qui ne comprenait nullement.

— Écoute-moi! En Allemagne on fait des chasses que nous n'eussions jamais osé rêver dans notre meilleur temps; le gibier vous grouille dans les jambes de l'autre côté du Rhin, les cerfs vont par bandes et les daims par compagnies. On y renonce à tirer le lièvre et on dédaigne de courir le chevreuil, ce maître ès ruses, ce professeur de randonnées savantes. On force l'élan et l'ours avec des chiens plus grands que nos loups, et tuer sa douzaine de faisans en deux heures est une récréation qu'on dédaigne habituellement.

— Massacre de cerf! exclama Sonne-Toujours, voilà un pays à mettre sous verre.

— Eh bien! reprit tristement Raoul, j'aime mieux nos chasses de l'Auxerrois.

— Peuh! fit Sonne-Toujours avec suffisance, on y fait quelques beaux coups; mais je donnerais mon château...

— Pour courir un élan, peut-être?

— Peste!

— Te souviens-tu, continua Raoul, lorsque mon cousin de Ch*** ou le baron de H*** nous invitaient à aller faire une Saint-Hubert en Morvan?

— Sans doute, monsieur le marquis.

— Nous y avons eu de belles journées, car le Morvan est encore un plus beau pays de chasse que l'Auxerrois. Eh! bien, malgré tout, quand nous revenions après avoir forcé un dix cors, nous nous levions plus gaîment le lendemain pour courre un chevreuil.

— C'est vrai.

— Mon pauvre ami, vois-tu, rien ne vaut la chasse du pays natal. Tuer une perdrix sur le revers du coteau qu'on voit de sa fenêtre est un plaisir plus grand que faire coup double sur des faisans en terre étrangère. Ce sentiment-là a tellement grandi en moi, il m'absorbait et me dominait à un tel point que j'ai risqué vingt fois ma vie pour venir ici chasser encore un peu sur tes terres.

— Je comprends cela, dit Sonne-Toujours.

— Aussi, comme il eût été imprudent de demander des passeports et de voyager en plein jour, j'ai laissé pousser ma barbe, j'ai endossé la livrée de la misère, implorant çà et là la charité publique pour n'éveiller aucun soupçon, dormant pendant la journée dans une grange à foin, au revers d'un fossé, marchant pendant la nuit, et sentant ma tristesse s'en aller à mesure que j'approchais de nos coteaux. Il y a une heure, là-haut, dans un chaume, j'ai fait lever un lièvre dans mes jambes. Mon cœur s'est pris à battre... j'ai cru que j'allais manquer de force pour arriver.

Sonne-Toujours comprenait et ressentait si bien lui-même ces émotions, qu'il avait presque oublié que l'homme qui était devant lui pouvait le dépouiller si les tyrans revenaient un jour.

— Enfin, me voilà, reprit Raoul, me voilà chez toi, en tes mains, à ta discrétion. Je suis hors la loi, inscrit sur la liste des émigrés ; tu peux me faire guillotiner si tel est ton bon plaisir, d'autant mieux que tu es maire de la commune, et que tu peux invoquer pour excuse le mot de devoir.

La nation a confisqué mes biens et les a vendus ; tu les as achetés, ils sont bien à toi, je n'ai rien à redire et ne réclame rien. Ainsi, rassure-toi, je n'aurais garde de troubler ta joie et ta paix de riche propriétaire. Mais tu ne refuseras pas de me cacher quelque part, dans les combles du château, si tu veux, et de me laisser chasser sur ces terres qui m'appartenaient jadis.

— Ah ! mon cher seigneur, murmura Claire avec transport, vous loger dans les combles !

— Les chasseurs sont bien partout, ma bonne Claire, répondit Raoul avec douceur.

— Mais vous êtes ici chez vous, continua-t-elle : la plus belle chambre du château est pour vous, la place d'honneur à table pour vous.

— Hein ? fit Jean Guillé, qu'est-ce que tout ce bavardage, femme ?

— Claire oublie toujours qu'elle est chez elle, dit le marquis.

— Massacre de cerf ! je le crois bien, qu'elle est chez elle ! cela m'a coûté assez de beaux écus, s'il vous plaît ?

Et Sonne-Toujours se rengorgea et se donna un maintien important.

— Ah ! mon Dieu ! exclama la pauvre femme, la République a fait bien des malheurs !

— Pardon, interrompit durement le maire de Pré-Gilbert, tout cela ne vous regarde point, madame Guillé.

Le marquis se prit à sourire.

— Mon père, dit Rose gravement, je suis une fille respectueuse, et Dieu me préserve de vous adresser de dures paroles. Cependant...

— Cependant, quoi ?

— Je veux dire que votre fortune vous tourne la tête au point de vous rendre ingrat.

— Plaît-il ? mam'zelle.

— Oui, fit-elle avec fermeté, vous êtes si enflé de la possession des biens de monsieur le marquis, que vous oubliez que vous fûtes longtemps à son service, que mên vous y êtes né, et que lui et ses pères vous comblèrent d'amitiés et de bienfaits.

Ce direct et sanglant reproche alla au cœur de maître Sonne-Toujours, il rougit et balbutia :

— Monsieur le marquis sait bien qu'il est ici chez lui, et que tout ce que je possède...

— Merci, mon ami, répondit Raoul, touché de la confusion du bonhomme.

— Mais, ajouta aussitôt l'ancien piqueur, monsieur le marquis est trop juste, trop honnête citoyen... pardon, je voulais dire trop honnête homme, pour ne pas comprendre que la nation, en confisquant les biens des nobles, était dans son droit, et que ceux qui les ont achetés...

— En sont les propriétaires fort légitimes, dit Raoul.

— A la bonne heure ! voilà qui est parlé convenablement et comme un bon citoyen.

— Mon cher Jean, je t'ai déjà...

— Pardon, monsieur le marquis, cela ne m'arrivera plus, je vous le promets.

— Ainsi tu m'offres l'hospitalité ?

— Pardienne ! puisque vous ne réclamez pas...

— Je ne réclame absolument rien.

— Monsieur le marquis, vous êtes ici chez vous ; demeurez-y tant que cela vous plaira ; choisissez tel appartement du château qui pourra vous convenir, et Dieu... pardon, l'Être suprême aidant, nous ferons encore plus d'une belle chasse.

— Bravo, Jean ! tu es brave homme au fond, et j'attendais cette offre de toi.

— Si mon père savait combien il est ridicule et odieux

dans son rôle de gros seigneur, il irait se jeter dans l'Yonne, pensait Rose.

— Mon Dieu! se disait Claire en même temps, faut-il donc voir le monde renversé à ce point que le serviteur marchande à son maître l'hospitalité!

— Mais vous m'assurez bien... demanda le soupçonneux propriétaire du manoir et des futaies de Pré-Gilbert.

— Je t'assure, articula froidement le marquis, que je n'y songe nullement.

— D'ailleurs, comprenez bien, monsieur le marquis, que pour déposséder un homme...

Raoul impatienté haussa les épaules.

Sonne-Toujours n'y prit garde, et poursuivit son raisonnement plein d'arguties:

— Pour déposséder un homme, voyez-vous, monsieur le marquis, il faut un jugement; pour obtenir ce jugement, il faut invoquer l'appui de la loi, et la loi ne peut pas se condamner elle-même, puisque c'est elle qui a ordonné la vente des biens d'émigrés.

— C'est parfaitement raisonné, mon pauvre Jean, mais à quoi bon te donner tant de peine pour convaincre un homme convaincu?

— Ah! dame, monsieur le marquis, il est toujours bon d'établir ses droits. En Normandie, où je suis allé chercher des chiens, le mois dernier, tout le monde est de cet avis, et j'y ai un avocat, — dans ce pays-là il y en a beaucoup, — qui disait très-nettement que le meilleur moyen de prouver son droit était d'avoir un bon petit danger à suspendre sur la tête de ceux qui seraient d'avis de le contester.

— Ah! ah! fit joyeusement le marquis, lequel avait une assez belle humeur lorsqu'il devait chasser le lendemain, et commençait à s'amuser fort de la grotesque importance de maître Sonne-Toujours, et quel est ce péril, maître Jean?

Jean parut embarrassé, tellement la question était directe! mais Jean Guillé était trop persuadé de son importance et de sa valeur pour être embarrassé longtemps; il répondit donc avec assurance:

— Autrefois, monsieur le marquis, du temps de l'ancien

régime, le roi était tout-puissant et les nobles fort respectés. Il ne fallait pas être gentilhomme si on avait la fantaisie d'être pendu, vu que les gentilshommes étaient décapités.

— C'était leur droit, dit fièrement Raoul.

— Or, voyez-vous, monsieur le marquis, la République, en proclamant les droits de l'homme, a voulu qu'ils fussent tous égaux, et elle a institué la guillotine pour tous, nobles ou roturiers... elle a même, la guillotine, une préférence marquée pour les nobles...

— C'est-à-dire que tu me ferais guillotiner si tu pensais que j'eusse à élever quelque réclamation à l'endroit de mes biens?

Sonne-Toujours ne répondit pas.

— Maître Guillé, dit Raoul avec hauteur et se levant d'un air froid et digne, tâchez donc, je vous prie, de ne point vous approprier par la menace ce que nul ne songe à vous réclamer. Je vous ai connu honnête homme jadis, vous n'avez pas besoin d'essayer de ne plus l'être pour conserver ce que personne ne vous veut arracher.

Et Raoul fit un pas pour sortir de la salle. Le sang du gentilhomme parlait en lui, à cette heure, plus haut que la voix de sa passion favorite.

Mais, au moment où il gagnait la porte, Rose se précipita vers lui et lui barra le passage.

— Monsieur le marquis, dit-elle humblement, vous êtes libre de quitter cette maison qui fut à vous, dont les buveurs de sang, que mon père préconise, vous ont dépouillé, et que lui, mon père, a achetée pour une poignée d'écus; mais vous ne partirez pas sans que ma mère et moi vous suivions, car ni elle ni moi ne voulons être dans l'aisance lorsque notre ancien seigneur, celui dont nous avons mangé le pain pendant tant d'années, et au service duquel mon père et les siens amassèrent le peu qu'ils possédaient, sortira pauvre et comme un proscrit de la demeure de ses pères.

Sonne-Toujours se leva, en proie à un accès de colère, mais un geste impérieux de sa fille, un geste rempli de dignité et de noblesse, le cloua à sa place.

— Mon père, lui dit-elle alors, faites donc des excuses

à monsieur le marquis, si toutefois il veut bien les accepter.

Raoul ne répondit pas, mais il prit la main de la jeune fille et lui mit un baiser sur le front. Ce baiser était le pardon du père que le noble jeune homme accordait à l'enfant.

Maître Guillé éprouva alors comme un remords de ses cyniques paroles, il s'approcha de Raoul le chapeau à la main et lui dit :

— Monsieur le marquis, je suis un bavard incorrigible quand j'ai la tête montée par nos petits vins, et il me semble toujours que je suis à Auxerre, au club de l'Égalité, où on parle tant et tant de la guillotine, qu'on finit par rêver tout rouge pendant chaque nuit. Si j'ai dit un mot qui vous ait déplu, je suis prêt à vous en faire mes humbles excuses.

— Mon pauvre Jean, répondit le marquis avec douceur, je te pardonne d'autant plus aisément que ton pardon m'est demandé par la plus jolie fille du pays bourguignon. Maintenant laisse-moi te bien rassurer ; je n'ai ni les moyens ni la volonté surtout de te troubler dans ta joie de possession. Ce que tu as est à toi, garde-le. Ce n'est pas toi, mais la nation qui m'a volé. Par conséquent, si jamais j'avais la faculté de réclamer, ce serait à elle que je m'adresserais. Or, comme je suis proscrit, que la seule prétention que je puisse avoir est de mettre tout en œuvre pour soustraire ma tête au charmant jouet de M. de Robespierre, et que mon seul but en venant ici était de pouvoir chasser encore là où j'ai chassé pendant toute ma vie, laisse-moi te proposer un arrangement...

Ce mot d'arrangement, malgré les paroles rassurantes du marquis, donna le frisson à Jean Guillé.

— De quoi s'agit-il ? murmura-t-il avec anxiété.

— Lorsque je suis parti, reprit Raoul, je t'ai chargé de faire rentrer quelques sommes.

— C'est vrai, monsieur le marquis, et j'ai environ dix mille écus à vous.

— C'est bien ce que j'avais calculé. Dix mille écus au denier cinq font quinze cents livres de rente.

— Comme dirait Barême, monsieur le marquis.

— Tu es avare, continua Raoul, mais tu es honnête selon la lettre de la loi. Donc, je me fie à toi.

— Vous avez raison, monsieur le marquis, je ne défends que mon bien.

Raoul réprima de nouveau un sourire.

— Donc, je place ces dix mille écus chez toi, et tu m'en serviras le revenu.

— Je suis à vos ordres, monsieur le marquis.

— Tu me logeras et me nourriras, tu me laisseras chasser chez toi et t'accompagner lorsque tu découpleras un de tes équipages, et je te payerai ma pension à raison de cent livres par mois.

— Massacre de cerf! je ne veux pas de cela, monsieur le marquis! s'écria Sonne-Toujours, que la probité austère et simple de Raoul émouvait.

— Pardon, répondit celui-ci avec une fermeté fière, quoique sans aigreur, tu sais bien, mon ami, que les Pré-Gilbert, en dépit des révolutions, sont gens de noble race, et qu'ils ont coutume de ne rien devoir à personne. Donc, je te payerai cent livres par mois. Il m'en restera vingt-cinq pour mes menus plaisirs... pour acheter à ma petite Rose quelques-uns de ces colifichets qu'elle acceptait de moi, jadis, avec tant de plaisir.

Rose jeta à Raoul un regard d'orgueilleuse satisfaction, et sembla lui dire :

— C'est bien marquis, c'est très-bien !

— Un gentilhomme est assez riche de quinze cents livres de revenus, ajouta Raoul avec mélancolie, surtout lorsque son roi est mort de la main du bourreau et que les princes mangent le pain noir de l'exil.

Puis il se leva de nouveau, et dit simplement :

— J'ai fait quinze lieues à pied, je meurs de lassitude. Rose, veux-tu prendre un flambeau et me conduire à ma chambre?

Rose obéit et précéda le marquis. Elle le conduisit à l'appartement qu'il occupait jadis. La noble enfant avait su faire respecter cette pièce, et la protéger contre la manie de bouleversements et de réparations qui possédait son père. Le plafond n'était pas veuf, comme dans les autres, de son écusson, et Raoul retrouva tout ce qu'il avait laissé à son départ.

Un moment absorbé par de pénibles souvenirs, le jeune homme oublia Rose et demeura immobile au milieu de la pièce ; mais Rose se mit à ses genoux, et lui dit, les larmes aux yeux :

— Raoul, monsieur Raoul, oh ! pardon pour l'infamie de mon père... oh ! pardon, il est fou et ne sait ce qu'il fait.

Raoul releva Rose ; et, en la relevant, il la regarda ; pour la première fois, peut-être, il s'aperçut qu'elle était belle ; — en même temps il éprouva comme une commotion électrique au cœur, et il devina son amour.

Raoul était parti enfant, il revenait homme, et il comprenait la portée d'un regard...

Or, dans le regard qui fut échangé entre eux, les deux enfants échangèrent leur âme tout entière, et Rose s'enfuit éperdue, étouffant un sanglot.

IV

Le marquis se mit au lit, persuadé qu'il allait fermer les yeux aussitôt et dormir tout d'une traite jusqu'au jour ; il se trompait ; le sommeil ne vint point, l'image de Rose sembla s'asseoir à son chevet et lui commander l'insomnie.

Raoul avait alors près de vingt ans ; mais à peine savait-il les premiers bégaiements, possédait-il les premières notions de l'amour.

Son enfance, passée à la campagne parmi des natures simples et franches, loin du souffle corrupteur de la cour et des villes, n'avait atteint l'âge d'homme qu'à cette heure solennelle où la noblesse de France dut renoncer à l'amour, au bien-être, aux heures charmantes du repos et des rêves d'avenir, pour soustraire sa tête au fer de la guillotine, tirer l'épée, défendre et essayer ensuite de venger son roi.

En quittant Pré-Gilbert, Raoul ne songeait encore qu'aux innocentes et rudes émotions des fils de saint Hubert. Quand il revint de Coblentz, il n'avait guère acquis que des théories vagues et cet instinct confus, mais déjà vivace, qui s'implante au cœur de l'homme, et lui murmure que la femme est, en ce monde, le premier mobile, peut-être, de ses actions, de ses vœux, de ses aspirations vers l'avenir.

La vue de Rose, ce pressentiment qu'il éprouva de l'amour de la jeune fille, fut toute une révélation chez lui.

Rose l'aimait !

Elle l'aimait autrement qu'un frère et un bienfaiteur ; elle l'aimait comme la femme aime l'homme qu'aucun invincible obstacle ne sépare d'elle ; — elle l'aimait peut-être encore comme celui entre lequel et soi-même s'interpose une barrière infranchissable, tant la femme est séduite par la poésie du désespoir.

Il se souvint alors de mille circonstances passées pour lui inaperçues, de mille riens charmants qui n'eussent certainement point échappé à un homme moins ignorant des mystères de la vie et du cœur.

L'enfance de Rose passa tout entière devant ses yeux, et, dans ses larmes et ses sourires de petite fille, dans ses coquetteries mutines, dans ses puérils dépits, il lut et comprit dix années d'amour qui lui avaient échappé. Les moralistes ne seront peut-être pas tous de notre avis, mais il est bien certain, cependant, que la pensée et le mot de mariage sont toujours loin de l'imagination de ceux qui, pour la première fois, viennent à songer à l'amour.

Rose apparut à Raoul comme nous apparaît cette première idole rêvée longtemps par notre cœur à l'insu de notre esprit ; et Raoul oublia, ou plutôt il ne songea point une minute que Rose était la fille de son intendant, partant d'une condition essentiellement inférieure à la sienne, qui lui interdisait toute pensée, tout projet d'union pour l'avenir.

Il ne vit et ne comprit qu'une chose, c'est que Rose l'aimait et qu'il allait aimer Rose. Toute autre pensée, coupable ou non, demeura loin de son esprit. Quant à sa fortune perdue, à son château passé aux mains avides de Sonne-Toujours, à sa position redoutable et critique de proscrit, aux périls immenses qu'un mot imprudent, une délation de la

8.

part d'un domestique lui pouvait faire courir, il n'y songea.

Cependant, comme les angoisses de l'âme finissent toujours par s'incliner devant les lassitudes du corps, ce qui est un signe infaillible de la faiblesse de notre nature, Raoul, qui avait cheminé toute la journée et qui était brisé de fatigue, finit par s'endormir.

Peut-être rêva-t-il à Rose, mais il s'endormit. La voix sonore du citoyen Jean Guillé l'éveilla au point du jour.

Allons, monsieur le marquis, disait-elle, le bois est fait, la bête détournée, les chiens sont couplés et hurlent sous le fouet, il faut partir !

Raoul avait fait des rêves si doux, où Rose était mêlée sans doute, qu'il fut un moment le jouet d'une étrange et charmante illusion. Il crut avoir eu le cauchemar, et, s'imaginant que la terreur, Coblentz, l'armée de Condé, n'étaient qu'un songe, il se crut encore à ce temps heureux où Sonne-Toujours, avec sa veste de piqueur, le venait éveiller et sonnait le boute-selle.

L'illusion s'évanouit lorsqu'il vit entrer le nouveau propriétaire de Pré-Gilbert en galant justaucorps de chasse et bottes à l'écuyère, comme il était vêtu autrefois, lui Raoul.

Le citoyen maire de Pré-Gilbert avait eu à soutenir, la veille au soir, après la retraite du marquis, un rude assaut contre sa femme et sa fille.

Les deux femmes, s'armant de courage, invoquant l'honneur, la reconnaissance, la dignité personnelle et la mémoire du passé, tous ces nobles guides de l'homme dans le chemin de la vie, lui avaient reproché son odieuse et burlesque conduite.

Jean Guillé, on le devine, était demeuré sourd à l'endroit de la restitution des biens du marquis, mais il avait reconnu ses torts sur tous les autres faits, et racheté, provisoirement du moins, la paix du ménage, en jurant d'être respectueux et plein d'égards pour son ancien maître.

La nuit porte conseil ; Jean Guillé avait fort réfléchi sur l'oreiller, et la conclusion obligée de ses réflexions avait été celle-ci : à savoir que, pour que lui, Guillé, eût la conscience en repos et pût jouir en paix de cette grande fortune qu'il devait au hasard, lequel l'avait fait riche en appauvrissant le marquis, il devait plaindre de toute son âme son ancien seigneur, lui témoigner une respectueuse sympathie, et agir avec lui comme s'il était encore son piqueur, et que lui, Raoul, eût conservé son bien et son titre de seigneur châtelain de Pré-Gilbert.

L'ancien intendant, cette résolution prise, s'était paisiblement endormi du sommeil des justes, et sans le moindre scrupule, après avoir ordonné, toutefois, à son piqueur d'aller détourner un daim dans le bois voisin, et fixé le lieu du rendez-vous de chasse.

Au matin donc, maître Jean Guillé, dit Sonne-Toujours, entra dans la chambre de Raoul et l'éveilla. Raoul sauta à bas du lit, prit dans sa garde-robe, demeurée intacte, des habits convenables pour remplacer ses haillons de la veille, reçut l'ancien piqueur avec un sourire, et se trouva prêt en dix minutes.

— Nous avons un daim superbe à courir, dit Sonne-Toujours, un dix cors, monsieur le marquis!

— Oh! oh! fit Raoul joyeux et redevenant veneur.

— Nous ferons une belle journée, je vous jure.

— Tant mieux, morbleu!

— Et nous aurons un cuisseau de venaison à dîner, je vous en réponds.

Puis, envisageant le marquis :

— Vous avez bien fait, dit-il, de laisser pousser votre barbe; il faut vous regarder de bien près pour vous reconnaître; et quoique, ajouta-t-il en se rengorgeant, j'aie quelque influence dans le district, et puisse, à la rigueur, vous protéger contre tout péril, il vaut mieux qu'on ignore votre présence à Pré-Gilbert. Je tiens à me maintenir dans l'esprit du citoyen Robespierre. C'est un homme qui a des idées à lui, et qui n'est pas du goût de tout le monde, j'en conviens, mais je vous réponds qu'il a du bon, malgré ça.

Raoul fronça le sourcil et ne répondit rien.

— Or donc, monsieur le marquis, je vous ai fait passer, aux yeux de mes officieux, pour un mien cousin qui avait fait comme l'enfant prodigue, afin d'expliquer vos haillons, et, devant eux, je vous donnerai simplement le nom de Raoul, quoique pour moi, et n'en déplaise à mon ami le citoyen Robespierre, vous soyez toujours le marquis de Pré-Gilbert.

— C'est bien, dit Raoul.

— Par conséquent, chassez en paix, nul ne vous troublera ici.

Le ton respectueux de Sonne-Toujours inspirait au marquis une pitié sympathique pour ce pauvre diable de millionnaire qui voulait, à tout prix, conserver ses trésors.

Il le suivit à la salle à manger, où Rose avait préparé la halte du matin.

Les deux jeunes gens rougirent l'un et l'autre en se regardant, et Raoul monta à cheval, dix minutes après, avec moins d'ardeur qu'on eût dû le supposer de la part d'un homme qui avait bravé l'échafaud et fait trois cents lieues à pied pour venir chasser.

Malgré sa résolution d'être plein d'égards et de respect pour son ancien maître, Sonne-Toujours oublia plusieurs fois, pendant les épisodes de cette journée de chasse, qu'il est inutile, du reste, de raconter, le serment qu'il avait fait à sa femme et à sa fille. Plusieurs fois il se laissa aller à des tirades républicaines au moins choquantes pour le marquis, à des bouffées de vanité sur sa fortune et ses vastes domaines, qui durent faire éprouver à Raoul un sentiment de profonde amertume.

Mais on ne se refait point à cinquante-deux ans, et Sonne-Toujours avait le défaut d'être vaniteux et vantard.

Le daim détourné fut couru, forcé et pris en quelques heures; les veneurs revinrent au château vers la brune : le citoyen Guillé radieux et triomphant comme un parvenu à qui tout vient à souhaits, Raoul mélancolique et pensif comme un homme amoureux pour la première fois de sa vie.

V

Nous n'entreprendrons pas de raconter jour par jour et heure par heure la nouvelle existence que Raoul commença à Pré-Gilbert, dans cette maison de ses pères, passée entre ses mains, et dont il n'était plus que l'hôte. Dans le pays on aimait le jeune homme. Ceux qui le reconnurent, et il y en eut beaucoup, gardèrent religieusement le secret de son retour; il ne fut donc pas inquiété. Nous nous bornerons donc à esquisser sommairement les détails indispensables à l'intelligence de notre récit.

Raoul était d'une philosophie peu commune, philosophie dont, cependant, la noblesse d'alors donna des preuves nombreuses dans les prisons et sur les marches de l'échafaud.

Il s'était résigné à la perte de ses biens, il n'avait pas de famille, peu lui importait la pauvreté. Vivre de l'air natal, chasser sur les terres où s'écoula son enfance, tel avait été d'abord son unique vœu, et il était rentré dans sa maison devenue celle de Sonne-Toujours, sinon avec calme et indifférence, au moins avec la résignation et la force d'âme des grands cœurs.

Cependant il eut quelque peine à s'accoutumer au jargon tout nouveau, à l'importance de fraîche date de maître Guillé, qui s'était si bien habitué à l'opulence et à ses fonctions de magistrat qu'on eût juré qu'il n'avait jamais connu d'autre condition.

Aussi Raoul voyait-il le moins possible son ancien piqueur. Quand ils chassaient ensemble, il enfonçait l'éperon aux flancs de son cheval, piquait à gauche lorsque Jean Guillé prenait à droite, et se rendait toujours à l'hallali par un autre chemin.

Le plus souvent le jeune marquis prenait un fusil, sifflait un chien d'arrêt, et broussaillait modestement les coteaux des environs, tirant des perdrix et des lièvres au déboulé.

Au reste, il éprouvait un besoin impérieux de solitude depuis quelque temps, — il se plaisait dans un isolement absolu, et rêvait.

Cette rêverie, cet isolement étaient la conséquence forcée de la métamorphose qui s'était opérée en lui. Il aimait Rose; il ne le lui disait et ne se l'avouait même pas.

Il ressentait une joie indicible à se trouver seul avec elle, le soir, aux approches du crépuscule, tandis que Claire veillait aux soins du ménage, et que le citoyen maire de Pré-Gilbert sonnait un hallali courant, au loin, sous la futaie.

Alors c'était plaisir et merveille de voir ces deux enfants se regarder et se parler bas de choses insignifiantes la plupart du temps, car jamais ni l'un ni l'autre ne prononçaient un mot d'amour. Mais l'amour se trahissait dans leurs gestes, dans le son de leurs voix, dans leurs moindres actions.

Cet amour n'échappa bientôt plus à Claire, la mère clairvoyante ; et la pauvre femme, qui ne savait plus à quel saint se vouer pour ramener son mari à des sentiments de reconnaissance et d'équité, se prit à concevoir l'espérance que le marquis oserait peut-être descendre jusqu'à sa fille, et qu'ainsi on lui pourrait rendre sa fortune.

Plusieurs fois même elle essaya de vaincre sa timidité naturelle, car elle tremblait devant le terrible maire de Pré-Gilbert, comme ces feuilles jaunies que roulait le vent de novembre dans la cour du château ; mais, au dernier moment, la force lui manquait, elle n'osait plus... D'ailleurs, maître Sonne-Toujours, rassuré sur les intentions du marquis, après avoir été de belle humeur et tout guilleret pendant la première quinzaine du séjour de Raoul au château ; maître Sonne-Toujours, disons-nous, était redevenu sombre, taciturne, inquiet... il avait des accès d'humeur noire qu'il n'osait faire retomber sur le marquis, mais dont souffraient sa femme et sa fille ; souvent il se prenait à accuser la Convention de mollesse et le citoyen Robespierre d'inertie. « Les ennemis de la patrie, disait-il souvent, ont un trop libre accès sur le territoire de la république. »

L'inquiétude du pauvre homme, cette inquiétude qui le poussait à la férocité, avait pris sa source un matin dans une réflexion subite qui lui traversa le cerveau.

Le marquis, se dit-il, est un honnête garçon, et il n'a pas l'intention de me dépouiller, au moins pour le moment, c'est clair, mais les temps peuvent changer. Voici qu'on vient de rendre la fille de Louis XVI, le dernier enfant des tyrans demeuré sur le sol français, à son oncle l'empereur d'Autriche ; je suspecte le citoyen Robespierre de vouloir renverser la république pour rappeler la monarchie...

À cette pensée le citoyen maire de Pré-Gilbert frissonna de tous ses membres.

— Et, poursuivit-il, si la monarchie revenait, grand Dieu! je serais un homme perdu, un homme dépouillé, ruiné, réduit à l'aumône, un gueux qui s'en irait par les routes mendiant son pain. Car, enfin, en admettant que le marquis ne réclamât rien, d'autres réclameraient pour lui; ses voisins reprendraient possession de leurs châteaux, et il finirait par imiter ses voisins. D'ailleurs, si le roi revenait, je serais obligé de fuir, moi qui suis un patriote, un bon républicain; si je ne fuyais pas, on me pendrait... et quand on m'aurait pendu...

Jean Guillé s'arrêtait forcément à cette horrible pensée qui hérissait ses cheveux; puis il continuait avec un soupir déchirant :

— Et si on ne me pendait pas, on me forcerait toujours à restituer... comme si je n'avais rien payé... comme si j'avais volé mon château, mes bois, mes terres, tout ce qui est à moi... bien à moi!

À partir du jour où il fit cette réflexion, Jean Guillé perdit le sommeil et l'appétit; il saluait toujours le marquis très-bas, mais il lui lançait à la dérobée de fauves et brûlants regards... il eût voulu le pulvériser...

Quand le jour venait, et qu'il baignait son front brûlant dans l'air du matin, il enveloppait d'un mélancolique regard le vaste panorama de ses propriétés, et il soupirait profondément, et murmurait avec une cruelle émotion :

— On m'enlèvera tout cela! on me volera tout! Oh! la guillotine s'endort...

Et alors, la fureur le dominant, en proie à une fiévreuse terreur, il lui venait en tête une exécrable pensée; il voulait aller dénoncer au district la présence de Raoul à Pré-Gilbert, le livrer à la justice des bourreaux, le jeter en pâture à cette guillotine toute rouge, et qui ne se lassait point de hisser et de laisser retomber son couperet.

Cependant cet affreux dessein lui faisait aussitôt monter la honte au front, et il en repoussait la pensée avec énergie.

Jean Guillé était un homme aveuglé par la possession,

ivre de sa fortune qu'il était loin de supposer mal acquise ; mais il était honnête au fond, et incapable de succomber à la tentation de se débarrasser de celui dont le voisinage l'épouvantait si fort. Mais il eût donné, néanmoins, tout au monde, hormis son bien, pour savoir le marquis à deux cents lieues de Pré-Gilbert, sur le Rhin avec les princes, ou au diable.

Maître Sonne-Toujours était de ces hommes qui croient affaiblir un péril en en reculant l'imminence.

Un jour, cependant, il dit au marquis :

— Vous m'assurez bien, monsieur le marquis, que vous ne comptez pas réclamer ?

— Je te le jure.

— Même si le roi revenait ?

— Sans doute.

— Et si l'on vous y forçait ?

— Qui cela ?

— Dam ! le roi.....

— Le roi aura bien autre chose à faire.

— Les gentilshommes vos parents, et vos voisins.....

— Mon ami, dit froidement le marquis, on ne force jamais un homme à reprendre ce dont il ne veut plus.

Et Raoul lui tourna le dos en riant.

Jean Guillé se trouva rassuré pour une heure, mais ses terreurs le reprirent bientôt, et il finit par songer sérieusement, tout en *ménageant la chèvre et le chou*, à expulser doucement et petit à petit le marquis du château.

Une circonstance imprévue vint lui faire la partie belle et amener le dénoûment de ses burlesques terreurs.

VI

Raoul aimait Rose, et Rose aimait Raoul ; — pourtant Rose n'avait jamais soupiré : Raoul, je vous aime ! et Raoul n'avait pas dit non plus : Je t'aime, ma petite Rose, je t'aime autrement que je ne t'aimais...

Cependant les deux enfants se rencontraient et se voyaient

à toute heure. Raoul ne chassait presque plus. Rose passait de longues heures assise auprès de la fenêtre, quand Raoul se trouvait dans la salle à manger, la pièce où se tenaient d'ordinaire les hôtes du château de Pré-Gilbert.

Enfin, leur bouche seule était muette, leurs yeux disaient éloquemment leur amour.

Claire, qui déjà l'avait soupçonné, n'en pouvait plus douter à cette heure, et elle s'en réjouissait, espérant que son mari, éclairé enfin, ferait un retour sur lui-même et offrirait à Raoul et sa fortune et la main de sa fille.

Mais Sonne-Toujours était trop absorbé, en vérité, par ses préoccupations et sa terreur pour voir autre chose qu'un ennemi et un spoliateur dans le marquis.

Claire fit donc, un jour, un effort sur elle-même, elle s'arma de courage et aborda Jean Guillé, au moment où Raoul chassait dans les vignes environnantes, et tandis que Rose était assise au bord de la rivière à l'ombre d'un saule. On était alors au commencement d'août, le milieu du jour approchait et la chaleur était étouffante.

L'honnête citoyen, maire de la commune de Pré-Gilbert, assis sur le seuil de sa porte, sur lequel un mur voisin projetait son ombre, essuyait, avec un mouchoir, la sueur qui découlait de son front chauve, et soupirait profondément en contemplant la prairie qui s'étendait devant le château.

Ce fut en ce moment que Claire l'aborda.

— Jean, lui dit-elle, si tu trouvais l'occasion de réparer les torts envers M. le marquis?

— Je n'ai pas de torts...

— Écoute-moi. Si tu pouvais lui être agréable sans lui rendre sa fortune?

— Hein? fit l'ancien piqueur rassuré, que veux-tu dire, femme?

Claire s'assit auprès de Sonne-Toujours, et lui prit la main.

— Dis donc, mon ami, fit-elle, si, il y a dix ans, du temps du roi et des seigneurs, on t'avait proposé de marier ta fille à un gentilhomme, à M. le marquis de Pré-Gilbert, par exemple, aurais-tu accepté?

9

— Pardienne ! fit naïvement l'ancien piqueur.
— Eh bien ! si, aujourd'hui...
— Plait-il ?
— Rose aime Raoul... hasarda Claire.

Sonne-Toujours fit un soubresaut et se leva brusquement.
— Que me chantes-tu là ? dit-il.
— Et le marquis aime Rose, acheva Claire.

Et comme Jean Guillé gardait un majestueux silence, Claire raconta à son mari tout ce qu'elle avait vu, observé, deviné et compris, et dans sa joie naïve, elle se jeta à son cou en lui disant :

— Oh ! tu redeviendras honnête et bon, n'est-ce pas ?

Le citoyen maire avait froidement écouté sa femme jusqu'au bout. Lorsqu'elle eut fini, il la regarda dédaigneusement et lui dit :

— Vous êtes folle, madame Guillé, folle à lier.
— Folle ? murmura-t-elle avec stupeur.
— Sans doute ; vous voulez marier ma fille, qui aura après nous trente mille livres de rente, à un homme ruiné. Cela n'a pas le sens commun.
— Jean...
— Mais, ma chère, reprit le piqueur avec dignité, vous oubliez, en vérité, que le jour où cet ennemi de la patrie, ce ci-devant oublié de la guillotine, l'épouse légitime du citoyen Brutus Samson, aurait pris notre fille pour femme, il redeviendrait insolent et fier comme l'étaient les nobles.
— Mon Dieu ! murmura Claire levant les yeux au ciel au souvenir des nobles actions et de la bonté de son ancien seigneur.
— Ce jour-là, continua Sonne-Toujours, on reléguerait le vieux Jean Guillé dans son pavillon, on l'appellerait le bonhomme... Il ne faudrait pas un an pour qu'on en refît un piqueur...
— Oh ! fit Claire avec douleur.
— Sans compter, poursuivit maître Jean Guillé, que je veux être représentant, que je veux conserver l'amitié précieuse du citoyen Robespierre, et que ce ne serait pas en prendre le chemin que de contracter une pareille mésalliance.

Et s'exaltant par degrés :

— Comment! s'écria-t-il, ce vagabond, ce gueux, cet homme ruiné et hors la loi, a osé prétendre à ma fille! c'est réellement incroyable! Et cette pécore, cette péronnelle, s'est permis d'écouter ce beau fils... Oui dà! j'y mettrai ordre, madame Guillé, je vous en réponds... ah! vous allez bien voir!

En ce moment, Rose revenait du bord de l'eau et s'avançait toute pensive vers le château, au seuil duquel maître Jean Guillé venait de s'asseoir majestueusement.

— Ah! vous voilà? dit-il au moment où Rose arrivait près de lui, vous voilà, fille insoumise et rebelle, qui vous permettez de disposer de votre cœur et supposez que je vous laisserai libre de disposer de votre main?

Rose regarda son père.

— Que voulez-vous dire? demanda-t-elle.

— Comment! s'écria Jean Guillé, comment, petite malheureuse, fille dénaturée, tu te permets d'aimer un homme sans le consentement de ton père? Et quel homme, s'il vous plaît? un ci-devant, un ennemi de la patrie, qui hait le citoyen Robespierre et ne reconnaît pas l'existence de l'Être suprême, un homme ruiné, un vagabond, un...

Rose imposa silence à son père d'un geste.

— Vous êtes fou, ingrat et méchant, lui dit-elle. Et qui vous a dit, mon père, que moi, Rose Guillé, la fille du piqueur, j'oserais jamais prétendre à devenir marquise de Pré-Gilbert? Êtes-vous donc aveuglé à ce point que vous supposiez qu'un gentilhomme dépouillé par son vassal épousera jamais la fille de ce vassal? Vous êtes fou, mon père, mille fois fou, et c'est à en hausser les épaules...

Ces paroles de Rose exaspérèrent Sonne-Toujours.

— Eh bien! s'écria-t-il, qu'il y vienne, ce marquis, ce gentilhomme, ce seigneur d'autrefois, demander la main de la fille de son ancien vassal, et nous verrons comme il sera reçu!

Sonne-Toujours achevait à peine, que Raoul de Pré-Gilbert tournait, en revenant de la chasse, l'angle du bâtiment et s'avançait lentement vers lui, si lentement que Sonne-Toujours eut peur et recula d'un pas.

Raoul alla jusqu'à lui, le toisa dédaigneusement et avec un accent de mépris glacé :

— Et qui vous dit, fit-il, maître Jean Guillé, qui vous dit que moi, marquis de Pré-Gilbert, j'irai vous demander la main, non de la fille de mon ancien piqueur, mais de la fille de l'homme qui a acheté mes biens à vil prix, afin de recouvrer ainsi ma fortune ? Vous déraisonnez, bonhomme !

Et Raoul tourna le dos au citoyen maire de Pré-Gilbert stupéfait !

En ce moment, un officieux de maître Sonne-Toujours arriva du village courant à toutes jambes.

— Citoyen, dit-il, on vous attend à la commune, le conseil municipal est assemblé ; il y a de graves, de terribles nouvelles de Paris... le citoyen Robespierre est mort !

Jean Guillé poussa un cri, — il lui semblait voir la monarchie restaurée, le roi sur le trône, — et se dresser la potence qui l'attendait.

Et, pris de vertige, oubliant sa femme, sa fille et Raoul, il se précipita dans la direction de Pré-Gilbert avec l'allure inégale et saccadée d'un fou.

VII

Le trouble que manifestait son mari épouvanta Claire à ce point qu'elle courut après lui, et laissa Raoul et Rose en présence.

Raoul était pâle de colère, Rose baissait les yeux et tremblait.

Les deux jeunes gens demeurèrent un moment immobiles, muets, et n'osant lever les yeux l'un sur l'autre.

Enfin le marquis fit un pas vers elle, lui prit doucement la main et lui dit avec tristesse :

— Ma petite Rose, je suis le dernier de ma race, et, comme tel, je n'avais à rendre compte à personne de mes actions. Si nous eussions vécu en un autre temps, si le roi régnait encore, si j'étais toujours le marquis de Pré-Gilbert, riche de trente mille livres de rente, indépendant, pouvant braver un préjugé, debout et puissant comme il l'était jadis, et non point foulé aux pieds et tourné en dérision par les idées et les mœurs républicaines, si, enfin, tu étais encore la fille de Jean Guillé, mon piqueur, et non la fille du citoyen Guillé, un des plus riches propriétaires du canton, l'influent au district, je me mettrais à tes genoux, mon enfant, je prendrais tes deux mains dans les miennes et je te dirais :

Rose, mon cher ange, noble cœur vaut noble nom; vertu et beauté valent naissance; tu m'aimes et je t'aime, veux-tu partager ma vie, accepter ma main et me permettre de te rendre heureuse?...

— Jamais! jamais! murmura Rose en éclatant en sanglots.

— Mais les temps sont changés, mon enfant, continua Raoul avec tristesse, tu es riche et je suis pauvre. Les tiens sont forts, ils ont le pouvoir en mains. Moi et ceux de ma caste, nous sommes les faibles et les vaincus. T'épouser aujourd'hui, serait une lâcheté, et quelque perfide qu'ait été le sort des combats, les vaincus doivent noblement supporter leur défaite. Honte et malheur au gentilhomme appauvri et réduit à l'impuissance, qui songerait à redorer son écusson par une mésalliance qu'il aurait eu le droit de contracter, lorsqu'il pouvait tout donner à la femme dont maintenant il recevrait tout!

Il lui mit un baiser au front et lui dit :

— Adieu donc, mon enfant, je vais quitter le château et le pays, et jamais je n'y reviendrai. J'emporterai ton image et ton souvenir au fond de mon cœur, ils y vivront jusqu'à mon dernier soupir. Songe à moi quelquefois, tâche d'être heureuse; si je puis apprendre ton bonheur quelque jour, je supporterai avec plus de courage les misères et les privations de l'exil. Adieu...

Raoul voulut s'éloigner, Rose se précipita à ses genoux et murmura :

— Raoul, monsieur Raoul, par grâce écoutez-moi...

Il la fit asseoir sur un banc placé auprès de la porte, s'assit à côté d'elle et lui dit :

— Parle, je t'écoute.

— Monsieur le marquis, fit-elle d'un ton dont le respect atténuait la tendresse, je mourrais de honte et de douleur si vous pouviez soupçonner un moment que j'ai eu la pensée, moi la fille de l'homme qui vous a volé et trahi en abusant de votre confiance, d'aspirer jamais à votre main...

Je vous aime, monsieur Raoul, mais comme on aime celui qui fut bon et généreux, et qui n'a recueilli d'autre fruit de ses nobles actions que la plus noire ingratitude. Je vous aime, mon Dieu! mais je vous aime comme le chien demeuré fidèle aime son maître; comme on aime l'homme assez noble, assez généreux pour pardonner au père ses lâchetés et son infamie, et presser en même temps les mains de sa fille... Monsieur Raoul, murmura Rose en sanglotant, vous avez raison de vouloir quitter cette maison qui fut à vous et qu'on vous a volée; vous avez raison de vouloir fuir cette terre de France qui fume encore du sang de son roi, de répudier ce malheureux pays aveuglé qui a foulé aux pieds ses lois, ses mœurs, son Dieu, insulté la mémoire de ses aïeux et jeté leur cendre au vent. Partez, monsieur le marquis; à ceux qu'a trahis la fortune une mort glorieuse reste seule. Allez mourir en gentilhomme, Raoul, qui meurt bien a noblement vécu!

Et maintenant, acheva-t-elle en lui jetant ses deux bras au jour du col, maintenant que tu sais bien, ô mon Raoul! que je n'ai jamais eu l'audace de songer à devenir ta femme, maintenant laisse-moi te parler de mon amour, car il est désintéressé et pur; laisse-moi te dire que depuis bien longtemps mon cœur tressaillait au son de ta voix, que je frissonnais et tremblais quand ta main pressait la mienne, lorsque tes lèvres effleuraient mon front, — que j'étais jalouse de tes chiens couchés en rond à tes pieds, jalouse de ton cheval favori, dont tu caressais l'encolure noire et lustrée avec tendresse, et qui mangeait une poignée d'orge dans ta main. Tu pars, mon Raoul, oh! laisse-moi te suivre... te suivre partout où tu porteras tes pas d'exilé et ton infortune. Je serai ton amie, je t'environnerai de mes soins, de mon affection, je partagerai les mauvais jours et je te parlerai d'espérance. Vivre auprès de toi comme une servante, comme ce lévrier que tu aimais tant, réchauffer les mains glacées dans les miennes, veiller quand tu sommeilleras, panser les blessures aux soirs du combat, mourir de douleur le jour où t'atteindra la mort des braves! ah! c'est là le seul, l'unique bonheur que j'aie jamais osé rêver... Ce bonheur, me le refuseras-tu ?

Raoul contempla, pendant dix secondes, cette noble et belle créature qui lui souriait à travers ses larmes et le suppliait d'être heureux en se dévouant à son bonheur; il sentit son cœur se soulever et battre avec violence, il lui sembla voir le voile qui cachait l'avenir se déchirer brusquement et lui montrer une longue suite de jours calmes et sereins comme les belles soirées d'automne qui succèdent tout à coup aux tempêtes, et, se mettant à son tour aux genoux de Rose :

— Rose, mon enfant, lui dit-il, si tu te sens assez de courage pour renoncer à cette fortune...

— Qui n'est point à moi, fit-elle avec indignation, qui est un vol honteux, une infamie, qui retombe en taches de boue sur mon front.

— De renoncer à ton père, à ton pays, à tout un avenir... si la vie orageuse du proscrit ne t'épouvante pas, eh bien! fuyons ensemble, nous retournerons auprès des miens, nous nous jetterons aux genoux du roi Louis le dix-huitième, de ce roi sans royaume dont la volonté sera toujours ma loi, à qui mon respect, mon sang et ma vie appartiendront jusqu'à leur dernière goutte et leur dernier souffle, et je le supplierai d'être le témoin nuptial de madame la marquise de Pré-Gilbert.

— Jamais! dit Rose; vous oubliez qui je suis, monsieur Raoul.

— Je sais que tu es une noble et belle créature, Rose; je sais que tu seras digne, pauvre et ruinée comme lui, comme lui sans asile, de partager la vie du marquis de Pré-Gilbert, ce vagabond gentilhomme, ce seigneur sans vassaux, ce Français sans patrie.

Pendant que les deux jeunes gens parlaient ainsi, ils ne s'étaient point aperçus du retour de Claire.

Claire était à deux pas, tremblante et toute émue de ce qu'elle entendait, pleurant de joie à la simple et noble éloquence de sa fille, dont le désintéressement faisait son orgueil.

Raoul leva les yeux, l'aperçut et laissa échapper une exclamation de surprise. Claire alla à lui, prit sa main, qu'elle baisa, et lui dit :

— Monsieur le marquis, mon cher et bon maître, voulez-vous me laisser vous suivre comme elle, et comme elle partager votre destinée?...

— Oh! oui, dit Raoul, oui, venez, ma bonne Claire, venez avec nous.

— Raoul, fit Rose avec fermeté, je vous suivrai, nous vous suivrons toutes deux, mais je ne serai point votre femme. Vous le disiez tout à l'heure, honte et malheur au gentilhomme qui se mésallierait lorsqu'il ne lui reste plus que le nom de ses pères!...

VIII

Pendant que ce drame pathétique se déroulait au château, le citoyen maire de Pré-Gilbert courait à la commune, en proie à une agitation sans égale.

— Massacre de cerf! murmurait-il, bronchant et buttant à chaque pas, tant sa terreur était grande et lui obscurcissait la vue, massacre de cerf! les tyrans reviennent! Le citoyen Robespierre, cet homme généreux, ce grand citoyen qui avait eu l'idée lumineuse, la généreuse pensée de mettre en vente les biens d'émigrés et de créer les assignats, le citoyen Robespierre est mort! Je suis un homme perdu...

A l'heure qu'il est, peut-être le tyran a-t-il déjà repris possession de Paris; peut-être file-t-on déjà la corde de chanvre qui servira de cravate au patriote Jean Guillé, à ce grand citoyen qui avait inspiré une telle confiance à la Convention et à la patrie, qu'on lui avait permis de garder sa meute... On le dépouillera, on lui prendra tout, terres, château, prairies, hautes futaies, on le chassera de chez lui;

on l'enverra pendre à Auxerre... Massacre de cerf et damnation !

Et l'ancien piqueur avait des larmes plein les yeux, et il pleurait ce bon monsieur de Robespierre avec une sincérité digne d'éloges. Lorsqu'il arriva à la commune, les abords en étaient encombrés par une foule trépignante, avide de nouvelles, parmi laquelle il y avait des gens inquiets et terrorisés.

On venait d'apprendre le 9 thermidor, l'irritation du peuple, qui avait essayé d'enrayer et de faire rebrousser chemin à la dernière charrette qui emportait André Chénier se frappant le front, et disant : *J'avais encore là quelque chose !*

L'arrestation, le jugement, l'exécution de Robespierre et de ses complices, augmentés de commentaires de toute nature, de bruits et de rumeurs les plus en désaccord, étaient déjà connus des deux tiers de la France.

On disait que le peuple, las de ce joug de fer rouillé par le sang, et qu'on avait en vain essayé d'appeler du nom de liberté, allait rappeler ses rois. On disait aussi que l'armée, à la tête de laquelle commençaient à surgir des généraux comme Hoche, Marceau, Kléber et Bonaparte, ne voulait plus qu'un misérable, un assassin affublé du nom de Commissaire de la Convention, envoyât ses chefs à l'échafaud le soir d'une victoire, et qu'elle s'était juré de rendre la paix intérieure à cette nation triomphante au dehors, grâce à elle.

Aussi les patriotes de Pré-Gilbert, ceux qui avaient entouré l'échafaud avec enthousiasme et entonné le plus vigoureusement *la Marseillaise*, avaient-ils grand'peur et tremblaient-ils de tous leurs membres.

En pénétrant dans la salle de la commune, le citoyen maire trouva les conseillers consternés ; ils s'accusaient déjà les uns les autres et se menaçaient de délations réciproques ; tous frissonnaient en écoutant les rumeurs du dehors et les sourds murmures de toute une population à laquelle la terreur avait longtemps imposé silence, et qui se réveillait et sortait tout à coup de son apathie.

On entoura maître Sonne-Toujours ; on lui remit les dépêches qui venaient d'arriver et qu'on avait ouvertes ; on le questionna, on lui demanda conseil...

Mais Sonne-Toujours était incapable de donner des conseils, il ne savait plus, le malheureux, où donner de la tête lui-même, et il s'écria d'une voix lamentable :

— Nous sommes tous perdus, mes amis, perdus et ruinés ! la République est à sa dernière heure, les tyrans sont à nos portes, il ne nous reste plus qu'à fuir !

A ce *sauve qui peut !* prononcé par le chef de la municipalité, les conseillers pensèrent qu'ils étaient déliés de tout serment, affranchis de tout devoir extérieur, et ils ne songèrent plus qu'à leur salut.

Ils quittèrent un à un la commune, et Jean Guillé finit par s'y trouver seul, abandonné de ses plus fidèles, et accueilli par les huées de la foule qui envahit tout à coup la salle pour l'en chasser.

— Eh ! Sonne-Toujours, lui crièrent quelques voix railleuses, beau châtelain de Pré-Gilbert, gare à toi ! monsieur le marquis va revenir, et il n'aura besoin que de son fouet pour te chasser de la maison où tu te trouvais si bien...

Ces paroles firent rugir le pauvre homme, et, fendant la foule, se faisant jour au travers, grâce à sa force herculéenne, il reprit en courant la direction du château, dans l'intention d'y assassiner le marquis, de l'étouffer et de l'écraser comme on écrase une couleuvre qu'on a réchauffée longtemps.

Mais, en courant, le citoyen maire se prit à réfléchir qu'il n'en serait que mieux pendu lorsqu'il aurait sur les mains du sang de son ancien maître, et, reprenant un peu de raison et de clarté d'esprit, il songea que le seul homme qui pût désormais le sauver, c'était le marquis.

Alors il se repentit amèrement des paroles de mépris qui lui étaient échappées naguère, et, revenant malgré lui au temps où il était piqueur du château, il se prit à penser qu'alors il se fût estimé trop heureux d'avoir le marquis pour gendre.

— Ah ! murmura-t-il, s'il voulait maintenant encore épouser Rose... il ne me dépouillerait pas ainsi... j'habiterais toujours le château... on ne m'en chasserait point comme un mendiant... et mon titre de beau-père du marquis de Pré-Gilbert me protégerait contre tout malheur, me sauverait de toute persécution...

Mais les dernières paroles de Raoul lui revinrent en mémoire :

— Croyez-vous pas, lui avait-il dit, que j'épouserai jamais la fille de l'homme qui a acheté mes biens à vil prix?

Cette pensée cassa bras et jambes à Jean Guillé; il s'assit, les larmes aux yeux, au bord d'un fossé et murmura :

— Je suis perdu et ruiné, ruiné sans retour...

La noblesse et le désintéressement du marquis passèrent alors dans son souvenir. Sa propre infortune le rendant sensible enfin à l'infortune d'autrui, il revit le marquis en haillons, venant frapper humblement à la porte de son château, ne témoignant ni irritation ni douleur, résigné et calme en présence des revers de la fortune, et il songea, lui, Jean Guillé, qu'il avait dû, plus d'une fois, torturer et humilier son ancien maître.

— Je suis un misérable et un sot, se dit-il ; si j'avais rendu sa fortune au marquis, il aimait ma fille, il l'eût épousée... et j'aurais tout conservé...

Maître Jean Guillé se lamenta assez longtemps sur ce thème, puis il réfléchit encore ; et le résultat de cette nouvelle réflexion fut le dilemme suivant :

Si le marquis n'épouse pas Rose et que je conserve mes biens, j'aurai beau dire et beau faire, il est clair et certain que je ne les conserverai pas longtemps. La monarchie me chassera tout au moins, si elle ne me fait pendre.

Si, au contraire, j'offre au marquis de lui rendre sa fortune, d'abord il est possible qu'il ne l'accepte pas, car il est fier et a des idées à lui là-dessus; et s'il l'accepte, ce ne sera qu'en épousant Rose. Dans le premier cas, il sera touché de mon bon mouvement, et comme il est généreux, quoique mauvais patriote, il se croira obligé de me protéger et on me laissera tranquille dans mon château et dans mes terres. J'aimerais assez ce premier cas.

Dans le second, il est tout simple que le gendre du père Sonne-Toujours, de Jean Guillé, le maire de Pré-Gilbert, un magistrat municipal, s'il vous plaît, ne puisse laisser pendre un aussi bon citoyen.

Maître Sonne-Toujours raisonnait assez juste, il faut en convenir, et il se remit en route beaucoup plus calme, et peu à peu il reprit quelques parcelles de cette merveilleuse importance et de cet aplomb officiel qu'il avait acquis dans l'exercice des fonctions du gouvernement. Lorsqu'il arriva au château, Raoul, Rose et Claire se trouvaient dans la même salle. Les deux femmes venaient de faire un léger paquet de quelques hardes de toilette, Raoul endossait un vêtement de voyage :

— Qu'est-ce que cela ? s'écria l'ancien piqueur.

Les deux femmes ne répondirent point d'abord, mais Raoul, sans daigner regarder Sonne-Toujours, lui dit froidement :

— Rose et Claire se disposent à faire un voyage !
— Un voyage ! massacre de cerf !
— Oui, dit Rose. Cela vous étonne, mon père ?

Jean Guillé était stupéfait.

— Et où donc allez-vous ? demanda-t-il.
— Vous avez tout à l'heure, répondit Rose, insulté trop gravement M. le marquis pour que sa dignité lui permette de rester plus longtemps chez vous. Or, puisque M. le marquis part, ma mère et moi, qui l'aimons et lui sommes demeurées fidèles et dévouées, nous le suivons, parce que nous ne voulons pas manger plus longtemps le pain qu'on récolte sur les terres du château et jouir d'une opulence dont nous répudions la source.

— Eh bien ! s'écria Jean Guillé, massacre de cerf ! vous ne partirez pas, parce que M. le marquis ne partira pas non plus.

Raoul haussa les épaules.

— Non, il ne partira pas, continua l'ancien piqueur avec véhémence, il ne partira point, parce qu'il est ici chez lui, et qu'on ne quitte pas sa maison.

Et maître Sonne-Toujours plia un genou devant Raoul et poursuivit :

— Mon cher maître et seigneur, Dieu m'est témoin que lorsque j'ai acheté vos biens pour deux cent mille francs d'assignats, c'était dans l'intention de vous les rendre; mais que voulez-vous? la fortune tourne la tête, la possession rend stupide; j'ai été lâche et ingrat, et je ne mérite que votre colère... Laissez-moi, au moins, soulager ma conscience, me débarrasser du fardeau que j'ai sur le cœur, reprenez votre château, vos terres, tout ce que la République et moi vous avons volé... Je suis né pauvre et honnête, je veux mourir honnête et pauvre.

A ces paroles de Sonne-Toujours, les deux femmes se précipitèrent vers lui les bras tendus et murmurant :

— Enfin! enfin! sa folie est passée!...

Mais Raoul prit alors la main de Rose, et, s'adressant à son ancien piqueur :

— Mon pauvre Jean, lui dit-il, ce que tu viens de m'offrir me comble de joie, car c'est une preuve que tout sentiment d'honneur n'est point encore mort en toi. Mais je ne puis accepter.

— Vous... ne pouvez... articula le citoyen maire avec une émotion produite par la joie, et que les trois témoins de cette scène prirent pour de la douleur.

— Non, dit Raoul, car j'aime Rose et je la veux épouser. Si j'acceptais la restitution de ma fortune, ce serait, aux yeux du monde, la dot de ma femme que j'accepterais. Pour que je puisse élever Rose jusqu'à moi, il faut que je l'épouse pauvre et que je reste pauvre moi-même.

Tu t'exagères ton devoir en te croyant obligé de me rendre mes biens, tu les as acquis, ils sont à toi. Je n'ai rien à te réclamer. Si jamais le roi revient, il me les rachètera. Mais aujourd'hui je n'en veux pas. N'est-ce pas, Rose?

Et il se tourna vers la jeune fille.

— Oui, répondit-elle, c'est bien, c'est très-bien.

— Ainsi... balbutia Sonne-Toujours que l'émotion étranglait, vous ne... voulez...

— Je ne veux rien... si ce n'est la main de ta fille.

La résolution de Rose et du marquis était inébranlable. Ils voulaient partir et ils partirent.

Le citoyen maire du Pré-Gilbert aimait sa femme et sa fille, il eut donc le cœur serré et les larmes aux yeux en les voyant partir; mais il aimait encore plus son château, ses bois, ses terres, et il se consola en pensant que le marquis partait avec elles et le débarrassait d'une perpétuelle et redoutable angoisse. Maître Sonne-Toujours était un de ces hommes pour qui les liens de famille n'ont de prix qu'alors qu'ils n'entravent leurs intérêts en aucune façon.

Il versa donc quelques larmes, mais il n'insista nullement pour retenir le marquis et sa nouvelle famille, et le lendemain de ce jour il était seul dans son château.

IX

Le 9 thermidor avait fait rentrer les bourreaux dans l'ombre; les listes de proscriptions furent déchirées, la France commença à respirer.

Raoul, Rose et sa mère gagnèrent Paris. Là, un prêtre non assermenté maria les deux jeunes gens secrètement, car il ne fallait rien-moins que la main puissante du premier consul pour rendre à la France le Dieu de ses pères et rouvrir ses églises, — et cette heure de délivrance n'avait point sonné encore.

Raoul retourna auprès des princes avec la jeune femme et la bonne Claire. Quant à maître Sonne-Toujours, il dissimula assez bien sa joie, lors du départ de son dangereux gendre, et bientôt, quand il apprit que le 9 thermidor, qui s'était montré sévère pour ce pauvre M. de Robespierre et ses collègues, n'avait point cependant aboli la république, il reprit en paix ses fonctions municipales, et s'abandonna de nouveau à toute l'ivresse de sa possession.

Mais cette ivresse fut de courte durée, bientôt le bonhomme s'aperçut de son isolement. La tristesse et l'ennui le prirent dans ses vastes domaines, il ne chassa plus, le remords pénétra réellement enfin dans son cœur, le suivit à travers les vastes salles de son château, s'assit à son chevet, et y veilla nuit et jour... Deux ans s'écoulèrent; cet homme si fleuri et si gras maigrit à vue d'œil, et bientôt il fut en proie à une singulière monomanie.

Il se persuada que le marquis allait revenir, que la révolution était un rêve et n'avait jamais eu lieu; — il reprit son habit de piqueur et fit revenir tous les anciens serviteurs du château. Un jour il manda des ouvriers, leur fit restaurer les écussons effacés des Pré-Gilbert, démolir les bâtiments qu'il avait construits et remettre le château sur le pied où il était lors du premier départ de Raoul.

C'était pitié de voir cet homme, courbé par le remords et la folie, parcourir, avec son habit de piqueur, cette vaste demeure où il était seul désormais, et dire parfois :

— C'est singulier, monsieur le marquis est en déplacement de chasse dans le Morvan, et il faut qu'il y prenne grand plaisir, car il ne revient pas.

Un jour, il eut un éclair de raison, et il sentit que sa fin approchait. Il écrivit son testament; ce testament était une longue et touchante prière qu'il adressait à Raoul en le suppliant de reprendre son bien.

Après quoi il se commanda un cercueil et une pierre tumulaire.

Vers le soir sa folie le reprit, et il s'éteignit deux jours après.

On l'enterra dans le cimetière du village, et, sur la pierre qu'on avait taillée d'après ses ordres, on put lire cette inscription qu'il avait dictée :

ICI REPOSE

JEAN GUILLÉ, *dit* SONNE-TOUJOURS,

DERNIER PIQUEUR

DU MARQUIS DE PRÉ-GILBERT.

Quelques années après, M. le marquis de Pré-Gilbert rentra en France à la faveur du calme, plein d'espérances pour l'avenir, qu'amenait avec lui le premier consul; alors Rose le conduisit à Pré-Gilbert, et lui dit :

— Maintenant, mon ami, reprendras-tu des mains de ta femme cette fortune dont tu refusas d'accepter la restitution ?

— Oui, répondit Raoul, mais nous dépenserons en œuvres

de charité une somme équivalente à celle dont ton père eut besoin pour acheter mes biens.

Le fils unique du marquis de Pré-Gilbert et de Rose Guillé était page de Louis XVIII; c'est aujourd'hui un bon gentilhomme morvandiau, grand chasseur, veneur passionné comme ses aïeux, et il nous contait cette histoire, en septembre dernier, pendant une halte de chasse que nous faisions à la lisière de ces hautes futaies, jadis le théâtre des exploits homériques du piqueur Sonne-Toujours.

LA PUPILLE DE HENRI IV

I

Il y avait une fois, — ceci n'est cependant point un conte de fées, — il y avait une fois, disons-nous, un petit castel aux tourelles pointues, au parc ombreux, aux croisées de brique et au toit d'ardoise, coquettement assis sur le bord de la Marne, entre Melun et Fontainebleau.

Ce castel était habité par deux femmes : — une jeune fille rose, fraîche, rieuse ; — une femme jeune encore, qui avait dû être fort belle et qui l'était encore un peu.

La jeune fille avait seize ans ; — la mère, car c'était la mère, — approchait de cette heure critique où l'amour sonne la retraite faute d'adversaires. Elle avait près de quarante ans.

Veuve d'un pauvre officier, plus noble que riche, elle était venue enterrer ses vingt-cinq ans au fond de ce petit manoir, son seul bien, — espérant que quelque gentilhomme de la contrée, épris de sa royale beauté, de son port de déesse et de sa main blanche et longue, jetterait loin d'elle les voiles noirs du veuvage et redorerait de son patrimoine une aisance plus que douteuse. Mais, hélas! le temps n'était plus déjà où les rois épousaient de simples bergères sans dot!

— La châtelaine de Versac était de bonne noblesse, mais le plus clair de ses revenus était une charmante enfant, rieuse et mutine... et les gentilshommes voisins trouvaient que ce n'était pas assez. Donc, en femme d'esprit, quand elle vit l'âge mûr poindre à l'horizon, la dame de Versac cessa de consulter son miroir, tourna le dos aux espérances de l'hymen, et prit la route de la dévotion.

Le miroir fut voilé, un prie-Dieu s'installa dans son oratoire, les livres saints expulsèrent les gais romans de chevalerie, et les tendres virelays de Clément Marot. Bref, un confesseur s'en vint chaque jour conférer longuement avec elle, et s'asseoir à sa table pour discuter un point de controverse.

Malheureusement, en toutes choses, il faut de la modération et de la tolérance. Or, ces deux vertus manquèrent à la châtelaine. En renonçant au monde, elle se prit à souhaiter que le monde n'existât plus; et, comme elle ne pouvait et ne voulait plus aimer, elle ne songea point que sa fille, arrivée à quinze ans, aimerait...... pour obéir à dame nature.

La pauvre enfant, à qui on ne parlait jamais que d'austère morale, et qui ne lisait que saint Augustin, rencontra un beau jour, en trottinant au bord de la Marne, un fort beau cavalier : fine moustache, œil brillant, taille élancée, belle rapière au son querelleur... rien n'y manquait. C'était un héros de roman.

Le cavalier la salua courtoisement : — elle rougit et s'enfuit.

Mais le lendemain elle revint... par hasard. Le cavalier était assis sur l'herbe... aussi par hasard. Bref, le hasard, ce grand maître, fit qu'ils s'abordèrent, causèrent, rougirent tous deux... et, en un mois, s'aimèrent éperdument.

La châtelaine de Nersac s'aperçut que sa fille sortait à la même heure chaque jour. Elle en fit part au père Samuel, son confesseur, — lequel consulta deux chapitres de saint Augustin, et conclut que la jeune fille était amoureuse.

La châtelaine interrogea la petite dissimulée, apprit tout, et poussa une exclamation de vertueuse horreur ! Une fille élevée saintement ! ah !

Mais comme le confesseur n'était plus là, la veuve se souvint qu'elle avait aimé jadis, et elle songea qu'après tout, ce n'était que demi-mal si le galant était riche, gentilhomme et prêt à épouser. Or, le beau cavalier était noble, mais il était presque aussi pauvre que l'amant de Lucie de Lamermoor. Et puis il était protestant... La dame de Versac défendit à sa fille de le revoir, et la menaça du couvent si elle enfreignait ses ordres.

Ce qui fit que, jeune fille qui aime étant assez portée à la rébellion, — celle-ci, dès le lendemain, tandis que sa mère conférait avec le père Samuel sur un verset obscur des Écritures, prit sa volée à travers champs, et s'enfonça dans la forêt de Fontainebleau, où, selon toute apparence, le beau cavalier viendrait aussi.

Ici commence notre histoire.

II

C'était en automne. Décembre approchait, la soirée était froide, et la bise pleurait à travers les arbres jaunis de la forêt. Deux hommes, le mousquet sur l'épaule et escortés d'un grand lévrier écossais, suivaient une route tortueuse qu'il fallait bien connaître pour ne pas s'égarer.

Leur costume était celui des gentilshommes, et l'un d'eux, à voir les signes de déférence de son compagnon, lui paraissait supérieur en dignité.

Ce dernier pouvait avoir de cinquante à cinquante-cinq ans; l'œil vif encore, la lèvre souriante, un air de finesse et de bonté admirablement mélangés, quelque chose de rusé et d'adorablement bonhomme à la fois.

Il marchait lestement encore, familièrement appuyé sur le bras de son compagnon, auquel il contait nous ne savons quelle gaudriole.

Celui-ci était un homme de quarante ans au plus, grand, mince, le visage aussi froid, aussi impassible que celui du vieillard était mobile et enjoué.

Ainsi devisant et obéissant aux caprices du sentier qu'ils

suivaient, tous deux arrivèrent à une petite clairière que traversait un ruisseau; une jeune fille, que nous connaissons quelque peu déjà, était assise et pleurait.

— Qu'est-ce cela? une femme qui pleure? exclama le vieillard. Ah! voyons cela. Toi, Hector, attends-moi là. Je vais m'approcher seul pour ne la point effaroucher, et voir si l'on peut essuyer les larmes de ce frais visage.

La jeune fille n'avait point levé la tête.

Le vieux gentilhomme alla vers elle lentement, et s'arrêta quand il fut auprès.

Elle leva la tête et voulut fuir; mais un sourire charmant du vieillard la retint.

— Ne craignez rien, ma belle enfant, dit-il; et dites-moi quel noir chagrin vous fait ainsi pleurer, et ternit l'éclat de vos beaux yeux?

La petite rougit plus fort, essuya ses larmes à la hâte et n'osa parler.

— Eh bien! ma belle enfant, continua-t-il, vous fais-je donc peur? Et ma barbe grise ne vous inspire-t-elle pas un peu de confiance? Comment vous nommez-vous?

— Rose de Versac, messire, répondit la jeune fille en se rassurant et faisant la révérence.

— Versac? je connais cela, moi! Il y avait un Versac capitaine aux archers de Navarre, et un de mes bons amis encore.....

— Votre ami! vous étiez l'ami de mon père, monsieur? s'écria la petite en jetant au gentilhomme un de ces obliques regards avec lesquels une femme analyse un homme des pieds à la tête.

— Sans doute, ma belle enfant. Me croyez-vous?

Il y avait tant de bonhomie et d'indulgence sur le visage du vieillard, que la jeune fille s'enhardit tout à fait, et répondit :

— Oh! oui, monsieur.

— Alors, comme on n'a pas de secrets pour un vieil ami de son père, vous allez me confier celui qui vous cause ce noir chagrin.

La petite rougit une fois encore :

— J'aime M. Gaston de Champloup, dit-elle bien bas...
— Ah! ah! Et qu'est-ce que M. Gaston de Champloup!
— Oh! un beau et brave gentilhomme...
— Très-bien. Et il ne vous aime pas, peut-être... il aurait un tort impardonnable...
— Il m'aime, monsieur....
— Eh bien! mais s'il vous aime et que vous l'aimiez, je ne vois pas trop ce qui peut vous tant chagriner là-dedans.
— Ah! monsieur, c'est que ma mère.....
— Madame votre mère vous a défendu sans doute de voir et d'aimer M. Gaston.
— Oui, monsieur.
— Et pourquoi cela?
— Parce que, dit-elle, monsieur Gaston ne peut m'épouser, car il est protestant.
— Ah diable!... en sorte que vous avez obéi à madame votre mère, et n'avez plus revu M. Gaston.
— Hélas! si, monsieur.
— Hum! fit le vieux gentilhomme, cela n'est pas très-bien, mais quand on aime... Bah! je suis indulgent. Et quand l'avez-vous vu?
— Tout à l'heure.
— Alors pourquoi pleurez-vous?
— Parce que... parce qu'il m'a proposé quelque chose de bien mal...
— Ah! ah! voyons un peu...
— Il m'a dit: Puisque votre mère refuse de nous unir, je vous emmènerai loin d'ici, bien loin, un prêtre étranger nous mariera, et nous reviendrons habiter mon château; et votre mère se résignera à m'avoir pour gendre.
— Et vous avez refusé, n'est-ce pas?
— Hélas! monsieur... balbutia la jeune fille...
— Comment, mordieu! vous avez accepté?
— J'ai promis d'être ici demain au soleil levant... murmura Rose de Versac... et c'est pour cela que je pleure... car c'est bien mal...
— Bien mal, en effet. Mais, par Dieu! cela ne sera pas...
— Ah! monsieur, mais c'est le seul moyen d'être à lui...

— Vous l'épouserez.

— Mais ma mère?...

— Si vous voulez m'obéir bien gentiment et me croire votre ami, comme j'étais celui de votre père, votre mère y consentira.

— Oh! monsieur...

— Ah! mais pour cela, il faut d'abord me présenter à madame votre mère, et garder ensuite un silence absolu.

— Tout ce que vous voudrez, s'écria la petite en sautillant de joie.

— Vous ne direz rien, vous serez patiente, vous ne prononcerez jamais le nom de M. Gaston, et vous ne viendrez pas ici, au soleil levant?

— Oh! je vous le jure...

— Eh bien! alors, prenez ma main, et conduisez-moi auprès de votre mère...

Hector, l'autre gentilhomme, qui s'était dérobé derrière un arbre, s'avança :

— Mon cher, dit le vieillard, nous allons demander l'hospitalité, pour cette nuit, à la châtelaine de Versac.

Celui qu'on nommait Hector s'inclina, la petite s'appuya coquettement sur la main du vieux gentilhomme, et tous trois, précédés du lévrier, prirent la route du castel.

— Mais à propos, monsieur, demanda Rose, au moment où ils franchissaient la grille, je ne sais pas votre nom...

— Ah! diable! mon nom... ma foi! je n'y songeais pas... vous présenterez le comte de Saint-Maur, compagnon d'armes de votre père, et M. d'Entragues, son ami.

Et ils entrèrent dans le manoir.

III

Madame de Versac était en prières, lorsqu'un vieux serviteur, qui cumulait chez elle les fonctions d'intendant, de valet de chambre et de suisse, lui vint annoncer l'arrivée des deux étrangers.

La pauvre femme crut rêver... il y avait si longtemps, si

longtemps, qu'un homme autre que le père Samuel n'avait franchi le seuil de son castel, — il y avait si longtemps qu'on l'avait oubliée et qu'on ne lui faisait plus de visites... qu'elle fit répéter le bonhomme, un sourire d'incrédulité sur les lèvres.

Mais quand elle fut bien certaine de ce qu'il avançait, lorsqu'elle eut aperçu dans la cour, comme pièce de conviction, le lévrier d'Écosse paresseusement couché, le museau allongé sur ses pattes de devant... ah! alors, la belle châtelaine éprouva une révolution complète dans tout son être... le sang afflua à son cœur, ses genoux faiblirent et elle chancela... Mais, par une réaction aussi rapide que violente, elle courut au miroir d'acier voilé depuis plusieurs années, arracha l'austère enveloppe et se jeta un regard d'avide curiosité.

Hélas! les macérations, les jeûnes et les prières, par un jeu cruel de la destinée, loin d'avoir effacé les derniers vestiges de ses charmes, avaient, au contraire, lutté en sens inverse de l'âge, et elle était belle encore, — presque comme à trente ans!

Il est probable qu'en ce moment-là, la vertueuse et sévère figure du père Samuel pâlit étrangement dans son souvenir, et qu'elle oublia même les austères leçons de saint Augustin et les terribles pages de l'Apocalypse, pour écouter chanter dans son cœur ces voix mystérieuse du passé, réminiscences de la jeunesse, qui s'éveillent, à certaines heures de la vie, pour vous redire les jours où l'on vivait d'amour et d'espoir.

Aussi, après un moment de trouble bien pardonnable, dit-elle à son intendant :

— Allumez un grand feu dans la salle d'armes, que ces étrangers y prennent place, que ma fille et vous leur fassiez les honneurs du manoir; moi, je vais prendre des habits plus décents que ceux-là, afin de les recevoir.

Le bonhomme courut exécuter ces ordres.

Alors la châtelaine dépouilla sa robe de bure, la coiffure de cellule, quitta ses sandales de pénitente, et, avec une vivacité d'enfant, bouleversa tous les bahuts, y chercha une parure de deuil qui rehaussât de son reflet et de sa coupe élégante la beauté de son visage et le séant de sa taille; — chaussa un brodequin d'un drap noir d'une admirable finesse de formes; — remit à ses doigts ses bagues de prix, à son col une chaîne d'or massif, rare vestige d'une opulence éteinte; — se mira plusieurs fois avec complaisance; — et, sûre enfin d'elle-même, descendit recevoir ses hôtes, d'un pied aussi léger que si elle eût été au jour de ses noces.

Ô père Samuel, ô Saint-Augustin, que vous étiez, à cette heure, loin de sa pensée !

Les deux étrangers étaient installés auprès du feu en compagnie de la jeune Rose de Versac.

A l'arrivée de la châtelaine tous deux se levèrent, et le comte de Saint-Maur, baisant galamment sa main, lui dit :

— Veuillez nous pardonner notre indiscrétion, madame, mais la réputation hospitalière de votre manoir et les beaux yeux de cette charmante enfant ont tenté de pauvres chasseurs égarés.

La châtelaine s'inclina gracieusement :

— Me sera-t-il permis, dit-elle, de savoir le nom des aimables hôtes que m'envoie le hasard ?

— Je suis, répondit le comte, un frère d'armes de feu monsieur de Versac, et je m'appelle le comte de Saint-Maur; monsieur que voilà est mon ami et se nomme le vicomte d'Entragues?

Et, là-dessus, le vieux gentilhomme, après quelques adroits compliments adressés à la beauté de la veuve, eut soin de parler longuement du défunt, témoigna sa surprise de voir une femme jeune et belle encore se condamner à la retraite, et fit si bien, en somme, se montra si spirituel, qu'en moins d'une heure, la châtelaine était subjuguée et le trouvait charmant.

Quant à monsieur d'Entragues, il n'avait encore dit mot; raide et impassible, il semblait inventorier les arabesques des boiseries et les moulures des plafonds, — au grand déplaisir de Rose, qui, presque jalouse de l'immobilité exclusive du vieux gentilhomme pour sa mère, aurait voulu trouver chez lui un dédommagement.

En ce moment, le vieil intendant vint annoncer que le souper était servi.

Le comte offrit sa main à la mère, le vicomte à la jeune fille, et ils allèrent prendre place au haut bout de la table, tandis que les trois serviteurs se rangeaient, selon l'antique usage, au bas bout.

La châtelaine fit les honneurs de la table avec une grâce exquise, le comte de Saint-Maur mangea d'un grand appétit, but à longs traits, et renchérit encore sur son amabilité. Le vicomte mangea du bout des dents, but beaucoup, n'ouvrit point la bouche, et fit subir aux moulures de la salle à manger la même inspection qu'aux moulures de la salle d'armes.

Quant à Rose, elle se tut, ainsi que le devait faire une jeune fille bien élevée, mais elle jeta plus d'une fois un regard sournois et plein d'impatience au vieillard causeur, qui semblait avoir oublié sa promesse et le but de sa présence au castel.

— A propos, dit ingénument le comte, avec son air bonhomme et charmant, j'ai ouï parler d'un jeune gentilhomme de la contrée, dont on dit beaucoup de bien... monsieur Gaston de Champloup...

— Ah! fit dédaigneusement la châtelaine.

— J'ai beaucoup connu le père, poursuivit le comte, bonne noblesse, mais pauvre...

— Oh! très-pauvre.... un castel branlant, des terres en friche et une épée rouillée pour tout héritage...

— Oui, mais bonne noblesse, insista le comte, et c'est beaucoup. On le dit beau cavalier.... ce serait une alliance, sang-dieu!

Et le comte regarda la jeune fille avec un malin sourire.

La mère surprit le sourire et le regard, aussi dit-elle brusquement :

— Ma fille et moi sommes catholiques, monsieur le comte, et nous ne nous allierons jamais à un adepte de la religion réformée.

— A cette réponse, Rose pâlit et regarda le vieillard d'un

air désespéré ; mais il répondit par un nouveau sourire qui signifiait fort clairement : *Patience!*

— En ce cas, reprit-il, n'en parlons plus.

Et il se leva de table et offrit sa main à la châtelaine.

Il était tard, l'appartement des étrangers avait été préparé ; — ils prirent congé de la châtelaine et de sa fille, et se retirèrent.

— Écoute, vicomte, dit monsieur de Saint-Maur en passant son bras sous celui de son compagnon, tandis qu'ils gravissaient le grand escalier de pierre du manoir, précédés du vieil intendant qui portait les flambeaux ; — écoute : jusqu'ici tu t'es contenté de boire, manger et penser en regardant les voûtes de la salle, mais arme-toi de courage, car demain il te faudra rompre avec tes habitudes taciturnes et parler un gros quart d'heure durant.

Le vicomte fit un geste d'effroi.

— Je te confie le rôle d'ambassadeur, tu demanderas pour moi la main de la dame de Versac.

Le flegmatique gentilhomme recula de surprise, et dit :

— Je ne comprends pas...

— C'est parfaitement inutile. Souviens-toi que je suis riche, veuf, sans enfants, et que l'hospitalité que nous sommes venus demander n'est qu'un prétexte, et que mon but réel était d'obtenir la main de la veuve...

Le vicomte, à qui il répugnait visiblement de parler, se contenta de regarder son interlocuteur d'un air plus ébahi encore.

— Fais toujours.

— Comme vous voudrez.

Et le digne gentilhomme, acceptant son rôle d'ambassadeur, suivit le comte dans leur chambre à coucher, sans ajouter un seul mot.

IV

Le lendemain, tout dormait encore dans le manoir, lorsque le comte de Saint-Maur, son mousquet sur l'épaule et la rapière sous le bras, sortit furtivement, et se dirigea d'un pas leste vers la clairière du bois où, la veille, il avait fait la rencontre de la belle éplorée. Le soleil se levait à l'horizon.

Au milieu de la clairière, un homme était déjà enveloppé dans son manteau, tenant un cheval par la bride, et s'appuyant du coude au pommeau de la selle.

En voyant le comte déboucher dans la clairière, il tressaillit et porta instinctivement la main à la garde de son épée.

— Ah! ah! exclama railleusement le comte en l'apercevant à son tour, vous voilà, monsieur le ravisseur de filles!

Le cavalier fronça le sourcil.

— Que me voulez-vous? dit-il brusquement.

— Vous dire, mon jeune coq, poursuivit le comte d'un ton goguenard, que la belle Rose de Versac ne viendra pas...

— Rose ne viendra pas! que voulez-vous dire, monsieur?

— Que, grâce à moi, vous n'enlèverez pas une jeune fille crédule...

— Monsieur! s'écria le jeune homme, vous m'insultez, je crois?

— Moi? pas le moins du monde. Je vous dis qu'elle ne viendra pas.

— Et pourquoi, s'il vous plaît?

— Parce que je le lui ai défendu.

— Vous! et de quel droit? mordieu!

— Que vous importe, mon beau fils?

— Monsieur, s'écria Gaston d'un ton hautain, si c'est une querelle que vous me cherchez, vous tombez mal, car je me sens disposé à vous tuer.

— Vous croyez? Eh! voyons...

Et le comte, appuyant son mousquet à un arbre, tira sa rapière. Gaston en fit autant, pâle de rage; — et les deux fers se croisèrent.

— Monsieur, dit froidement le comte après trois passes, vous tirez bien, mais vous avez trop de feu, et cela vous perd.

En même temps il lia l'épée du jeune homme, et, d'un revers, la fit sauter à dix pas.

Gaston demeura étourdi et les bras pendants.

— Voilà un coup, continua le comte, que deux hommes seuls, en France, connaissent à fond, le roi et moi.

Gaston, honteux de sa défaite, se tenait devant lui immobile et les yeux baissés.

— Je suis à votre merci, monsieur, dit-il enfin. Qu'exigez-vous de moi?

— Oh! dit M. de Saint-Maur, rien que de facile, votre parole de ne jamais enlever mademoiselle de Versac...

— Mais je l'aime, monsieur...

— Je le sais...

— Sa mère est inflexible!

— Je le sais encore.

— Et je mourrai si elle n'est ma femme...

— Elle le sera.

— Elle le sera, dites-vous? Mais comment? Par quels moyens? Oh! parlez, monsieur, parlez...

— Ceci est mon secret. Venez au castel de Versac dans deux heures, demandez le comte de Saint-Maur, et, avant ce soir, par la messe! vous serez l'époux de Rose.

— Oh! mais c'est un rêve... je n'ose croire...

— Croyez, la foi sauve...

— Mais qui êtes-vous donc, vous, monsieur? Qui êtes-vous?

— Un ami de votre belle maîtresse, qui tenait, avant de se mêler de vos affaires, à voir si vous aviez le poignet bon et le jarret souple.

— Mais encore...

— Chut! je suis pressé. Dans deux heures...

Et le comte reprit son mousquet, poussa sa rapière au fourreau, salua Gaston de la main et s'éloigna.

— Mystère! murmura le jeune homme en sautant en selle; cet homme est mon bon ange ou... le diable!

Et il partit au galop.

V

Madame de Versac oublia ses oraisons, prit par distraction, au lieu de l'Écriture, un livre de chevalerie, se mit au lit et ne dormit de la nuit.

Le comte paraissait épris d'elle... peut-être l'aimait-il déjà comme un fou... peut-être...

La châtelaine se vit remariée, riche, à la cour, brillant comme autrefois, malgré ses trente-neuf ans bien sonnés...

La nuit lui parut longue, fort longue ; le jour lent à venir, et, dès huit heures, elle était levée, et mettait à contribution ses plus charmants atours.

— Sa toilette était à peine terminée, lorsqu'on vint la prévenir que M. d'Entragues lui demandait un entretien.

On introduisit le vicomte.

Le digne gentilhomme entra d'un pas mesuré, salua méthodiquement, s'assit flegmatiquement dans le fauteuil qu'on lui désigna, et parut faire un violent effort en ouvrant la bouche pour parler :

— Madame, dit-il enfin, je viens au nom de mon ami, le comte de Saint-Maur...

La châtelaine tressaillit...

— Je viens, continua-t-il, vous faire la demande de votre main, et vous supplier de mettre un terme à un veuvage qui fait le désespoir de tous ceux qui ont le bonheur de vous connaître...

Et, pensant qu'il en avait assez dit, le vicomte se tut et attendit une réponse.

La châtelaine, émue, troublée, garda le silence pendant quelques minutes :

— Monsieur, dit-elle enfin, la demande de monsieur le comte m'honore, mais je ne puis.... je dois.... il me faut réfléchir.

Le vicomte se leva et dit :

— J'attendrai, madame.

Et, s'inclinant, il sortit.

Quand elle fut seule, la noble dame cacha sa tête dans ses mains et faillit étouffer de joie...

Le comte n'était plus jeune, cependant; et il était fort douteux que le cœur de la châtelaine fût de moitié dans cette joie...

Mais, à quarante ans, si le cœur se tait, l'ambition parle bien haut; et la pauvre femme écoutait sa voix : le comte avait parlé de ses châteaux, de ses vassaux, de son crédit à la cour... que sais-je?

Si vous voulez une idée exacte de tout ce qu'elle éprouva en quelques minutes, figurez-vous une pauvre nonne séparée du monde dont elle s'est enivrée au printemps de sa vie, —figurez-vous-la voyant tout à coup les murs de son cloître crouler et disparaître, les grilles s'évanouir, et apercevant devant elle, à quelques pas, ce mariage magique, auquel elle avait dit un éternel adieu, se sentant entraînée au sein de ce tourbillon fébrile dont elle n'espérait plus l'écho.

Eh bien! en une heure, la recluse oublia les macérations et les jeûnes, son vœu de retraite et d'éternel veuvage... en une heure, confesseurs, Bible, discipline, morale austère,— tout s'effaça.

L'enfer,—si toutefois c'est l'enfer que de vivre au milieu des heureux de ce monde, — l'enfer reprit sa proie.

Et tandis que, légère et enfant comme à vingt ans, elle pressait son front dans ses mains et se demandait si ce n'était point un rêve, — le vieux serviteur entra de nouveau et annonça :

— Monsieur le comte de Saint-Maur !

La châtelaine se leva d'un bond; mais à la vue du comte, elle pâlit, chancela et retomba sans force sur son siége.

— Madame, dit le comte, je suis un vieux soldat, et comme tel, ignorant des usages et des belles manières; mon ami d'Entragues a dû vous faire part de la plus chère de mes espérances. Vous avez ajourné votre réponse, je viens la chercher...

— Monsieur... dit madame de Versac; mais il me semble que... si vite... il y a une heure à peine...

— Hélas! madame, j'ai l'honneur de servir le roi, et mon service me rappelle auprès de lui...

— Quoi... vous partez?...

— Dans une heure... dans une heure je serai le plus fortuné, ou le plus malheureux des hommes... Dites, madame, prononcez, quelle sera ma destinée?

Et le comte fléchit un genou et prit la main de la veuve, qu'il baisa tendrement.

Celle-ci poussa un soupir, cacha sa tête avec son mouchoir et murmura tout bas :

— Eh bien! soyez heureux...

— Merci! madame, s'écria le comte, merci.

Puis il se leva, s'en vint s'asseoir près d'elle et continua, en lui baisant la main de nouveau :

— Je vais demander un prêtre, faire préparer la chapelle... et dans une heure...

— Oh! mais c'est trop vite! s'écria la veuve.

— Le bonheur peut-il venir trop vite?...

La réponse était parfaite ;— du moins, la châtelaine la trouva telle, car elle sourit et se tut.

— Mais, dit le comte, j'oubliais... il y a un grave inconvénient, un obstacle peut-être insurmontable à notre union...

— Un obstacle? fit-elle effrayée, oh! mon Dieu! et quel est-il?

— Ne m'avez-vous pas dit, hier, que vous n'épouseriez jamais un huguenot?...

La veuve tressaillit :

— Ciel! dit-elle, vous êtes...

— Huguenot, mon adorée... oh! mais qu'importe? n'est-ce pas? le pape autorise ces unions; la nôtre ne sera pas rompue... vous ne le voulez pas... dites, madame?

— Vous m'aimez donc? demanda la châtelaine.

— Oh! de toute mon âme...

— Eh bien! puisque l'amour vient de Dieu, il ne faut défaire ce que Dieu a fait. Vous irez au prêche, moi à la messe.

— Enfin! murmura tout bas le comte, tandis que l'expression de bonhomie railleuse de son visage, un moment disparue, reparaissait.

— Alors, dit-il, puisque les huguenots épousent des catholiques, ma belle, je ne vois point pourquoi cette gentille Rose, que nous aimons tous deux, n'épouserait pas Gaston de Champloup, qu'elle aime...

A ce nom, la veuve se leva comme mordue par un reptile, et regarda le comte en face.

— Allons! dit celui-ci, un peu d'indulgence.. il en mourrait et elle aussi...

— Mais, s'écria la dame de Versac, ma fille est pauvre, et il est pauvre aussi...

— Oh! ne vous inquiétez donc pas de pareille vétille. J'obtiendrai du roi une capitainerie pour lui.

— Vous tenez donc à ce mariage?

— Oui, pour le bonheur de Rose...

— Eh bien! après le nôtre...

— Non, avant, tout est prêt : le tabellion de la ville voisine est arrivé, Rose a revêtu sa robe du dimanche, le chapelain est prévenu... et tenez, voici notre ami Gaston qui vient au galop, franchissant les haies et les murs...

Et il désigna la fenêtre du doigt.

La châtelaine prit la main du comte et descendit dans la salle d'armes, où le flegmatique et taciturne vicomte, la rieuse jeune fille, un tabellion nasillard et le père Samuel se trouvaient déjà réunis.

— Monsieur le tabellion, dit le comte, veuillez dresser le contrat de mariage de damoiselle Rose de Versac et de sire Gaston de Champloup, capitaine aux gardes de Sa Majesté le roi de France.

Ensuite celui de sire Hector, vicomte d'Entragues.

Le comte s'arrêta d'un air goguenard.

Quant à la châtelaine et au vicomte, ils se regardèrent stupéfaits...

— Et, poursuit le comte, de haute et puissante dame, la châtelaine de Versac, première femme de chambre de la reine de France...

Madame de Versac faillit tomber à la renverse; mais le comte s'approchant alors et lui baisant la main :

— Madame, dit-il, Dieu m'est témoin que je voudrais tout

être en lieu et place de mon ami d'Entragues, mais la chose ne se peut, car ma bonne femme, madame Marie de Médicis, est en bonne santé, joie et liesse.

— Le roi ! s'écria la châtelaine.

— Le roi ! exclamèrent à la fois Rose, le prêtre et le tabellion.

— Eh ! *ventre-saint-gris !* sans doute ; le roi, qui a voulu marier sa petite amie, et la rendre bien heureuse.

La mère et la fille se jetèrent aux genoux du bon Henri IV, car c'était Henri IV, le Béarnais, le roi du peuple, celui dont nous gardons tous la chère mémoire.

— Ventre-saint-gris, fit-il joyeusement en frappant sur l'épaule de d'Entragues, voilà la première fois que je fais la cour à une femme pour le compte d'autrui. Madame, ajouta-t-il, d'Entragues ne parle jamais, mais il boit comme quatre ; c'est une compensation. Il sera bon mari.

Puis le roi ajouta, frappant sur l'épaule de Gaston :

— Parbleu ! dit-il, deux yeux noirs comme ceux de Rose valent bien une messe !

LA FÉE DE NOEL

I

LES TROIS PIÈCES D'OR.

Dans le château de mon grand-père...
N'allez point croire, mes jeunes amis, que mon aïeul fût un grand seigneur. C'était un pauvre soldat estimé de tous parce qu'il avait été brave, que j'aimais, moi, avec vénération et respect parce qu'il était bon. Son château était vieux et pauvre comme lui, les dorures y étaient rares, et les murs lézardés ressemblaient assez bien à ce manteau troué et râpé dans lequel se drapent si orgueilleusement les mendiants espagnols, — les plus fiers et les plus nobles du monde.

Heureusement, Dieu qui rétablit toujours l'équilibre, avait caché quelques-uns de ses trous sous les festons d'une vigne grimpante et d'un lierre vert, il lui avait donné pour ceinture une prairie où courait un ruisseau causeur, pour toiture un ciel bleu, et la chaîne des Alpes pour majestueux horizon.

Dans le château de mon grand-père, il y avait une vaste salle où flambait, l'hiver, un large feu.

Au coin de ce feu, assis dans de vieux fauteuils de cuir à clous dorés, se trouvaient, chaque soir, un vieillard et un enfant. Le vieillard avait l'esprit jeune, la mémoire excellente, la verve facile, il racontait de belles histoires des temps passés, pleines de nobles actions, de hauts faits héroïques et d'humbles traits de vertu.

L'enfant écoutait avec un recueillement profond.

Ce vieillard était mon grand-père,— cet enfant, c'était moi.

La soirée se prolongeait ordinairement de sept à dix heures.

A dix heures, mon grand-père demandait sa canne et son bougeoir et se retirait.

Moi, je demeurais parfois encore une grande demi-heure au coin du feu, rêvant comme on rêve à douze ans, l'œil fixé sur les bizarres peintures de la braise qui se métamorphosait sans cesse, tantôt en palais, souvent en chaumière, jetant çà et là une petite flamme bleuâtre que je me figurais être une bonne fée mutine et souriante, et dont le reflet indécis et fauve allait se jouer et jeter un éclat fantastique à la vieille tapisserie à personnages décolorés qui tendait les murs.

Un soir, mes jeunes amis, — c'était la veille de Noël, — il faisait bien froid, je vous jure, la neige couvrait la prairie, le vent pleurait dans les cheminées et dans les sapins frissonnants, et mon grand-père, qui avait mainte blessure et des rhumatismes, avait demandé qu'on chauffât son grand lit à rideaux de serge.

Dans la grande salle, il y avait une grande horloge. Cette horloge avait sonné onze heures, et, cependant, j'étais encore auprès du feu, tout seul, rêvant délicieusement et faisant maint castel en Espagne.

Car j'avais dans la main trois pièces fauves, jaunes, brillantes, que je considérais, à la lueur tremblante du foyer, avec une joie indicible. C'étaient trois pièces d'or.

Mon grand-père venait de me les donner en me disant :

— L'année dernière, à pareille époque, je te donnai des jouets; cette année, je préfère te laisser choisir toi-même. Tu iras à la ville demain, avec Pierre, et tu achèteras ce que tu voudras, réfléchis bien.

Mon grand-père avait sans doute une arrière-pensée en agissant ainsi.

J'étais donc à réfléchir, et, comme la laitière du bon la Fontaine, j'hésitais entre l'achat d'une ferme et l'acquisition d'un palais... Le tout, pour soixante francs! Je m'arrêtai d'abord à un fusil, un vrai fusil avec lequel je pourrais tuer des lapins dans la garenne et des poules d'eau dans les fossés; — puis, je songeai que j'en avais un déjà, et je me demandai si je ne ferais pas bien d'opter pour un équipement de pêcheur et de me fournir d'hameçons, de lignes et de filets.

Puis encore, des filets je passai à une barque : — une belle barque neuve, peinte en vert et en jaune, avec une voile échancrée et qui ferait merveille, à coup sûr, dans la rivière qui passait à cinq cents pas du château.

Puis enfin, — et certes, j'aurais dû commencer par là, — je me souvins que j'avais vu, à l'étalage d'un libraire, de beaux livres reliés en maroquin, dorés sur tranches et renfermant une foule de choses beaucoup plus belles que leur reliure.

Le fusil, les filets et la barque luttèrent bien une minute contre cette quatrième et plus sérieuse fantaisie, — mais, enfin, les livres l'emportèrent, et mon choix eût été définitivement arrêté si...

Si je n'eusse vu tout à coup un des tisons du foyer jeter une petite flamme bleue.

Cette flamme grandit, grandit peu à peu et éclaira bientôt le foyer tout entier et la salle ensuite.

Je fermai les yeux, ébloui, et, quand je les rouvris, la flamme avait disparu, mais à sa place, devant moi, je vis une belle jeune fille dont la vue m'arracha un cri d'admiration. Si vous voulez vous la figurer bien exactement, mes jeunes amis, regardez votre sœur aînée, votre sœur de quinze à seize ans, dont l'œil est rêveur, la bouche un peu sérieuse, ou bien envisagez le portrait de votre mère peinte à dix-huit ans, de votre mère qui pressentait déjà, sans doute, les petits chagrins et les soucis que vous lui causeriez, et dont le front commençait à se voiler d'une mélancolie pensive quand sa lèvre avait encore le frais et bon sourire naïf et joyeux de la jeunesse.

Elle avait des cheveux blonds, de grands yeux bleus rêveurs et bien doux, une petite main rosée, diaphane, qu'on eût volontiers baisée respectueusement un jour tout entier. Elle était vêtue de blanc comme les anges du paradis, et sa tête portait une couronne de bluets et de marguerites qui embaumaient l'air autour d'elle.

Elle vint à moi, souriante, effleurant à peine le parquet de son pied, et elle mit sa main blanche sur mon épaule.

— Je suis la fée de Noël, me dit-elle, et j'apporte aux enfants des jouets bien plus beaux que ceux qu'ils veulent acheter.

Je la regardai avec étonnement.

— Puisque je suis fée, poursuivit-elle, je puis tout savoir. J'ai vu ton hésitation, et je suis venue pour te conseiller. Veux-tu venir avec moi?...

— Oh! oui, lui dis-je enthousiasmé.

— Nous allons à la messe de minuit. Viens.

Je pris mon manteau et ma casquette et je la suivis.

Nous traversâmes sans bruit les corridors, nous arrivâmes à la porte d'entrée, qui s'ouvrit sans grincer, et lord Ébène, le grand chien noir qui veillait la nuit, nous laissa passer sans murmurer.

Il y avait sur la terre, ainsi que je vous l'ai dit déjà, un épais manteau de neige, les arbres ressemblaient, tant ils en étaient chargés, à ces forêts de sucre cristallisées, que les confiseurs étalent au jour de l'an...

Mais il ne faisait plus froid, car la fée semblait jeter autour d'elle une douce chaleur, et le vent, à sa vue sans doute, s'était apaisé et réfugié dans les noires forêts qui lui servent d'asile pendant les beaux jours.

La neige se durcissait sous nos pas, et la lune éclairait notre route.

Le village était éloigné d'une demi-lieue, mais nous allions d'un pas rapide, et nous eûmes bientôt atteint ses premières maisons, d'humbles chaumières, couvertes de paille, bâties à pierre sèche, cimentée d'argile, et abritant de pauvres laboureurs qui avaient bien de la peine à gagner, pendant l'été, du pain pour manger tout l'hiver.

— La messe n'est point sonnée, me dit la petite fée de Noël, qui me tenait toujours par la main; — entrons un peu chez le père Jean. Je vois de la lumière à travers les ais vermoulus de sa porte.

Le père Jean était un vieux soldat qui avait servi sous les ordres de mon grand-père, et qui n'avait plus qu'une jambe.

Il était pauvre et n'avait pour vivre que son métier et le travail de sa fille, une jeune fille vertueuse et pleine de courage, que Dieu lui avait envoyée, comme l'Antigone d'Œdipe ou la Malvina de Fingal, pour étayer ses vieux ans de sa verte jeunesse.

Le père Jean tressait des corbeilles avec les ajoncs de la rivière et rempaillait les chaises grossières du village. Sa fille travaillait aux champs.

Nous entrâmes dans la cabane, — la fée, invisible pour ses hôtes, bien entendu.

La fée se manifestait à moi seul.

Le père Jean était couché et se plaignait douloureusement. L'hiver était une rude saison pour lui, — le tronçon de sa jambe le faisait horriblement souffrir, ses blessures se rouvraient parfois, et il était souvent des mois entiers dans l'impossibilité de travailler.

Ce jour-là était le vingtième que le père Jean passait dans son lit.

— Regarde et réfléchis bien, me souffla la fée à l'oreille.

Je regardai, en effet, et je vis qu'il n'y avait sur la table qu'un pot d'eau glacée au lieu de vin, dans le feu que de maigres tisons, dans la huche que du pain noir et en petite quantité. J'avais toujours dans la main mes trois pièces d'or. Je les considérais furtivement à la lueur du foyer, je vis briller sur l'une l'effigie de Napoléon, et je la mis dans la main du vieux soldat, qui pleura d'attendrissement et m'appela son fils.

— Viens, me dit la fée de Noël en m'entraînant.

Nous sortîmes. La messe n'était point sonnée encore, et, tout près de l'église, il y avait une autre chaumière également éclairée.

— Frappe, et entrons, me dit la fée.

C'était la chaumière de Marthe la veuve ; — une pauvre femme dont le mari, chasseur de chamois, s'était tué dans un ravin l'année précédente, lui laissant cinq enfants, un champ bien petit, et une maison qui lui semblait bien grande et bien vide maintenant.

Les laboureurs du village, prenant en pitié la détresse de la veuve, s'étaient réunis pour cultiver son champ à tour de rôle. Mais l'année avait été rude, les pommes de terre avaient manqué et le chanvre était de mauvaise venue. Marthe était au coin de son maigre feu, entouré de ses jeunes enfants qui avaient revêtu leurs pauvres habits du dimanche pour aller assister à la naissance de l'enfant-Dieu. Ils dévoraient, en attendant, une galette de blé noir, et ils m'en offrirent, les chers enfants du bon Dieu, — et comme lorsqu'ils venaient au château, ils partageaient mes jeux et mes tartines beurrées, j'acceptai une part de leur grossier gâteau.

— Ils n'auront pas de jouets de Noël, me dit la petite fée tout bas.

J'ouvris encore ma main et je considérai ma seconde pièce d'or. Elle portait l'empreinte du roi Louis XVI, — Louis XVI qu'on avait d'abord appelé Louis le Désiré, avant qu'on ne lui donnât le nom de roi-martyr. Je me souvins de mille traits de noble charité que mon grand-père, qui avait eu l'honneur d'être au nombre des officiers de sa maison, m'avait contés durant nos soirées d'hiver, — et je laissai tomber mon Louis XVI dans le tablier de Rose, la plus jeune des enfants de la veuve.

En ce moment, le premier coup de la messe de minuit tinta au clocher rustique :

— Viens à l'église! me dit la fée.

— Il me reste une pièce d'or, murmurai-je.

— Viens toujours, fit-elle avec un sourire.

Nous entrâmes dans l'église, dont tous les cierges brûlaient, dont l'autel avait revêtu sa plus fine et sa plus blanche nappe ; — et, au lieu de me laisser asseoir au vieux banc seigneurial où je me plaçais d'ordinaire, la fée m'entraîna jusqu'à la sacristie, où le curé s'apprêtait à se couvrir de la chasuble dorée qui servait aux jours solennels. C'était un bon vieux prêtre, mettant en pratique l'Évangile, la providence des pauvres, le père des orphelins, le soutien des veuves, le consolateur de tous.

Il m'avait baptisé, il m'avait fait apprendre les premières pages du catéchisme et enseigné la première déclinaison latine.

— Demande-lui, me dit la fée bien bas, pourquoi, la veille de Noël, il a une soutane aussi usée.

J'allai vers lui :

— Mon bon monsieur le curé, lui dis-je, bon papa ne vous a-t-il pas donné, le mois dernier, un peu d'argent en vous disant : C'est pour une soutane neuve.

— Oui, mon ami, me répondit naïvement le pasteur, mais le lendemain Marguerite du bois, tu sais, la petite Marguerite épousait Pierre le berger.

— Oui. Eh bien?

— Eh bien ! mon enfant, Marguerite n'avait pas de robe assez neuve pour se marier, — et j'ai pensé que toute vieille qu'elle était, ma soutane pourrait aller jusqu'à Pâques prochaines.

Pour la troisième fois j'ouvris ma main et j'examinai ma troisième pièce d'or. Elle était à l'effigie du roi Charles X.

Quelques jours auparavant, j'avais vu mon grand-père pâlir en lisant un numéro de *la Quotidienne*, puis verser des larmes silencieuses et brûlantes en le laissant tomber à terre.

Et comme, effrayé, je lui avais demandé pourquoi il pleurait, il m'avait répondu :

— Je pleure mon vieux roi qui vient de mourir dans l'exil.

Charles X était mort sur la terre étrangère.

— Monsieur le curé, dis-je alors en prenant une voix câline, vous savez que chaque année, le jour de la Saint-Charles, bon papa avait coutume de venir à la messe avec son plus bel habit. Cette année, nous aurons une messe de mort, au lieu d'une messe de fête, et bon papa serait bien mécontent si vous célébriez cette funèbre cérémonie avec une vieille soutane. Tenez, voici vingt francs que je vous prête; si cela ne suffit pas, je demanderai de l'argent à ma mère,

— et vous me rendrez cela plus tard, quand vos pauvres auront ce qu'il leur faut.

Le vieux prêtre me prit dans ses bras et me dit avec émotion :

— Que Dieu te bénisse, mon enfant, comme je te bénis moi-même !

Je me retournai tout fier pour chercher du regard l'œil ami de la petite fée de Noël.

La fée avait disparu !

II

ARMAND.

Jour pour jour, une année après, j'étais au collége. J'avais dit adieu aux bonnes soirées du château, aux belles histoires de mon grand-père, aux leçons indulgentes du vieux curé, — et je regrettais tout cela, placé que j'étais en présence de maîtres durs et indifférents qui stimulaient ma paresse avec des pensums.

Nous revenions de la messe de Noël, célébrée dans la chapelle du collége, et nous montions tristement au dortoir où nous attendait notre lit glacé.

Sur mon lit, je trouvai une petite bourse. Dans cette bourse étaient trois pièces d'or ; — les trois pièces d'or annuelles de mon grand-père.

— Ah ! pensais-je en les retournant, tout soucieux, dans mes doigts, je suis si loin du village !... Et puis, le père Jean est mort, la soutane de monsieur le curé ne peut pas être usée encore... et bon papa, cette année, donnera des étrennes aux enfants de Marthe la veuve. Que ferais-je donc de ces trois pièces d'or ? Qu'achèterais-je ? — Un fusil, j'en ai un ; une barque, j'en ai une aussi ; — des livres ? — j'en ai maintenant plus que je n'en veux... et de bien peu amusants, encore !

Et je retournais toujours ma bourse dans mes doigts.

— Petite fée, murmurai-je enfin, petite fée de Noël, où êtes-vous ? et ne voulez-vous pas venir me conseiller ?

J'avais à peine achevé, que la petite fée était devant moi comme l'année précédente. Elle me prit par la main, et, me rendant invisible pour mes camarades, elle me fit traverser le dortoir et me conduisit à la salle d'étude, et j'aperçus, penché sur son pupitre et écrivant à cette heure avancée de la nuit, Armand, mon meilleur ami.

C'était un jeune homme triste et grave, plus grave et plus triste que son âge, — il avait quatorze ans, — il jouait rarement, il ne riait jamais, mais il était studieux, et ses camarades, auxquels en imposait sans doute son front pâle et un peu hautain, l'aimaient avec une sorte de respect.

Armand était le fils d'un camarade de mon père. Son père avait été tué sur le rempart de Constantine, en conduisant son régiment à l'assaut.

Armand était plus grand, plus fort, plus sage que moi. Il savait que nos pères étaient amis, et il avait continué cette amitié en devenant mon protecteur. Grâces à lui, j'avais évité ce qu'en terme de collége on nomme les écoles, rudes épreuves qui attendent les élèves novices. La petite fée de Noël mit un doigt sur sa bouche pour me recommander le silence, et elle me conduisit derrière lui. Puis me montrant la lettre qu'Armand écrivait, elle me dit :

— Lis!

Je me penchai, retenant mon souffle, et voici ce que je lus :

« Ma bonne petite sœur,

» J'ai le cœur bien serré aujourd'hui, car c'est Noël, et les enfants ont tous de belles étrennes ce jour-là. Hélas! je n'ai rien à t'envoyer, mon pauvre ange! tu sais que notre bonne mère a bien de la peine, depuis que papa est mort au service de la France, pour payer ma pension, et elle n'a pas pu m'envoyer d'argent cette année... Pauvre petite sœur, mon cœur se brise en songeant que je ne puis pas te faire un de ces petits cadeaux que les frères font à leur sœur. Mais va, patience! je deviendrai un jour officier comme notre père, et alors, petite sœur, j'aurai de l'argent... »

Je n'eus pas la force d'en lire davantage et je pris dans mes bras Armand, qui se retourna stupéfait et rougit.

— Tiens, lui dis-je, un jour viendra où nous serons officiers tous deux et où nous pourrons partager encore. Prends la moitié de mes étrennes pour les envoyer à ta petite sœur.

Et, tandis qu'Armand versait une tierce larme, la petite fée prit ma main, la pressa doucement, mit un baiser sur mon front et s'enfuit!

III

Bien des veilles de Noël avaient passé et je n'avais point revu la petite fée. Mais, chaque année, je m'étais souvenu de la joie que j'avais éprouvée à consoler une misère ou une fière et noble infortune...

Mon pauvre grand-père dormait depuis longtemps du dernier sommeil, à l'ombre des cyprès de mon village; j'étais devenu homme, et j'habitais cette grande ville au ciel noir, au pavé brûlant, qu'on nomme Paris.

Les hommes avaient été durs pour moi, les soucis de la vie avaient creusé plus d'un sillon imperceptible sur mon front, et j'avais dépassé cette heure solennelle qui sépare à jamais de l'adolescence et qu'on appelle la vingtième année.

C'était aussi la veille de Noël. Il faisait froid, il pleuvait et le vent agitait lugubrement la flamme des réverbères.

Je passais, le sourcil froncé, enveloppé dans mon manteau sur le boulevard, une main dans ma poche et tourmentant, avec mes doigts fébriles, non plus les louis et les napoléons de mon pauvre grand-père, mais un peu de cet or que les hommes me vendaient au prix de mes veilles laborieuses et de mon rude travail.

Au milieu du boulevard il y avait une maison splendidement illuminée, d'où m'arrivaient des rires joyeux et frénétiques.

C'était un de ces restaurants à la mode ouverts toute la nuit, de Noël à la fin du carnaval.

Parmi les voix qui retentissaient au-dedans, je crus en reconnaître plusieurs et je m'apprêtai à entrer.

Sur le seuil de la porte était une mendiante en haillons, tenant dans ses bras grelottants un enfant bleui par le froid et que la pluie inondait :

— Au nom de Dieu! murmura la femme, pitié! monsieur, j'ai faim et mon enfant est glacé...

J'hésitai une seconde, une seconde je fus tenté de changer en joie la détresse de la pauvre femme... mais, je vous l'ai dit, les hommes avaient été durs pour moi, ils avaient heurté de la lèvre et du pied mon cœur et ma jeunesse, et ma jeunesse s'était repliée meurtrie, et mon cœur s'était fermé.

Je passai outre brusquement, sans écouter la mendiante, je montai, guidé par les rires, j'arrivai dans un salon où une table magnifiquement servie était dressée, et je reconnus autour d'elle d'anciens amis à moi, de jeunes hommes comme moi froissés, ayant souffert comme moi, et qui avaient besoin d'oublier.

Je pris place avec eux, je tendis, frémissant, mon verre sous les flots du vin d'Aï qui coulaient, je bus et je ris d'un rire fébrile, toute une nuit, et quand, au matin, les premières clartés de l'aube vinrent pâlir nos bougies, quand chancelants et brisés nous sortîmes... la mendiante n'était plus là!

Je me souvins alors de sa voix sourde et déchirante, de sa main amaigrie qu'elle m'avait tendue avec un regard suppliant... et le remords me prit à la gorge, et je m'enfuis tout seul, à travers les rues, marchant dans la boue noire, et la tête nue pour calmer un peu, aux âpres baisers de la pluie, le délire de mon front. J'arrivai ainsi chez moi.

Mon feu brûlait encore, la lampe venait de s'éteindre, mon chien dormait dans un coin du sommeil paisible de la fidélité.

Sur la dalle du foyer, et à la lueur indécise du dernier tison, je vis une forme blanche courbée, ou plutôt agenouillée dans l'attitude de la douleur, j'entendis une respiration haletante et entrecoupée de sanglots, et, frissonnant, je demandai qui était là.

La forme blanche se leva lentement et je reconnus la fée de Noël.

Non plus la fée belle et sereine qui, deux fois, m'était apparue, mais une jeune fille au regard triste et mourant, plein de larmes, au front pâle, aux lèvres décolorées.. un fantôme!

— Fée de Noël! m'écriai-je, est-ce vous?

— Je ne suis plus la fée de Noël, me répondit-elle en pleurant, tu viens de me tuer, malheureux! et je veux te dire mon véritable nom avant de mourir.

Alors je la vis se fondre peu à peu en une flamme bleuâtre pareille à celle qui, autrefois, lui avait donné naissance, cette flamme éclaira d'abord le foyer, puis, diminuant, tremblota, crinière lumineuse, au-dessus du dernier tison, puis s'éteignit brusquement...

Et, alors, j'entendis une voix déchirante, brisée, empreinte du râle de l'agonie, qui perça le silence qui m'environnait et me cria :

— Je ne suis plus, et j'étais ta JEUNESSE!

Enfants qui venez de lire cette histoire, ayez la main ouverte toujours; donnez sans cesse et sans vous lasser. La *jeunesse* ne s'en va que lorsque le cœur est fermé.

LES
FOLIES D'UNE CHANOINESSE

I

Fontarey est un charmant petit castel de la renaissance, bâti à mi-côte, non loin de la mer, dans cette riche vallée d'Auge dont s'enorgueillit tout Normand bien né.

De bonnes terres, de vastes prairies, une forêt, un vieux parc, un écusson à demi effacé, de gueules aux merlettes d'or, une manière de pont-levis dont les chaînes rouillées ne fonctionnent plus aujourd'hui, se réunissent pour dire sa splendeur passée.

Une seule chose fait défaut à ce manoir seigneurial, un descendant de ses anciens maîtres. C'est un fief tombé en quenouille depuis tantôt un siècle et demi, et son possesseur actuel est un honorable négociant rouennais qui a établi, tout auprès, une filature de coton.

Peu nous importe, du reste, car notre histoire remonte au siècle dernier.

Le marquis de Fontarey, cornette aux gardes du corps, fut tué, à l'âge de vingt-neuf ans, le soir de la bataille de Fontenoy, cette grande journée commencée par une déroute et finie par une victoire. Le marquis était déjà veuf, et sans doute il se fût remarié, car il n'avait pas d'enfant mâle, ce à quoi, en bon gentilhomme, il devait nécessairement tenir. Malheureusement, un boulet, qui passa à la droite du maréchal de Saxe, atteignit M. de Fontarey en pleine poitrine, et mademoiselle Herminie de Fontarey, alors âgée de huit ans, dut renoncer à devenir plus tard chanoinesse, comme sa tante, madame d'Albermont, qui vint s'établir au castel, et se chargea de l'éducation de l'orpheline. Mademoiselle de Fontarey avait un oncle maternel, le baron de Gignac, qui commandait le régiment de Royal-Cravate, alors éloigné de France, et guerroyant en Allemagne depuis tantôt dix années.

Bien que chargé de la tutelle de sa nièce, il pensa que le service du roi passait avant ses devoirs de famille, et il écrivit à madame d'Albermont une longue épître dans laquelle il lui recommandait chaudement sa pupille, et s'en rapportait entièrement à elle pour les soins et l'éducation à donner à mademoiselle de Fontarey.

La chanoinesse était une charmante femme, parfaitement extravagante, sachant par cœur les romans de mademoiselle de Scudéry, regrettant tous les jours, avec une naïve sincérité, les temps chevaleresques de la Table-Ronde et des croisades, faisant ses délices de l'*Orlando furioso*, enviant le sort de la vaillante Marphise, et se donnant le luxe d'un écuyer qui, le dimanche, la suivait à cheval, armé de toutes pièces, à l'église paroissiale de Fontarey.

Il arrivait même, quelquefois, que madame d'Albermont, après l'émouvante lecture d'un roman de chevalerie, tel qu'*Amadis de Gaule* ou les *Aventures d'Esplandian*, oubliait complétement qu'elle vivait sous le règne de Louis XV le Bien-Aimé, l'âge des paniers, des mouches et de la poudre.

Alors elle se levait au milieu de la nuit, ordonnait qu'on sonnât du cor, mettait sur pied tous les domestiques du château, et les armait de hallebardes émoussées et de vieilles cuirasses, pour résister dignement à quelque voisin félon énamouré du manoir de Fontarey, et disposé à le *conquester* nuitamment.

Les hallucinations de la chanoinesse s'évanouissaient d'ordinaire avec les premiers rayons du matin, et elle se mettait au lit, se moquant d'elle-même, mais se gardant bien d'en convenir devant mademoiselle de Fontarey, à qui ces prises d'armes fréquentes paraissaient toutes naturelles.

D'ailleurs, comme il se mêle toujours un côté sérieux aux plus étranges folies, madame d'Albermont avait fini par envisager cette éducation romanesque et guerrière qu'elle donnait à sa nièce, comme la chose la plus naturelle et la plus raisonnable du monde.

Herminie était la dernière de sa race; elle devait donc porter son nom avec la haute mine et la vigueur d'un homme.

La chanoinesse se souvenait d'un roman italien dans lequel elle avait lu que le roi Louis XII avait donné une commission de capitaine à une demoiselle de Montaigu, et l'avait autorisée à conserver son nom et à le transmettre à ses enfants si elle se mariait.

Or, pour madame d'Albermont, il allait sans dire que le roi Lous XV imiterait le roi Louis XII, et commissionnerait d'une compagnie mademoiselle de Fortarey lorsqu'elle aurait atteint dix-huit ans.

Ce point de départ bien arrêté dans son esprit, la vénérable chanoinesse éleva Herminie en conséquence. Les rouets et les métiers à broder furent soigneusement exclus du château; en revanche, un maître d'armes et un écuyer y furent installés. Mademoiselle de Fontarey apprit à tirer l'épée, à monter à cheval, à couper d'un coup de pistolet la corde qui retenait un pigeon captif; elle eut la plus vaillante meute de la province, et elle se tira avec honneur de certaines randonnées périlleuses où le sanglier faillit la découdre.

Cependant, comme madame d'Albermont était femme, c'est-à-dire défiante, qu'elle n'avait pas une confiance illimitée dans l'approbation du colonel de Royal-Cravate, qui pouvait fort bien ne point partager sa manière de voir à l'endroit des jeunes filles, *héritant fiefs*, comme on disait alors, elle jugea prudent de ne pas le tenir au courant des études de sa pupille. Si bien que l'honnête officier, revenant un beau jour du fond de la Bohême et rentrant en France, se dirigea vers le manoir de Fontarey, après avoir acquis à Paris un trousseau de belles robes et plusieurs écrins de prix, qu'il destinait naïvement à une jeune fille un peu timide, qui le recevrait les yeux baissés, et rougirait bien fort lorsqu'il lui aurait parlé de mariage.

Ici commence notre histoire.

II

Sept heures sonnaient à la grande horloge du château de Fonteray, horloge que la chanoinesse, dans son tendre et respectueux amour du moyen âge, avait fait placer dans l'ancien beffroi.

On était alors en plein mois de septembre, le mois tiède et parfumé entre tous. La vallée était verte encore, les bois ombreux, la vigne sauvage qui encadrait les ogives du manoir empruntait un reflet doré aux dernières lueurs du couchant.

Au loin, à l'horizon, on entendait le clapotement de la mer, et, plus près, dans les forêts qui s'étendaient jusqu'aux falaises, la voix enrouée et affaiblie d'une meute *burant* un dix-cors.

La chanoinesse était seule au manoir, assise au coin d'un feu prématuré, les pieds posés sur un coussin de brocart, la tête inclinée sur l'oreillette gauche d'une bergère à la Mazarin, l'œil tout rêveur et parcourant lentement les arabesques du plafond et les dessins hiéroglyphiques d'une fresque représentant la tentation de saint Antoine.

Un livre entr'ouvert était placé à côté d'elle; — c'était les aventures d'Amadis, et la chanoinesse était arrêtée à cet endroit intéressant où le héros des Gaules pénètre dans la grotte de la fée Urgande.

— Quels hommes! quels preux! murmurait-elle, tout en promenant son regard distrait de la fresque au plafond. Ah! ce siècle était le plus beau des siècles!

Un bruit qui se fit dans la cour du manoir vint rompre brusquement le fil des réflexions de madame d'Albermont, et l'arracha à sa rêverie.

On entendait des claquements de fouet, des grincements de roues, et cette rumeur vague qui indique l'arrivée d'une chaise de poste.

Presque au même instant la porte s'ouvrit et l'intendant de la chanoinesse parut sur le seuil :

— Monsieur le baron de Gignac, annonça-t-il.

Madame d'Albermont se leva vivement, et comme éveillée en sursaut. Le nom de son frère l'arrachait aux magies du roman pour la faire descendre sur la terre.

— Ah! fit-elle avec amertume, le colonel de Royal-Cravate?

— Moi-même, madame ma sœur, répondit le baron apparaissant derrière l'intendant.

La chanoinesse jeta, en soupirant, son cher volume dans un coin, et s'avança vers son frère, qui lui ouvrit ses bras et l'y pressa tendrement.

Le baron était un digne homme, tout guilleret et tout rond, brave et léger, malgré ses cinquante ans, un peu gros, la mine fleurie, l'œil vif, le sourire moitié bienveillant, moitié narquois, — les façons aisées et un peu dédaigneuses du grand seigneur, l'allure martiale et délibérée du soldat.

— Palsambleu! dit-il en entraînant la chanoinesse au coin du feu, je suis tout ravi de vous voir, ma chère sœur, et je vous retrouve assez jeune et assez jolie pour oublier, ma foi! que voici quinze années tantôt que je cours le monde loin de vous.

— En vérité! minauda la chanoinesse, qui tenait, par un reste de coquetterie, à ne point énumérer brutalement le chiffre des années, je crois que vous exagérez, mon frère...

— Nullement : je n'y ajoute pas une semaine; il y a bien quinze ans! Vous aviez trente ans, certes oui, ma sœur, lorsque le roi me confia Royal-Cravate, ce qui fait,—disons-le bien bas, que vous en avez quarante-cinq; et, par Dieu! vous ne les portez pas, je vous le jure.

— Vous venez de Versailles? interrompit sèchement la chanoinesse.

— Sans m'arrêter, madame ma sœur. Le roi a bien voulu me donner un mois de congé, et je le veux passer tout entier auprès de vous et de notre chère Herminie. Mais où donc est-elle, mon Dieu?

— Elle ne peut tarder à rentrer, répondit hypocritement la chanoinesse.

Le colonel présuma que mademoiselle de Fontarey était dans le parc avec sa gouvernante, et y respirait l'air du soir en attendant la cloche du souper; — peut-être encore, pensa-t-il, était-elle allée dans les environs faire des aumônes; — toujours est-il qu'il n'insista pas et reprit :

— Savez-vous, madame ma sœur, que les bois d'alentour sont superbes et d'une belle venue? J'en ai traversé une partie, tout à l'heure, et j'y ai entendu une fanfare vaillamment sonnée. A qui donc avez-vous permis de chasser ainsi sur nos terres? Avez-vous des voisins si aimables qu'il leur soit facultatif de courir les chevreuils et les daims de Fontarey?

La chanoinesse éprouva un moment d'embarras.

— Je n'ai accordé, dit-elle, aucune permission de ce genre.

— Alors, fit brusquement le colonel, on braconne sur vos terres, palsambleu!

— Mais... mon frère...

— Pardieu! j'en suis bien certain, madame, et, tenez, tandis que je m'engageais dans la grande avenue de chênes qui conduit au parc, j'ai aperçu un grand beau garçon, ma foi! qui traversait la futaie au galop d'un cheval de race, et il le maniait en gentilhomme, croyez-le bien.

— Monsieur, balbutia la chanoinesse, ce beau garçon n'avait-il point une veste de chasse en velours bleu?

— Précisément.

— Une casquette de cuir?

— A longue visière, comme les Anglais.

— Et son cheval?...

— Son cheval était noir, avec une étoile blanche au front.

— C'est notre nièce, avoua la chanoinesse en rougissant.

M. de Gignac fit un soubresaut sur son siége en regardant sa sœur :

— Êtes-vous folle? s'écria-t-il.

— Nullement, mon frère.

— Ainsi, ce chasseur qui sonnait à pleins poumons... qui courait ventre à terre, l'éperon aux flancs de sa monture... c'était...

— Herminie, répondit résolûment madame d'Albermont, qui avait fini par s'enhardir.

— Corbleu! madame, exclama le colonel, vous me la baillez belle, en vérité, et voilà, pour une jeune fille élevée par une chanoinesse, une singulière éducation!

— Monsieur, objecta madame d'Albermont avec calme, vous oubliez le nom que porte Herminie.

— Comment l'entendez-vous?

— Quand on se nomme Fontarey, il est bon d'avoir une éducation virile. Il est assez naturel qu'Herminie ait appris à monter à cheval et qu'elle aime la chasse. L'histoire nous fournit l'exemple de mille faits analogues. Pendant les trêves fréquentes qui eurent lieu entre les Sarrasins et les Croisés, la vaillante Clorinde chassait l'épieu; Marphise, la sœur des quatre fils Aymon...

— Cornes de cerf! murmura le colonel, puisque vous citez de si beaux modèles, pourquoi n'avez-vous point donné un maître d'armes à ma nièce?

— Pardon, dit la chanoinesse avec orgueil, elle en a un.

M. de Gignac fut tellement abasourdi de cette réponse, qu'il ne trouva ni un mot ni un geste à lui opposer. Alors, encouragée par ce silence qui lui parut une approbation, madame d'Albermont se prit à développer, avec sa verve et son esprit enthousiaste, ses théories à l'endroit de la chevalerie, ses projets relatifs à la commission de capitaine de cavalerie, et elle entremêla son discours de citations empruntées à ses auteurs favoris, citations qui vinrent si heureusement à propos, que M. de Gignac finit par se lever et secoua le gland de soie d'une sonnette.

L'intendant de Fontarey se présenta aussitôt.

— Maître Joseph, lui dit le baron, montez à cheval, courez à Caen, et ramenez-moi un médecin.

— Pourquoi? demanda la chanoinesse étonnée.

— Pour savoir, dit froidement le baron, s'il est un remède à la folie.

La chanoinesse haussa les épaules.

— Mon frère, pensa-t-elle, est le plus vulgaire des hommes !

Presque au même instant on entendit, dans la cour, le pas d'un cheval et la voix des chiens que les valets couplaient et sanglaient de coups de fouet.

— Voici Clorinde, grommela ironiquement le colonel.

En effet, peu après, mademoiselle de Fontarey entra au salon. C'était une belle jeune fille de vingt ans, qui en paraissait quinze à peine sous ses vêtements masculins. Taille moyenne, cheveux blond-cendré, lèvres roses, œil bleu, formes délicates ; telle était, au physique, cette enfant dont sa folle tante voulait faire un capitaine de dragons.

Mademoiselle Herminie de Fontarey, si elle avait les mœurs d'une amazone, n'en avait nullement la taille et le physique.

Elle salua son oncle d'un petit air délibéré, et jeta négligemment sur un dressoir sa cravache, ses gants de buffle et sa trompe.

Le brave colonel n'en revenait pas de surprise, il se demandait sérieusement s'il n'était pas le jouet d'un rêve.

— Ma chère enfant, dit-il enfin à Herminie, je vous fais compliment sur la tournure que vous donne ce costume de chasse, qui, du reste, vous sied à ravir.

Herminie s'inclina.

— Cependant, poursuivit le colonel, je suis persuadé que vous n'en accepterez pas avec moins de plaisir les ajustements que je vous ai rapportés de Paris. C'est la camérière de madame de Villeroy qui s'est chargée de leur confection, et madame de Pompadour, qui veut bien me tenir de ses amis, a choisi elle-même chez les joailliers Bœhmer frères les bagues et les boucles d'oreilles de cet écrin.

Et le baron tira des basques de son habit une boîte en maroquin rouge qu'il ouvrit sous les yeux de la jeune fille.

Herminie regarda dédaigneusement les joyaux et dit à son oncle :

— A quoi bon tous ces colifichets ?

— Ils vous siéront merveilleusement, ma chère nièce, lorsque vous aurez revêtu la robe à panier couleur pensée et le caraco cerise à basques de malines que je vous ai destinés.

— Une robe! exclama Herminie indignée.

— A moins, dit froidement le colonel, que vous ne comptiez vous marier en culotte, veste longue et talons rouges.

— Me marier!

— La marier! s'écrièrent en même temps la chanoinesse et Herminie, au comble de la stupéfaction.

— Dame! fit le colonel, vous avez dix-huit années tantôt, mon enfant.

— Je le sais, mon oncle.

— Trente mille livres de rente...

— Peuh! fit nonchalamment Herminie, qui se souvenait que les amazones de la chevalerie s'en allaient errant et sans feu ni lieu.

— Le plus beau manoir de la Basse-Normandie, poursuivit le colonel impassible, et je vous ai trouvé un mari charmant.

A ce mot de mari, Herminie porta instinctivement la main à son couteau de chasse, et la chanoinesse songea sérieusement à s'évanouir.

— Monsieur, dit mademoiselle de Fontarey, vous oubliez que je suis la dernière de ma race.

— Après? fit M. de Gignac.

— Et que le roi me doit une commission de capitaine.

— Tout beau, mademoiselle, votre mari sera capitaine en votre lieu et place. C'est un gentilhomme accompli de naissance et de figure. Trente ans, brun, svelte, fort brave, l'œil bleu, une réputation de mauvais sujet, qui tourne la tête aux dames de la cour, toujours régulièrement poudré et galamment vêtu, officier dans Royal-Cravate, riche, un peu vicomte, dansant le menuet à ravir, notre parent éloigné, et ayant hérité de sa tante, l'abbesse de Ponlandry, d'une recette précieuse pour confectionner la gelée d'abricots et les confitures de noisettes au jus de cerises. Je l'attends ici sous huit jours, il vous épousera dans le mois, et vous serez présentée à Versailles avant Noël.

Mademoiselle de Fontarey avait écouté froidement le verbiage rempli d'entrain du colonel; lorsqu'il eut fini, elle recula d'un pas, et le regarda en face :

— Monsieur, lui dit-elle, les soins que vous prenez de mon bonheur me touchent fort, mais je dois vous déclarer qu'ils sont inutiles, je ne veux pas me marier, et je veux servir le roi, au lieu de faire de la tapisserie.

— Plaît-il? fit le colonel.

— La dernière Fontarey n'est point une femme, je vous le jure. Elle se nomme dès aujourd'hui le chevalier de Fontarey.

— Le titre est ingénieux, en vérité.

— Mais vous n'y songez pas, monsieur, quand vous me parlez de mariage. Me marier! épouser un fat qui se poudre et fait des confitures! Un singulier mari, que vous me proposez là!

Ah! continua mademoiselle de Fontarey en s'exaltant, si jamais je songeais à un mari...

— Tiens, dit railleusement le baron, vous allez me dire peut-être comment vous le choisiriez?

— Certainement, monsieur. Je ne consentirais à subir la domination d'un homme que si cet homme était un de ceux dont le regard et le geste fascinent, devant lesquels s'inclinent les plus vaillants, un de ces hommes exceptionnels enfin, héros ou bandit, chevalier redresseur de torts ou chef de brigands à l'existence aventureuse, qui a su se placer en dehors des lois mesquines qui régissent notre siècle dégénéré.

— Par la sambleu! s'écria le colonel, ceci est merveilleux! si je tiens à marier ma nièce, il me faudra lui chercher un Mandrin quelconque.

— Mandrin était un héros, riposta fièrement mademoiselle de Fontarey.

Alors, la chanoinesse, qui, depuis quelques instants, gardait le silence, cita fort à propos l'histoire d'un bandit calabrais qui avait failli devenir roi des Deux-Siciles après avoir inspiré une passion violente à la princesse héritière de Souabe, et elle s'attendrit jusqu'aux larmes au souvenir des malheurs de ce héros.

— Ma foi ! pensa le colonel, il y aurait bien peu de frais à faire pour convertir ce manoir en une maison de fous. Les fous y sont déjà, il n'y a plus qu'à poser des grilles aux fenêtres.

On vint annoncer que le souper était servi.

M. de Gignac offrit le bras à sa sœur et la conduisit à la salle à manger.

Le colonel était un homme d'esprit, il comprit parfaitement que heurter de front les étranges idées de sa nièce et de sa sœur, serait le moyen de les enraciner plus profondément, et il se prit à abonder dans leur sens.

Pendant le souper, il fut beaucoup parlé de la terre sainte et de Clorinde ; puis on en vint à Amadis, cette fine fleur de la chevalerie, — la fée Urgande eut quelques éloges, entre un quartier de venaison et une bisque de perdreaux, — et, enfin, le brigand calabrais, qui aurait pu devenir roi et s'était contenté d'une potence et d'une corde à peu près, eut les honneurs du dessert.

M. de Gignac prétexta la fatigue du voyage pour se retirer de bonne heure dans son appartement, et, là, il se prit à réfléchir.

La nuit, dit-on, porte conseil. Le lendemain, le digne colonel de Royal-Cravate se présenta chez la chanoinesse et lui dit gravement :

— J'ai beaucoup songé à tout ce que nous avons dit hier, et j'ai fini par reconnaître qu'il valait beaucoup mieux que notre nièce obtînt une compagnie au lieu et place d'un époux. Je repars aujourd'hui même, je vais à Versailles supplier le roi de lui donner une lieutenance dans mon régiment.

— Par cet abominable enchanteur Merlin ! s'écria la chanoinesse, mon frère, voilà qui est noblement parlé !

Le jour même, M. de Gignac quitta Fontarey, laissant à sa nièce la promesse d'une lieutenance, et emportant les robes à panier et les écrins choisis par madame de Pompadour.

III

Le colonel de Royal-Cravate partit sans prendre congé de mademoiselle de Fontarey.

Herminie s'était levée avant l'aube, pour aller attaquer un solitaire détourné pendant la nuit, à deux lieues du château.

Sa joie fut grande, en apprenant la cause du brusque départ de M. de Gignac, et elle poussa l'oubli de sa dignité masculine jusqu'à danser devant sa tante, après l'avoir couverte de baisers avec la tendresse empressée d'un enfant dont on vient de satisfaire les caprices.

La chanoinesse était ravie. Elle manda le même jour son écuyer, et lui enjoignit d'avoir à préparer ses armes, à soigner son cheval et fourbir sa cuirasse pour accompagner dignement le futur lieutenant de dragons.

Il fut même question, un moment, de faire une levée de vassaux et de tenanciers, et d'arborer une bannière au-dessus de la grand'porte du château.

Ce dernier projet, cependant, ne reçut pas son exécution immédiate; mais, en revanche, tous les auteurs qui avaient traité savamment des lois et coutumes de la chevalerie furent de nouveau compulsés, consultés, et la chanoinesse, durant quelques jours, s'endormit au coin du feu en rêvant du beau Galaor, le galant fils du roi Périon.

A cette époque, les routes étaient mal frayées et par conséquent difficiles. Il fallait trois grandes journées pour aller de Fontarey à Paris, autant pour en revenir, et madame d'Albermont calcula qu'en admettant que le colonel eût obtenu une audience du roi à son arrivée, une semaine au moins s'écoulerait avant la nomination d'Herminie à l'emploi de lieutenant.

Pendant la première semaine qui suivit le départ de M. de Gignac, la chanoinesse et sa nièce formèrent mille projets et mille rêves; cette semaine écoulée, elles envoyèrent tous les jours un domestique à cheval à la rencontre de M. de Gignac ou de son messager.

Le domestique revint toujours seul. Les jours succédèrent

aux jours, puis les semaines aux semaines, enfin deux mois s'écoulèrent et aucune nouvelle du baron ne parvint au manoir de Fontarey. Le roi avait-il refusé, et M. de Gignac, confus de cette déconvenue, n'osait-il reparaître, ou bien lui était-il arrivé malheur ?

Elles flottaient entre ces deux suppositions, car il ne leur était pas venu un seul instant à l'esprit que le colonel de Royal-Cravate s'était moqué d'elles ; Herminie dépérissait à vue d'œil, la chanoinesse s'en prenait d'un pareil guignon à l'enchanteur Merlin, ce joueur de tours pendables. Bref, la tristesse était si bien entrée au manoir, que l'écuyer, après avoir fourbi religieusement ses armes tous les matins, les avait laissées se rouiller, tant il était découragé.

Un matin cependant, madame d'Albermont et sa nièce furent réveillées en sursaut par les sons d'un cor retentissant à la porte du château, au delà du pont-levis.

La bonne chanoinesse, brusquement arrachée à un rêve fort pénible, durant lequel elle avait eu grand besoin de l'assistance de la fée Urgande, s'écria, dans un premier moment de trouble :

— Aux armes ! Voici l'ennemi ; que tous les hommes se rendent sur la plate-forme et sur les remparts.

— Ce n'est vraiment pas la peine, madame, répondit l'intendant, qui, en entrant chez elle, surprit cette invocation belliqueuse ; c'est un héraut d'armes qui demande à parlementer.

L'intendant était un rusé coquin de basse Normandie, qui, loin de désapprouver la folie de sa maîtresse, y trouvait son compte, et jugeait bon de la ménager et de l'entretenir pour éviter l'apuration de ses mémoires. Aussi parlait-il le vieux langage de la chevalerie avec autant de pureté qu'eût pu le faire Lionel, cet écuyer de Richard Cœur-de-Lion, le seul de tout l'univers qui n'eût point abandonné son maître.

— Un héraut ? fit la chanoinesse.

— Et qui vient de fort loin, à en juger par son costume, observa l'intendant.

— Qu'on l'introduise et qu'on prévienne le chevalier de Fontarey.

Herminie ne souffrait plus qu'on lui donnât d'autre nom, depuis qu'il était question de la lieutenance dans Royal-Cravate.

La chanoinesse sonna ses camérières, ordonna qu'on prît les armes dans tout le manoir pour recevoir dignement le héraut, se fit habiller, et descendit à la salle à manger convertie en *parloir*, où Herminie se trouvait déjà, la main sur la garde de son épée, la tête couverte d'un feutre à plumes, comme au temps de Louis XIII, et environnée d'une douzaine de valets de ferme et de marmitons, que l'intendant s'était empressé d'affubler de casques et de cuirasses.

Alors, sur un signe de la chanoinesse, le héraut fut introduit.

C'était un grand gaillard de six pieds au moins, entièrement vêtu de noir, enveloppé d'un manteau long comme en portent les brigands d'opéra comique, ayant une ceinture de poignards et de pistolets, une plume rouge à son chapeau, et, au côté, une épée dont la poignée représentait une tête de mort. Le cor qui lui avait servi à annoncer son arrivée était suspendu à son épaule gauche.

Il s'inclina par trois fois devant madame d'Albermont, et lui remit un pli cacheté de cire rouge, sans proférer un mot et sans faire un geste.

L'attitude étrange du messager ravit d'aise la chanoinesse.

— Je parie, dit-elle en rompant précipitamment le sceau de la lettre, que c'est quelque enchanteur qui me fait sa soumission.

Madame d'Albermont se trompait. C'était le baron de Gignac qui, du fond de la Bohême, lui écrivait la lamentable épître que nous transcrivons textuellement :

« Ma chère sœur,

» C'est un homme à moitié trépassé déjà et dont la vie tient à un fil, qui vous écrit, hélas! pour la dernière fois peut-être. En ce moment, deux bandits veillent sur moi, le pistolet au poing, et ils m'assassineraient sans remords si je cherchais à leur échapper. Vous frémirez en apprenant le lieu où je me trouve. Figurez-vous que je suis prisonnier dans le castel du Diable, ce repaire du bandit le plus fameux que l'Allemagne ait enfanté.

» Comment suis-je tombé entre ses mains? Ceci est une longue et lamentable histoire que je vais essayer de vous conter. Je dis *essayer*, car je perds la tête littéralement depuis vingt-quatre heures.

» Figurez-vous donc qu'en quittant Fontarey, je pris la route de Versailles et m'y rendis directement. J'arrivai le soir du troisième jour de voyage, et j'allai descendre à mon hôtel ordinaire, car il était trop tard pour songer à voir le roi avant le lendemain.

» J'étais à peine installé devant un bon souper, dont j'avais grand besoin, du reste, que la porte s'ouvrit, et je vis entrer M. de Fontaines, le capitaine des gardes de sa majesté.

» — Le roi vous attend ce soir à dix heures, me dit-il. Il en est neuf, soupez au galop, faites-vous vêtir et venez avec moi.

» Mon valet de chambre me mit un œil de poudre à la maréchale, m'attifa le plus galamment possible, et je suivis M. de Fontaines.

» Sa majesté était seule dans ses petits appartements, et elle m'attendait.

» — Monsieur de Gignac, me dit-elle un peu brusquement, pendant que vous couriez en Normandie, nous avons eu un échec en Allemagne : Royal-Cravate a été battu, et il faut que l'honneur de Royal-Cravate soit vengé. Je vous retire votre congé; partez sur-le-champ, et allez reprendre le commandement de vos dragons.

» Vous sentez, ma chère sœur, que les paroles du roi n'étaient pas de nature à m'encourager fort, et je jugeai prudent de renvoyer à un autre jour la demande que je voulais faire d'une lieutenance pour notre beau chevalier de Fontarey. Je pris donc congé, et je partis le soir même pour l'Allemagne.

» Royal-Cravate était cantonné sur les confins de la Bohême, dans un pays de sombres forêts et de marécages, semé de routes périlleuses et infesté de bandits, et ce n'était point chose facile que de parvenir sans encombre jusqu'aux quartiers de mon régiment.

» Je n'avais d'autre escorte que mon valet de chambre et un dragon; j'ignorais la langue du pays, et souvent j'étais assailli par des maraudeurs prussiens et des soldats hongrois licenciés, avec lesquels il fallait avoir maille à partir, soir et matin, pour n'être point dévalisé et assassiné.

» Un soir, nous venions de nous engager dans un défilé tortueux et désert, un vallon sauvage où on n'apercevait aucune trace du voisinage des hommes. La nuit approchait, il faisait froid, nos chevaux étaient las et je mourais de faim. Il fallait, à tout prix, chercher un gîte pour la nuit.

» Mon valet se lamentait; mon dragon, qui est superstitieux, craignait de voir à chaque instant apparaître le diable au détour du chemin, et moi, transi et affamé, je regrettais sincèrement le manoir de Fontarey, son feu clair et sa table si magnifiquement servie.

» Tout à coup les sons d'un cor de chasse s'élevèrent dans les forêts voisines et me firent tressaillir d'espérance.

» — Corbleu, pensais-je, puisqu'il y a des veneurs, il doit y avoir également une habitation dans les environs. La trompe sonnait gaillardement la fanfare du roi Robert, cette fanfare de prédilection du roi Henri IV et de son page Bavolet: j'en savais à merveille tous les motifs, et, quoique n'ayant ni cor ni trompe, j'entonnai vigoureusement la réplique avec cette voix sonore et robuste que vous me connaissez.

» Je fus entendu, on me répondit ; le cor s'approcha graduellement, puis, soudain, aux dernières clartés du jour qui s'effaçait devant la nuit, je vis apparaître, sur un rocher qui dominait l'étroit sentier que nous suivions, un chasseur qui tenait deux lévriers en laisse et portait une carabine à double coup sur l'épaule.

» Je poussai mon cheval et j'allai droit à lui.

» C'était un jeune homme de haute taille, d'une physionomie ouverte et martiale qui me plut. Il était vêtu d'un élégant justaucorps de chasse, et la finesse de ses mains, la petitesse de ses pieds attestaient qu'il était gentilhomme.

» — Je vous demande pardon, monsieur, lui dis-je, de vous avoir ainsi arrêté, mais je suis désorienté; je trotte depuis le matin, mon cheval est rendu, je meurs de faim et ne sais où trouver un souper et un gîte.

» — Chez moi, monsieur, me répondit-il courtoisement en français, je suis le comte de Holdengrasburg, mon château est à un quart de lieue, et, si vous voulez m'y suivre, je serai trop heureux de vous y offrir l'hospitalité.

» Le ton de ce jeune homme était si parfaitement courtois et cordial, que je ne me fis nullement prier. Il se mit en route devant moi, je le suivis, et nous fûmes précédés par les deux lévriers, qui bondirent en hurlant et s'en allèrent sans doute prévenir les gens du comte de sa prochaine arrivée.

» Au bout de dix minutes de marche, la vallée, sauvage et déserte jusque-là, fit un coude, s'agrandit, et j'aperçus alors à son extrémité un vieil édifice, imposant d'aspect et illuminé de la base au faîte, comme ces manoirs fantastiques qui apparaissent, tout à coup, dans les ballades allemandes.

» — C'est Holdengrasburg, me dit le comte.

» — Vous donnez donc une fête?

» — Moi, pas le moins du monde.

» — Alors, pourquoi ces illuminations?

» — Mon cher hôte, me dit mystérieusement le comte, ceci est toute une histoire, ou plutôt c'est l'accomplissement d'un vœu.

» — Vraiment? fis-je étonné.

» — Nous sommes en Allemagne...

» — Je le sais.

» — Et, qui mieux est, en Bohême, la terre du merveilleux par excellence.

» — Eh bien?

» — Eh bien! mon château est illuminé tous les soirs, dès la brune, pour obéir à une tradition de famille.

» — Cette tradition doit être curieuse.

» — Originale, du moins. Vous allez en juger.

» Le comte passa à ma droite, car le sentier était devenu plus large, et il continua :

» — Un de mes aïeux, revenant des croisades, — vous voyez que l'histoire n'est point d'hier, — suivait ce même sentier où nous cheminons, par une froide soirée de décembre.

» Mon aïeul avait été prisonnier chez les Maures pendant quinze années. A son départ d'Holdengrasburg, la tour du nord du château, qu'il avait élevée récemment, était blanche, et on la voyait de loin, quelque épaisse que fût la nuit. Mais ses murs noircirent peu à peu pendant les quinze années d'absence de son maître; si bien que, lorsqu'il arriva précisément au lieu où nous sommes, il eut beau regarder et sonder de son œil perçant la profondeur de la nuit, il n'aperçut ni le château ni la tour. Cela causa sa perte, et voici comment :

» Pendant sa longue captivité, mon aïeul avait fait un vœu; il avait juré sur le pommeau de son épée, qui était en forme de croix, que si jamais il recouvrait sa liberté, il s'en irait de la Palestine à son manoir d'Holdengrasburg sans desserrer les dents ni dire une parole.

» Ce vœu toucha sans doute le Seigneur, car, huit jours après, il trouva l'occasion de s'évader, et il se sauva à la nage jusqu'à bord d'un navire provençal qui le recueillit. Mon aïeul accomplit son long voyage des côtes d'Égypte aux montagnes de la Bohême sans avoir failli à son serment. Il s'exprimait par signes et aucun son ne s'échappait de ses lèvres.

» Lorsqu'il fut à une lieue d'Holdengrasburg, la nuit le prit; mais il était brave, il savait parfaitement le chemin, et il avait hâte de revoir son manoir, sa femme et ses fils, qui devaient être devenus hommes, d'enfants qu'ils étaient à son départ. Il continua donc à marcher, allant à pied comme un vilain, un bâton de houx à la main, en place de sa vaillante épée, dont les tronçons gisaient sur son dernier champ de bataille. Lorsqu'il fut parvenu à ce coude de la vallée d'où jadis on voyait s'élever la tour blanche dans le lointain, son cœur se prit à battre bien fort, et il s'arrêta d'abord, cloué au sol par l'émotion... et puis il fit un pas... et puis encore un...

» Et alors il poussa un cri terrible; il ne voyait point la tour, la tour n'existait plus sans doute... peut-être en son absence avait-on rasé le château, égorgé sa femme et ses fils...

» Le pauvre châtelain se prit à courir, brandissant son bâton comme autrefois sa lance. En chemin il se heurta à un cavalier qui sifflotait une fanfare et qui marchait en sens inverse.

» Alors l'anxiété de mon aïeul l'emportant sur la piété, la crainte en Dieu, il oublia son vœu, ses serments, et interpellant le cavalier :

» — Hé ! l'ami, dit-il, qui que vous soyez, vilain ou gentilhomme, d'épée ou d'église, un mot s'il vous plait ?

» — Que voulez-vous ? demanda le cavalier avec courtoisie.

» — Êtes-vous de cette contrée ?

» — Sans doute.

» — Alors vous avez entendu parler du châtelain d'Holdengrasbrug ?

» — Oui... qui est en Terre-Sainte.

» — Précisément... De sa femme et de ses deux fils ?

» — Je les ai vus bien souvent.

» — De... son château ?

» — Je viens de passer sous ses murs.

» — Dites-vous vrai ? s'écria mon aïeul.

» — Quel intérêt ai-je à mentir ?

» — Mais, cependant, objecta le châtelain d'une voix tremblante, autrefois, de cette place, on voyait la tour.

» — Oh ! dit le cavalier en riant, c'est qu'il n'en est pas des tours comme de la barbe de ceux qui les élèvent. A mesure que l'architecte vieillit, sa barbe devient blanche; à mesure que les années passent sur le toit des tours, leurs murailles blanches noircissent. Voilà toute la différence. La tour blanche a noirci, c'est pour cela que vous ne la voyez plus.

» Le châtelain poussa un cri de joie et murmura :

» — Mon Dieu ! donnez-moi donc la force d'arriver sous les murs d'Holdengrasburg, car je suis bien las et mes jambes fléchissent.

» — Ma foi, dit le cavalier souriant dans l'ombre, je ne suis pas celui que vous invoquez, tant s'en faut! mais je suis bon diable et toujours disposé à rendre service; montez en croupe derrière moi, je vous vais conduire sous les murs d'Holdengrasburg en un temps de galop.

» Le châtelain remercia le cavalier avec effusion et sauta en selle derrière lui. Le cheval fit aussitôt tête-queue et s'élança rapide dans la direction du manoir. En dix minutes il eut atteint le pont-levis, et, alors, la lune apparut à l'horizon, éclaira l'édifice tout entier, et montra au châtelain sa femme et ses deux fils qui se promenaient sur la plateforme.

» Mon aïeul remercia alors le cavalier et voulut mettre pied à terre, mais il sentit une force inconnue le visser sur la selle, et, en même temps, comme il regardait son conducteur, il s'aperçut qu'il avait des cornes sur la tête, et il reconnut le diable qui riait, à se tordre, de son plus méchant sourire.

» — Holà! cria l'ange des ténèbres, holà! châtelaine de Holdengrasburg, recommandez donc à vos enfants d'éclairer un peu mieux leur manoir, quand vient la nuit. Cette absence de lumières vient de coûter à votre époux sa part de paradis, car un gentilhomme qui parjure son serment est damné et m'appartient de droit!

» Et Satan enfonça l'éperon aux flancs de son cheval, qui laissa le manoir à gauche et s'enfonça sous les hautes futaies de la forêt voisine; sa course devint si rapide que mon aïeul fut asphyxié en quelques minutes, et que le diable l'emporta mort en enfer.

» — Voilà pourquoi, me dit en riant le comte de Holdengrasburg, de peur que jamais le châtelain vivant ne fasse vœu de silence et ne soit tenté de se parjurer ensuite, on illumine le château tous les soirs lorsqu'il est absent.

» Nous touchions aux portes du manoir au moment où le jeune homme achevait.

» Il sonna du cor. Une légion de serviteurs en livrée rouge se précipita dans la cour et vint à notre rencontre.

» Le comte me tint galamment l'étrier pendant que je mettais pied à terre, puis il m'introduisit dans l'intérieur du château, qui était d'une fastueuse opulence.

» Quelques minutes après, j'étais à table en face de mon hôte, faisant honneur à son souper délicat, buvant des vins exquis, et enchanté de l'esprit et des grandes façons du comte, qui me paraissait être un homme du meilleur monde.

» — Mon cher hôte, me dit-il après le souper et en me conduisant dans ma chambre, vous êtes las, il serait discourtois de prolonger votre veillée, mais, demain, je compte vous éveiller de bonne heure, je vous veux faire assister à une chasse magnifique.

» Je m'inclinai, il me laissa aux mains de mon valet de chambre, et je ne tardai point à m'endormir, après avoir prudemment posé mon épée sous mon chevet et mes pistolets, à portée de la main, sur un guéridon. J'avais peut-être un peu trop bu, à coup sûr j'étais très-fatigué, je dormis jusqu'au lendemain d'une seule traite, et je ne fus éveillé que par les premiers rayons du soleil.

» En ouvrant les yeux, deux circonstances bizarres me frappèrent d'étonnement.

» Mon valet, à qui l'on avait dressé un lit de camp dans ma chambre, n'était plus là, non plus que le lit de camp, et les pistolets que j'avais placés la veille sur le guéridon avaient disparu.

» Je portai instinctivement la main à mon chevet et j'y cherchai mon épée...

» Mon épée n'y était plus !

» Alors soupçonnant une trahison, je secouai violemment un cordon de sonnette et j'appelai en même temps.

» Presque aussitôt la porte s'ouvrit et je vis entrer le comte lui-même.

» — Bonjour, monsieur le baron, me dit-il; comment avez-vous dormi ?

» — A merveille, mon cher hôte, mais...

» — Vous paraissez inquiet...

» — En effet... mon valet de chambre...

» — Il est aux cuisines, il déjeune.

» — Mes pistolets...

» — Mon domestique les nettoie, ils étaient rouillés.

» — Mon épée...

» — Je l'ai fait enlever de dessous votre oreiller de peur que vous ne vinssiez à vous blesser en dormant. Cela s'est vu, mon Dieu !

» Je regardai le comte, il souriait d'un air moqueur.

» — Monsieur, lui dis-je, ne serait-ce pas plutôt que vous auriez eu l'intention ?...

» — Allons ! fit-il, continuant à sourire, je le vois bien, il faut vous l'avouer, vous êtes mon prisonnier.

» — Prisonnier ! m'écriai-je, prisonnier de guerre ?

» — Oh ! non pas, je ne m'occupe pas de politique.

» — Qui donc êtes-vous alors ? exclamai-je.

» — Hier, j'étais le comte de Holdengrasburg, et je vous ai même raconté certaine légende de ma composition, qui, je le crois, a quelque mérite. Je m'occupe de littérature à mes moments perdus. Hier donc, je m'appelais le comte de Holdengrasburg, permettez-moi aujourd'hui de reprendre mon véritable nom : je suis Michaël !

» — Michaël ! m'écriai-je, Michaël le bandit !

» — Pour vous servir, monsieur le colonel de Royal-Cravate, fit-il avec courtoisie.

» Or, ma chère sœur, pour vous donner une idée de l'effroi que j'éprouvai à ce terrible nom, il faut que je vous dise ce qu'est Michaël le chef de brigands, au moral et au physique. »

Décidément, fit la chanoinesse en s'arrêtant et regardant Herminie, notre siècle a encore du bon, et le chef de bandits n'est point un mythe. Poursuivons.

IV

« Michaël, poursuivait M. de Gignac dans sa lettre, est la terreur de l'Allemagne tout entière.

» Aucune existence humaine n'avait été jusqu'ici plus remplie d'actions d'éclat et de crimes grandioses, mélangée de férocité et de généreux instincts. Né sur les marches d'un trône, il a dû à la fatalité seule cette vie de rapines et d'infamie à laquelle il est condamné désormais.

» Il est le frère jumeau d'un prince souverain allemand. Victime de l'ambition de son frère, Michaël fut un jour surpris dans son lit, garrotté et enfermé dans un sombre cachot. Cela se passait du vivant de son père, alors régnant; lorsque Michaël fut rendu à la liberté, son père était mort, son frère régnait, et on lui contesta jusqu'à son nom et sa qualité de fils de souverain. Il avait passé dix ans en prison: pendant ce temps, on avait fait courir le bruit de sa mort, en sorte que, lorsqu'il reparut, nul ne voulut le reconnaître.

» Michaël s'adressa successivement à tous les princes voisins, leur demandant justice et appui. Aucun ne lui prêta assistance, — partout on le traitait d'aventurier.

» Alors cet homme foulé aux pieds, bafoué, traîné dans la boue du mépris, se redressa; il était brave, audacieux, la haine emplissait son cœur; il remplaça son épée par un poignard, et s'écria :

» — Ah! on me conteste mon nom, on me refuse mon royaume et jusqu'à ma part d'héritage. Eh bien! je me ferai un nom au bruit duquel on tremblera, je me taillerai un royaume dans le royaume de tous.

» Et il tint parole.

» Depuis dix années, si une ville allemande est attaquée de nuit, incendiée et pillée, — c'est Michaël et sa bande qui passent par là! — Si un prince, voyageant avec une faible escorte, est arrêté et dévalisé, c'est Michaël. — Si une de ces vastes forêts qui couvrent le sol de la Bohême s'embrase un soir, et éclaire de sa flamme gigantesque les ténèbres de la nuit, c'est Michaël, toujours Michaël!

» Au physique, Michaël est un charmant cavalier. Grand, bien pris, nerveux et souple, il a un visage souriant et distingué, une fine moustache noire au bord de la lèvre, une magnifique chevelure bouclée qui tombe sur ses épaules. Son pied et sa main sont d'une admirable petitesse. Il monte à cheval comme le roi Louis XV; il tire l'épée comme feu Henri III.

» Au milieu de son existence de bandit, il a conservé les

hautes façons et la courtoisie d'un grand seigneur. Mais cette apparence est trompeuse: Michaël est implacable dans ses haines, il est inexorable dans ses résolutions.

» Or, vous allez voir, ma chère sœur, quelle abominable chose il a résolue à mon endroit.

» — Mon cher colonel, me dit-il en s'asseyant dans un grand fauteuil placé près de mon lit, je viens de vous le dire, je ne m'occupe pas de politique, et c'est pour un tout autre motif que je vous retiens prisonnier.

» — Je crois le deviner, fis-je avec dédain.

» — Je ne pense pas, baron.

» — Vous voulez me mettre à rançon? parlez, combien m'estimez-vous?

» — Fi! monsieur.

» — Supposeriez-vous que je ne sois pas assez riche pour me racheter?

» — Nullement.

» Michaël parlait avec calme; tout brave que je suis, j'eus peur.

» — Figurez-vous, mon cher baron, reprit-il, que l'année dernière je suis allé à Versailles.

» — Ah! fis-je étonné.

» — Que voulez-vous? je n'avais jamais vu la cour de France et j'en désirais avoir le cœur net. Je laissai mes ordres et mes instructions, et je partis.

» On me présenta au roi Louis XV sous ce même nom de Holdengrasburg que je me donnais hier. Le roi me fit fort bon accueil, les dames pareillement. Quelques diamants cousus à mon habit m'acquirent l'estime générale. Les financiers, qui commençaient à être nombreux en France, me proposèrent diverses opérations d'argent que je crus devoir refuser; un grand seigneur aux trois quarts ruiné, le duc d'O..., espérant m'emprunter plus tard deux ou trois cent mille livres, m'invita à aller courre un cerf dans sa terre de Normandie. J'acceptai cette dernière offre et nous partîmes. Le duc d'O... est voisin de terre de la chanoinesse d'Albermont, votre sœur, et de votre nièce, mademoiselle de Fontarcy, par conséquent.

» J'aperçus un jour mademoiselle Herminie, à la chasse, dans l'épaisseur d'un taillis, et sa beauté me frappa à ce point que j'en demeurai tout saisi et immobile, et qu'elle passa près de moi sans m'apercevoir. Depuis ce jour je fus amoureux fou de mademoiselle de Fontarey, amoureux à ce point que je me jurai de vous avoir vivant entre mes mains, et de ne vous rendre votre liberté que lorsque vous m'auriez permis de l'épouser.

» Or, ajouta le bandit avec un abominable sourire, vous savez si je me tiens parole et si je renonce jamais à exécuter mes projets.

» — Monsieur, m'écriai-je indigné, ce que vous me demandez-là est impossible.

» — Vous savez bien, répondit-il en riant, que le maréchal de Villars prétendait que le mot *impossible* n'était pas français.

» — Il le sera.

» — Je n'en crois rien.

» — Savez-vous, monsieur, ce qu'est ma nièce?

» — Je le sais : une amazone qui fait fi du mariage, tient à conserver son indépendance, méprise les hommes et tire l'épée comme un preux.

» — Vous l'avez dit.

» — Aussi, poursuivit le bandit, riant toujours, je ne prétends épouser mademoiselle de Fontarey qu'après l'avoir vaincue.

» — Comment l'entendez-vous?

» — Mademoiselle de Fontarey sera libre de ne point m'épouser et de vous emmener avec elle si elle me bat les armes à la main.

» — Un duel!

» — Mon Dieu! cela s'est vu.

» — Et où donc? demandai-je, où donc a-t-on vu un homme et une femme croiser le fer?

» — D'abord, monsieur, mademoiselle de Fontarey n'est point une femme, c'est une héroïne.

» — Vous avez raison.

» — Ouvrez l'Arioste, vous y verrez Marphise combattant

Renaud; ouvrez la *Jérusalem délivrée*, vous y rencontrerez Clorinde aux prises avec Tancrède. Tous les auteurs qui ont fidèlement narré les prouesses de la chevalerie sont d'accord sur ce point.

» — C'est juste, murmurai-je.

» — Or, reprit Michaël, vous allez écrire à madame d'Albermont.

» — Écrire?

» — Et vous la prierez d'accourir ici sous huit jours, avec mademoiselle Herminie.

» — Vous êtes fou, monsieur.

» — Pardon, fit-il avec calme, remarquez, je vous prie, que si ces dames mettaient un trop grand retard à vous obéir, il est probable qu'elles vous trouveraient pendu haut et court à ce grand chêne que vous voyez d'ici au bord de la route.

» — Je frissonnai.

» — Vous allez donc, reprit-il, écrire à madam d'Albermont, vous lui recommanderez une grande diligence, et, de plus, j'y tiens essentiellement, et c'est pour vous une question de vie ou de mort, vous l'avertirez de ne prononcer mon nom sous aucun prétexte pendant la route, et de se contenter, en demandant son chemin, de nommer le castel du Diable, c'est le nom de guerre de mon manoir.

» — Monsieur, répondis-je, car j'avais eu le temps de reconquérir mon sang-froid, ce que vous me demandez est impossible. Assassinez-moi, mais jamais...

» — Comme il vous plaira, me dit-il; en attendant, mon cher hôte, je vous ai promis une grande chasse, habillez-vous et me rejoignez à la salle à manger. Le rendez-vous est pour dix heures, à une lieue d'ici.

» Et Michaël me laissa aux mains de mon valet de chambre qu'il m'avait rendu.

» Le pauvre diable s'était endormi dans ma chambre et réveillé aux offices. C'était là tout ce qu'il savait.

» Le bandit m'avait courtoisement prié de chasser avec lui; d'ailleurs j'étais son prisonnier, et il ne fallait point songer à lui résister. Je le suivis donc à la chasse.

» Michaël est un veneur de mérite, il a de la science et du tact, il connait parfaitement les mœurs et les ruses du gibier, il fait galamment une curée et possède les plus beaux équipages que j'aie jamais vus en Allemagne.

» Je suis naturellement assez insouciant, je résolus de faire contre fortune bon cœur, et m'abandonnai tout entier à cette passion favorite des soldats et des gentilshommes qui a nom vénerie.

» Nous revînmes le soir au château, affamés et harassés. A dix heures Michaël prit congé de moi et me dit :

» — J'espère, monsieur le baron, que demain vous vous déciderez à écrire à madame d'Albermont.

» — Je n'en crois rien, répondis-je.

» — Peut-être... fit-il en me saluant.

» Je gagnai mon appartement et fus désagréablement surpris d'y trouver deux grands gaillards armés jusqu'aux dents et assis aux deux côtés de mon lit.

» — Mille pardons, monsieur le baron, dit l'un d'eux d'un ton moqueur, mais notre maître, monsieur le baron de Holdengrasburg, nous a chargés de veiller sur votre repos.

» — C'est-à-dire qu'il vous a chargés de m'assassiner, j'imagine ?

» — Pas précisément.

» — Alors, pourquoi ces armes ?

» — Ah! elles n'ont d'autre destination que de nous protéger, au cas où il vous plairait de nous rosser d'importance.

» — Très-bien ! Votre maître est mille fois trop bon de s'occuper de mon repos, mais je ne suis point malade, je dors fort bien tout seul, et je vous permets de vous retirer.

» — Pardon, monsieur le baron ne vient-il pas de nous dire qu'il dormait fort bien ?

» — Je meurs de sommeil.

» — C'est fâcheux, en vérité.

» — Comment, fâcheux ?

» — Hélas ! oui, car monsieur le comte de Holdengrasburg a une singulière idée.

» — Quelle est-elle ?

» — Il a pensé que la nuit portait conseil, et qu'on réfléchissait plus à son aise dans le silence et l'obscurité.

» — Ah! fis-je étonné, et ne sachant où ils en voulaient venir.

» — Or, reprit mon singulier valet de chambre, monsieur le baron a besoin de réfléchir sur les fâcheuses conséquences de son refus d'écrire à madame la chanoinesse d'Albermont.

» — Plaît-il?

» — Et comme monsieur le baron est harassé, s'il vient à s'endormir, il ne réfléchira pas.

» — J'en suis fâché, mais je dors debout.

» — Aussi avons-nous l'ordre d'empêcher monsieur le baron de dormir.

» — Qu'est-ce à dire, maraud?

» Le drôle se leva, alla prendre une guitare sur un guéridon et revint.

» — J'ai un assez joli talent, me dit-il, j'ai été gondolier du doge à Venise.

» — Insolent!

» — La musique porte à la mélancolie. Quand on est mélancolique, on réfléchit. Aussitôt que monsieur le baron fermera l'œil, je lui chanterai une romance. Si, malgré les doux accents de ma guitare, monsieur le baron succombait au sommeil, mon camarade, qui a été timbalier du pape, m'accompagnerait avec son instrument.

» A ces mots, l'autre coquin se leva et alla s'armer d'une paire de cymbales de taille à rendre l'ouïe à un sourd.

» Je me pris à frissonner, et je devinai à quel genre de supplice j'étais condamné. Michaël avait résolu de me faire mourir par la privation de sommeil, un supplice inventé par les Chinois, le peuple le plus raffiné en barbarie.

» J'eus cependant le courage de m'asseoir dans un grand fauteuil et de me résigner à y passer la nuit sans dormir. Il était parfaitement inutile que je me misse au lit.

» Je passai la plus infernale des nuits. Chaque fois que, vaincu par la fatigue, je fermais les yeux, le drôle pinçait sa guitare et entonnait une chanson des lagunes. Si, malgré cela, la lassitude avait le dessus, le timbalier se mettait de la partie, et alors mes oreilles sifflaient, et j'avais la fièvre. Cela dura jusqu'au jour.

» Au matin le bandit entra dans ma chambre :

» — Rajustez-vous un peu, monsieur le comte, me dit-il, mettez vos bottes fortes, prenez votre cor de chasse, nous courons un loup aujourd'hui.

» Il fallut me mettre à cheval tant j'étais las. Un loup a le jarret solide. Nous courûmes celui-là toute la journée, et comme on ne force pas de semblables animaux, on lui campa une balle vers le soir.

» A dix heures, en rentrant chez moi, je trouvai deux autres valets de chambre assez semblables à ceux de la veille, avec cette différence que l'un était violoniste et que l'autre jouait du tambourin.

» Mon supplice recommença. Au matin, j'eus la fièvre et le délire, à ce point que je fis appeler le comte et lui dis :

» — J'écrirai, je vous en donne ma parole; mais laissez-moi dormir auparavant.

» — C'est trop juste, me répondit-il. Mettez-vous au lit, à votre réveil vous trouverez sur ce guéridon une plume et du papier.

» J'ai dormi trente heures ! Maintenant il me faut tenir ma promesse et je vous écris, ma chère sœur. Voyez si vous avez assez de courage pour venir et si notre chère Herminie se sent la force d'épouser ce monstre ou de le tuer.

» Votre frère infortuné,

» Baron DE GIGNAC. »

Un *post-scriptum* donnait à la chanoinesse certains renseignements utiles pour le voyage qu'elle allait entreprendre, et il lui enjoignait de partir sans autre escorte que son écuyer, que, pour ne pas éveiller la susceptibilité des petits États allemands, elle ferait bien de vêtir comme un simple valet, en le privant de sa lance et de sa cuirasse.

V

Après la lecture de cette étrange lettre, madame d'Albermont et sa nièce se regardèrent et semblèrent se consulter.

— Je tuerai ce bandit, dit enfin mademoiselle de Fontarey en posant la main sur la garde de son épée.

— Ah ! chère enfant... murmura la chanoinesse avec un sentiment de terreur première, inspiré par la tendresse, iras-tu t'exposer à de pareils dangers ?

— Je m'appelle Fontarey, ma tante.

— C'est juste.

— Et j'ai la valeur d'un homme.

La chanoinesse se souvint à propos de quelques pages d'Amadis, et elle calma ses premières terreurs. Dès lors, il n'y eut plus aucune hésitation chez les deux femmes ; l'extravagante chanoinesse mit une incroyable célérité à préparer son départ, et dès le lendemain, elles se mirent en route dans une bonne berline de voyage, consentant, à cause de la longueur du voyage, à faire cette petite concession au prosaïsme du siècle, et à renoncer aux blancs palefrois sur lesquels chevauchaient autrefois deux nobles châtelaines.

En trois jours, elles eurent atteint les frontières allemandes, le soir du sixième jour elles entraient en Bohême, et, quarante-huit heures après, elles atteignaient une vallée à l'extrémité de laquelle était situé le château de Holdengrasburg.

Il faut bien l'avouer, l'ardeur conquérante de nos deux héroïnes s'était quelque peu ralentie pendant la route ; la chanoinesse s'était, *in petto*, accusée de légèreté, et Herminie s'était prise à songer tout bas qu'il pouvait bien se faire que sa tante n'eût pas toujours sa saine raison.

Cependant elles n'avaient échangé entre elles aucune de ces réflexions, et une bonne intelligence n'avait cessé de régner lorsqu'elles atteignirent l'embouchure de la vallée.

Là elles trouvèrent des hommes armés et singulièrement vêtus, ayant de sombres visages et les mains emplies de pistolets et de poignards.

Celui qui paraissait être le chef s'avança alors vers la berline, salua ces dames et leur dit :

— Je suis le lieutenant du capitaine Michaël.

La chanoinesse frissonna involontairement.

— Et je viens chercher mademoiselle.

— Nous vous suivons.

— Non, pas vous, madame.

— Que voulez-vous dire?

— J'ai ordre de vous laisser ici sous la garde de mes hommes, de faire monter mademoiselle de Fontarey à cheval et de partir seul avec elle pour le manoir du capitaine.

La chanoinesse jeta les hauts cris :

— Non, non, dit-elle, jamais je ne consentirai à me séparer de ma nièce. Si je ne puis la suivre, elle ne partira pas.

— Non, certes, dit Herminie en descendant de la berline, je ne partirai point sans ma tante.

Le lieutenant fit un signe, deux de ses hommes refermèrent les portières du carrosse, et s'y placèrent pour empêcher la chanoinesse d'en sortir.

— Au secours ! s'écria madame d'Albermont épouvantée; c'est un infâme guet-apens ! au secours !

VI

— Mademoiselle, fit courtoisement le lieutenant de Michaël, je vous ferai observer qu'il y a huit jours entiers que le message du colonel est parti, que, par conséquent, si vous n'arrivez pas aujourd'hui, le colonel sera pendu demain matin, et nous avons encore dix lieues à faire. Il n'y a donc pas de temps à perdre.

— Monsieur, répondit fièrement Herminie, je suis prête à vous suivre. Dieu m'est témoin que je ne tremble pas, et que ma résolution de sauver la vie de mon oncle au prix de la mienne est bien prise, mais je trouve étrange que vous ne laissiez point ma tante m'accompagner.

— Mes ordres sont positifs.

— Ne pourriez-vous prendre sur vous?...

— Je ne le puis.

— Alors, dit Herminie avec calme, partons, monsieur, je vous suis.

— Herminie, chère Herminie, murmurait madame d'Albermont en sanglotant... Oh! les maudits romans de chevalerie! oh! l'affreuse Marphise et l'abominable Clorinde, où donc avez-vous conduit ma nièce?

Mademoiselle de Fontarcy n'en entendit point davantage ; elle sauta en selle et éperonna son cheval, qui partit au galop, tandis que la chanoinesse demeurait aux mains des bandits.

Le lieutenant passa devant la jeune amazone pour lui indiquer le chemin, et tous deux s'enfoncèrent sous les hautes futaies de la forêt.

Ils cheminèrent silencieusement durant le reste du jour, le lieutenant rêvant à je ne sais quoi, Herminie songeant, non sans quelque embarras, que la position d'une jeune fille courant dans les bois en compagnie d'un bandit et s'en allant croiser le fer avec un autre, avait bien quelque chose de risqué, tout au moins, et que les vertus féminines et les douces mœurs de son sexe avaient cependant leur mérite, bien qu'elles fussent dépourvues d'éclat.

Ces réflexions amenèrent tout naturellement Herminie à penser que la chanoinesse allait quelquefois au delà du possible, et qu'il n'était pas complétement invraisemblable qu'elle n'eût un grain de folie dans l'esprit.

Lorsque mademoiselle de Fontarcy se donnait la peine de réfléchir à l'abri de la funeste influence de sa tante, elle raisonnait ordinairement juste. Néanmoins, comme la bravoure est aussi bien l'apanage de la femme que celui de l'homme, et que, d'ailleurs, il n'était plus temps de reculer, puisque la vie de son oncle était en péril, elle fit trêve à ses hésitations et continua à suivre son guide.

La route où elle cheminait était des plus sauvages ; de temps en temps la sinistre figure d'un bandit sortant d'un fourré pour venir échanger un signe mystérieux avec le lieutenant, faisait involontairement tressaillir Herminie, et elle avait besoin de toute son exaltation chevaleresque et de tout son courage pour ne point songer, malgré elle, à ce paisible manoir de Fontarey, que jamais, en dépit des continuelles appréhensions de la chanoinesse, un voisin félon ne venait assaillir.

Les chevaux trottèrent pendant cinq heures; la nuit vint, l'effroi d'Herminie reparut en dépit de son énergie, et s'accrut de la profondeur des ténèbres; quelquefois il lui sembla même qu'elle était le jouet d'un rêve, tant d'étranges hallucinations l'assaillirent, et ce ne fut que lorsque apparut à l'horizon le manoir d'Holdengrasburg, autrement dit le Château du Diable, avec sa quotidienne et splendide illumination, en face du péril éminent et prochain, qu'elle sentit se ranimer sa chevaleresque et aventureuse ardeur.

Dans la cour du manoir se pressait une foule compacte d'hommes armés et de sombres visages; tous la saluèrent, elle passa le front haut au milieu.

— Vous arrivez à propos, lui cria un bandit, on allait pendre le colonel. Le seigneur Michaël trouvait qu'une pendaison aux flambeaux serait originale.

Herminie ne répondit point, et gravit le perron du manoir.

Le lieutenant la précédait. Il la conduisit au premier étage du château, lui fit traverser plusieurs salles également remplies de bandits, et, poussant une dernière porte, il l'introduisit dans une vaste pièce où elle aperçut son oncle en tête-à-tête avec son impitoyable geôlier.

Herminie s'arrêta sur le seuil, dominée par une émotion facile à comprendre et qui, heureusement, fut de courte durée, car elle enveloppa presque aussitôt Michaël, le bandit, de ce regard pénétrant et clair qui suffit aux femmes pour juger un homme au moral et au physique.

Michaël résumait assez bien ce type chevaleresque dépeint dans la lettre du colonel. Il était beau, robuste et bien fait. Un sourire gracieux et bon à la fois démentait à demi les accusations de férocité qui pesaient sur lui. Il se leva à la vue de la jeune fille, vint courtoisement à sa rencontre et parut vivement impressionné de sa beauté.

Il la salua respectueusement et lui offrit sa main. Malgré la sympathie qu'elle avait affichée pour les bandits, Herminie ne put se défendre d'un premier mouvement de répulsion qu'elle réprima aussitôt, du reste, en acceptant cette main et se laissant conduire jusqu'au colonel.

M. de Gignac était piteusement assis dans un grand fauteuil; il baissait à moitié les yeux et paraissait tout marri d'apparaître ainsi prisonnier et sur le point d'être pendu aux yeux de sa nièce.

Herminie se jeta spontanément dans ses bras avec cette noble et naïve effusion qui n'appartient qu'à la jeunesse.

— Mon cher oncle, murmura-t-elle, j'arrive donc à temps?
— Hélas! fit le colonel d'un ton lamentable.
— Et vous ne mourrez point maintenant, je vous le jure.
— Quoi! fit-il avec un accent de reproche, tu consens...
— A épouser monsieur...

Elle s'arrêta; le bandit laissa échapper un cri de joie.

— Si je ne le tue point, ajouta-t-elle froidement.

Michaël se prit à sourire.

— Pourquoi, dit-il, mademoiselle, ne renverrions-nous point à plus tard, à quelques jours, par exemple, cette épreuve?...
— Dites ce combat, monsieur.
— Soit. Pourquoi ne le point ajourner?
— C'est inutile. A quoi bon, d'ailleurs, ce délai?
— Peut-être... fit Michaël.

Il s'arrêta, sa voix tremblait.

— Eh bien! demanda Herminie qui l'examinait attentivement, et trouvait que ce chef de bandits féroce avait la voix bien harmonieuse et bien timide, l'attitude bien humble et bien respectueuse.

— Peut-être, hasarda le jeune homme tout bas, auriez-vous le temps de réfléchir?
— A quoi, s'il vous plaît?
— Vous vous habitueriez insensiblement à moi... Peut-être m'aimeriez-vous?

Un geste dédaigneux échappa à mademoiselle de Fontarey.

— Monsieur, dit-elle, si Michaël, le bandit, m'avait rencontrée par hasard, qu'il m'eût aimée, et, se mettant à mes genoux, s'il m'avait dit : « Votre amour me rendrait le plus fier et me ferait le plus grand des hommes ! » peut-être eussé-je oublié les crimes qu'il a commis, peut-être...

Herminie s'arrêta et rougit.

— Mais, se hâta-t-elle de continuer, puis-je accorder le moindre espoir à l'homme qui emploie, pour arriver jusqu'à moi, de si détestables moyens, qui violente celui qui est devenu son prisonnier par trahison, et ne rougit point de mettre dans une même balance ma main d'un côté, la vie de mon oncle de l'autre.

Michaël baissa la tête et se tut.

— Ainsi donc, monsieur, poursuivit la jeune fille avec fermeté, puisque vous m'avez défiée, j'accepte le défi. Puisque le hasard vous a fait le plus fort, je subirai votre loi. Si je ne vous tue, il le faudra bien, la vie de mon oncle en dépend. Il est inutile de prolonger cet entretien.

Et, d'un geste rempli d'une noble audace, l'amazone porta la main à la garde de son épée.

— Demain... dit Michaël.

— Non point, tout de suite.

— Mais, mademoiselle...

— Je suis le chevalier de Fontarcy, monsieur, et si vous ajoutez un mot, si vous hésitez encore, je croirai que, tout brave que vous êtes, vous avez peur.

Un dédaigneux sourire passa sur les lèvres de Michaël; d'un geste il congédia son lieutenant, alla fermer la porte sur lui, tira les verrous et revint à Herminie.

— Je suis à vos ordres, dit-il.

A l'époque où se passait cette véridique histoire, on avait si souvent l'épée à la main pour le motif le plus futile, que c'était avec le plus beau sang-froid du monde qu'on mettait ou qu'on voyait mettre flamberge au vent. Le colonel n'avait point quitté son fauteuil, il ne fit aucune objection en voyant sa nièce dégaîner la première et se mettre en garde.

— Mademoiselle... murmura une dernière fois le bandit avec émotion.

— Décidément, répondit-elle, vous avez peur.

Michaël tira silencieusement son épée, se mit pareillement en garde et croisa le fer.

La chanoinesse avait eu la main heureuse dans le choix qu'elle avait fait d'un maître d'armes pour sa nièce. Herminie tirait parfaitement, avec sang-froid, méthode et précision; elle appartenait à cette excellente école d'escrime qui prisait l'immobilité du corps et l'agilité du poignet.

Tout à coup elle attaqua. Michaël se tint sur la défensive et dédaigna d'arriver à la riposte. Herminie tirait bien; Michaël était un maître consommé.

Mademoiselle de Fontarey eut bientôt senti son infériorité, et elle comprit que son adversaire la ménageait. Sa fierté s'en trouva blessée, elle y perdit son sang-froid.

— Je crois, dit-elle avec colère, que vous ne jouez pas un jeu sérieux, monsieur.

— Pardon, mademoiselle, je défends ma vie, et ce n'est point chose facile, car j'ai toujours votre pointe au cœur ou au visage.

— Et moi, répondit-elle railleusement, je ne vois jamais arriver la vôtre.

— Je préfère la parade à l'attaque.

— C'est-à-dire que vous me ménagez.

— Peut-être.

— Je vous forcerai bien à changer de système, dit-elle en le poussant avec impétuosité.

— Vous oubliez que je vous aime.

— Eh bien ! moi, je vous hais et je veux vous tuer !

Malgré sa colère, Herminie s'exprimait d'une voix mal assurée. La bravoure calme de Michaël, l'adresse calculée avec laquelle il parait ses coups, impressionnaient plus vivement la jeune fille que ne l'eût pu faire la déclaration d'amour la plus touchante et la mieux sentie. Elle parlait de haine, mais, au fond, elle n'en ressentait aucune..... et, dans sa naïveté d'enfant terrible, elle admirait en secret cet homme dont elle menaçait la vie.

Le colonel assistait impassible et muet à cette lutte. Les forces d'Herminie étaient loin d'égaler son audace, et elle se lassait insensiblement, sans que jamais la pointe de son épée pût arriver à la poitrine de son adversaire.

Enfin Michaël, profitant d'un faux pas qu'elle venait de faire, lui lia son arme tierce sur tierce, et, d'un revers de poignet, envoya l'épée vierge de mademoiselle de Fontarey rouler à l'extrémité du salon.

Herminie poussa un cri :

— Vaincue! murmura-t-elle avec désespoir.

Et elle alla ramasser son épée, l'appuya avec colère sur son genou, la brisa et en jeta les tronçons loin d'elle en s'écriant :

— Je ne suis donc qu'une femme?

Puis elle regarda Michaël, et lui dit en baissant les yeux :

— Ordonnez maintenant, monsieur, je suis prête à vous obéir.

Michaël s'avança vers elle, lui prit la main et s'agenouilla :

— Mademoiselle, dit-il, Dieu m'est témoin que je vous aime et que mon vœu le plus ardent serait de vous consacrer ma vie; mais je n'achèterai point un pareil bonheur au prix d'une lâcheté et de votre désespoir. Je vous rends votre parole, et monsieur votre oncle est libre.

Ces paroles touchèrent Herminie, elle ne retira point sa main et lui dit :

— Dieu m'est témoin que votre voix résonne au fond de mon cœur assez profondément pour y jeter un trouble inconnu; la noble générosité dont vous faites preuve en ce moment me touche plus que je ne saurais dire, et je voudrais pouvoir vous aimer, mais...

Elle s'arrêta émue jusqu'aux larmes.

— Achevez? supplia Michaël.

— Monsieur, reprit-elle, j'ai été élevée par une tante dont le cœur vaut mieux que la raison, je commence à m'en apercevoir. Au lieu de m'apprendre à broder, elle m'a donné un maître d'escrime, berçant mon enfance de refrains guerriers et de contes invraisemblables que je prenais volontiers pour de l'histoire. L'amour du romanesque et du merveilleux s'était emparé de moi, et, il y a quelques jours encore, votre existence aventureuse m'eût séduite... aujourd'hui le voile se déchire... je suis désillusionnée...

A ces dernières paroles il passa comme un éclair de satisfaction sur le visage muet du colonel, et Michaël tressaillit :

— Je vous comprends, dit-il, avec émotion; si poétique, si romanesque et en dehors des lois vulgaires que soit l'existence d'un bandit, cette existence ne peut et ne doit séduire la fille d'un gentilhomme. Là où l'honneur n'est plus, le bonheur est impossible.

Herminie tendit spontanément sa main au jeune homme :

— Je vous jure, monsieur, lui dit-elle, que si vous étiez un soldat, un laboureur, un pauvre homme travaillant à la sueur de son front, je vous aimerais !

A ces mots répondit un double cri poussé simultanément par le brave colonel de Royal-Cravate et Michaël.

— Vive Dieu! ma nièce, s'écria le digne gentilhomme en courant à elle les bras ouverts, voilà qui est noblement parler, et vous êtes aussi loyale, aussi raisonnable que belle et brave! Ah! vous épouseriez cet affreux bandit s'il était honnête homme!... Eh bien! rien ne s'y oppose; monsieur le vicomte Hector de Plaincy, je vous accorde la main de ma nièce.

Ce fut au tour d'Herminie à pousser un cri d'étonnement.

— Parbleu! dit le colonel en riant, comment trouvez-vous que le régiment de Royal-Cravate joue la comédie? — Michaël le bandit est tout simplement votre petit cousin que je vous destinais, son lieutenant un de ses amis, ce héraut d'armes sombre et sinistre le dragon qui panse mon cheval, et tous ces bandits qui semaient la route depuis le lieu où vous avez quitté votre tante mes braves soldats qui s'occupent d'art dramatique entre deux batailles. Convenez que pour des gens qui n'en font pas leur métier, les dragons de Royal-Cravate jouent consciencieusement une petite pièce. Nous appellerons celle-là : *les Folies d'une chanoinesse !*

VII

Au moment où le colonel prononçait le mot de chanoinesse, un grand bruit se fit dans les antichambres, et madame d'Albermont parut peu après, éperdue et le visage bouleversé.

On ne l'avait retenue en arrière de sa nièce que pour ménager un effet de plus à la comédie, et, sa nièce ayant pris les devants, on lui avait permis de continuer sa route.

L'excellente femme poussa un cri de joie en voyant son frère et Herminie sains et saufs.

— Ah! dit-elle, il ne l'a donc pas tuée... et tu ne l'épouseras point, n'est-ce pas?

— Au contraire, répondit le colonel, et ce sera un jour de fête pour Royal-Cravate. Seulement, quand notre beau neveu sera installé au château de Fontarey, je lui conseille fort de brûler tous ces vilains romans qui tournent la tête aux chanoinesses, et de faire confectionner des robes à sa femme, car je crois que c'est là surtout ce qui a manqué à son éducation.

LA CLEF DU JARDIN.

Au mois d'octobre dernier, quelques affaires d'intérêt me conduisirent dans une petite propriété que je possède en un coin des Alpes. Il y avait plus de dix ans que je n'avais mis les pieds à S....

Tout change en dix ans; les jeunes tailles des bois deviennent de hautes futaies, les maisons vermoulues font place à des constructions nouvelles, les hommes mûrs vieillissent et les vieillards disparaissent.

Que de choses évanouies pendant cette longue absence, et comme ma pauvre maison paternelle était vide et silencieuse !

En revanche, je retrouvais des hommes là où j'avais laissé des enfants, et des étrangers à la place d'amis descendus dans la tombe.

Le lendemain de mon arrivée, en ouvrant ma croisée qui donnait sur de grands bois et sur un petit vallon d'aspect sauvage et pittoresque, je fus fort étonné d'apercevoir, à un quart de lieue devant moi, adossé aux flancs d'un coteau, et sur l'emplacement même d'un moulin, jadis le but de mes promenades, une jolie maison blanche à volets verts, entourée de saules pleureurs et de platanes.

J'étais arrivé le soir, à dix heures, par une nuit obscure.

J'avais été reçu par de vieux serviteurs nés dans la maison, qui m'avaient reçu en pleurant, car c'était la première fois qu'ils me revoyaient depuis que j'étais, hélas! le chef de ma famille, et l'on conçoit sans peine qu'aucun d'eux n'eût songé à m'apprendre que j'avais de nouveaux voisins de campagne.

La vue de cette maison piqua ma curiosité. J'avais d'ailleurs un ardent besoin de distraction pour dominer cette douleur muette qui naît des souvenirs. J'appelai Pierre, une sorte de maître Jacques qui cumule chez moi toutes sortes de fonctions, et possédait la confiance absolue de mon père.

Pierre était assis sur un banc, dans la cour, verticalement au-dessous de ma fenêtre; il me nettoyait mon fusil et dressait, en même temps, au rapport, un jeune chien de race vendéenne que je lui avais envoyé de Paris, avec des chiens courants que je destinais à remonter mon chenil.

Il leva la tête à mon interpellation, et je lui montrai du doigt la maison blanche.

— Est-ce que Hugues le meunier aurait fait fortune? lui demandai-je.

— Non, me répondit-il, Hugues est mort, et ses enfants sont allés s'établir à Marseille; c'est une dame de Paris qui a fait bâtir cette maison et l'habite.

— Depuis quand?
— Depuis trois années.
— Sais-tu son nom?
— Oui, c'est madame de V....

Ce nom me fit tressaillir et évoqua chez moi tout un monde de souvenirs. Je me rappelai avoir rencontré, quatre années auparavant, dans plusieurs salons de Paris, une jeune femme fort belle, veuve depuis peu d'un vieux mari, son parent, qui lui avait laissé une grande fortune, à la condition qu'elle épouserait son cousin, le jeune baron de V...., dernier représentant de son nom.

Le baron était un tout jeune homme, assez pauvre, beau garçon, spirituel et fort à la mode dans le beau monde. Tout Paris était au courant des dernières volontés de feu M. de V...., et le mariage de la belle veuve et de son cousin devait avoir lieu à l'expiration du deuil, c'est-à-dire vers la fin de l'été.

Les deux amants partirent au printemps pour les eaux des Pyrénées, décidés à célébrer leur union en province et à ne revenir que mariés. Pour observer les convenances, madame de V..., la mère du jeune baron, les accompagnait.

L'hiver suivant, on fut fort étonné de voir reparaître le baron avec une jeune femme qu'il présenta comme la sienne et qui n'était cependant point sa cousine.

Quant à celle-ci, elle avait disparu, fait vendre son hôtel, ses chevaux, congédié ses domestiques.

Où était-elle? pourquoi n'avait-elle point épousé son cousin?

Ce fut là une énigme dont le baron, sa mère et sa femme gardèrent religieusement la clef. La rumeur publique en fut émue d'abord, puis elle s'apaisa petit à petit, et la belle veuve fut oubliée.

On conçoit que ce nom prononcé si loin de Paris, en éveillant mes souvenirs, dût piquer ma curiosité au plus haut point; et dédaignant de questionner Pierre plus longuement, je fis seller un cheval et me rendis chez le notaire du pays, avec lequel d'ailleurs j'avais à régler plusieurs affaires. Le notaire m'apprit, en dix minutes, que madame de V... était une femme de vingt-six ans, blonde, grande, svelte, habitant la nouvelle propriété toute l'année, avec deux domestiques âgés et une petite fille d'environ cinq ans, qui était vraisemblablement la sienne.

Les domestiques sortaient peu, ne parlaient à personne, sans besoin urgent, et prononçaient à peine le nom de leur maîtresse.

Madame de V... faisait, avec l'enfant qu'elle avait auprès d'elle, de longues promenades aux alentours de sa propriété, ne recevait aucune visite, et paraissait vouloir s'entourer d'une solitude absolue.

Au portrait tracé par le notaire, j'avais reconnu madame de V..., celle que je rencontrais dans le monde autrefois. Cependant la présence d'une fille qui passait pour la sienne me déroutait fort, car madame de V... n'avait pas d'enfant de son premier époux.

Ma nouvelle voisine avait acquis les terres dépendant du moulin sur les ruines duquel elle avait construit sa villa. Parmi ces terres, il y avait un champ taillé en pointe et formant comme un promontoire assez long et fort mince, qui mordait sur mes limites. Mon père avait toujours eu l'intention de s'arrondir. Le temps seul lui avait manqué.

J'avais là un prétexte tout trouvé pour faire une visite à madame de V.... J'usai du prétexte dès le lendemain, et je me présentai chez elle vers midi.

C'était bien celle que j'avais connue !

Elle me reçut dans un petit pavillon élevé au bout du jardin, et où elle passait de longues heures à lire ses auteurs favoris ; elle était un peu émue ; je compris qu'elle se repentait, en me reconnaissant, de m'avoir laissé pénétrer jusqu'à elle.

Madame de V... était une femme d'esprit ; elle comprit que mieux valait détourner des conjectures souvent fâcheuses par un aveu complet, et se fier à ma discrétion plutôt qu'offrir, par un mystérieux silence, un aliment naturel à ma curiosité.

— Monsieur, me dit-elle avec un sourire demi-triste, demi-rêveur, vous êtes la première figure parisienne que j'aperçois depuis trois ans et plus ; le hasard nous rapproche, j'aurais mauvaise grâce à essayer de vous fuir, et je crois devoir vous confier le secret de ma disparition du monde, puisque vous avez pénétré celui de ma solitude.

Je transcris textuellement le récit de madame de V...:

— Vous le savez, monsieur, je devais épouser, il y a trois ans, le baron Gaston de V..., mon cousin. Ainsi l'avait voulu mon premier mari, qui portait le même nom, et tenait beaucoup à ce que ce nom ne s'éteignît point. Gaston était un charmant cavalier, spirituel, de manières distinguées, bon, affectueux. Il résumait assez bien ce type de héros de roman rêvé par les jeunes pensionnaires, et j'étais heureuse de l'aimer et d'en être aimée.

Nous allâmes ensemble aux Eaux-Bonnes, où nous devions passer deux mois pour revenir de là en Vendée, dans une propriété de famille que possédait sa mère, et où notre mariage serait célébré vers la mi-septembre. La saison des eaux ne commence guère avant la fin de mai dans les Pyrénées; nous arrivions, nous, en avril, et il y avait fort peu de monde encore.

Au milieu de la saison les villes de bains sont encombrées, on se lie difficilement, on est défiant à l'excès, et il est rare qu'on ose se risquer à des relations nouvelles. Au commencement, tout au contraire, on se rencontre à la campagne avec un certain plaisir, des liaisons se forment assez vite; le petit nombre des baigneurs les pousse à se rechercher mutuellement; le salon de conversation devient alors comme un salon du monde, où l'on cause avec abandon et presque en famille, chaque soir, avant ou après le bal de réunion.

Lorsque nous arrivâmes, il en était ainsi. Quelques habitués des Eaux-Bonnes, et qui y venaient tous les ans, racontaient aux nouveaux venus les anecdotes de la saison précédente et se résignaient de bonne grâce au rôle de chroniqueurs.

Le premier jour où nous parûmes au salon, il y était question d'une sombre et triste aventure qui avait produit une profonde et douloureuse sensation sur les quelques baigneurs retardataires qui se trouvaient encore aux Eaux-Bonnes vers la fin d'octobre. Les circonstances mystérieuses qui l'avaient enveloppée redoublaient l'âpre curiosité qui s'attache à ces sortes d'événements.

Voici ce que l'on savait :

Vers le mois de juillet, un jeune couple et un enfant étaient arrivés aux eaux. Le mari était un homme de trente ans, la femme en avait vingt-deux ou vingt-trois, l'enfant deux à peine. C'était une petite fille.

Le train d'existence modeste qu'ils avaient adopté attestait que des raisons de santé et non de plaisir les amenaient. Le mari était atteint de douleurs prématurées, et il marchait avec peine.

La jeune femme était fort belle, elle excitait l'admiration générale, et on regrettait de ne la point apercevoir plus souvent, car elle sortait peu et ne paraissait jamais aux bals et aux concerts. A peine la rencontrait-on aux promenades, et jamais aux heures élégantes. Cependant, on avait fini par savoir que le mari se nommait Flamey, qu'il occupait une position honorable dans l'administration départementale et qu'il était dénué de fortune.

Au bout d'un mois de séjour, il arriva que M. Flamey fut obligé de s'absenter pour aller recueillir le dernier soupir de sa mère, qui habitait Nérac. Il laissa sa femme aux eaux et partit seul.

Il ne revint que trois semaines après, et, le lendemain, un bruit sinistre se répandit dans la petite ville des bains. M. Flamey s'était battu avec un jeune homme appelé le marquis de B..., assistés tous deux d'un seul et même témoin, et il avait été tué raide à la troisième passe.

Pourquoi ce duel? — On ne l'avait pas su, et le marquis était parti en toute hâte avec son ami.

Le duel avait eu lieu dans le jardin, presque sous la fenêtre de la malheureuse jeune femme à qui l'on rapporta son mari mort, et que ce trépas devait plonger, elle et son enfant, dans le dénûment le plus affreux.

M. Flamey était arrivé, la veille, à dix heures du soir; le lendemain à huit heures du matin il était mort, pendant que sa femme dormait encore, son enfant dans ses bras.

On racontait cela au salon des eaux, je l'ai dit, le jour même de notre arrivée; aux premiers mots j'avais vu Gaston tressaillir, puis devenir horriblement pâle, et enfin, lorsque le complaisant narrateur eut fini, il se leva vivement, m'offrit son bras et me dit à l'oreille :

— Sortons, j'étouffe! je devine, je sais tout!

Gaston me conduisit à l'hôtel où nous étions descendus; il marchait d'un pas inégal et saccadé, des soupirs heurtés soulevaient sa poitrine, il était en proie à une agitation extrême.

Il ferma la porte à double tour, se jeta sur un canapé et me dit avec une poignante émotion :

— Mon Dieu! mon Dieu! c'est moi qui suis cause de cet horrible événement.

— Vous? m'écriai-je.

— Oui, moi. Vous le savez, j'étais ici l'année dernière; je

suis parti la veille de ce duel, je ne l'ai point appris... Oh! si j'avais su!

Je contraignis Gaston à s'expliquer, je parvins à le calmer et il me raconta ce qui suit :

— Vous savez bien, me dit-il, que je connais le marquis de B..., que j'étais son ami et que nous arrivâmes ici presque en même temps.

B... est un étourdi, une tête folle qui obéit à tous les caprices de l'imagination, et foule souvent aux pieds tous les scrupules lorsqu'il s'agit de satisfaire son amour-propre.

A mon arrivée j'avais loué cette petite maison que vous voyez là, devant nous, à mi-côte, précisément celle où demeurait, après moi, M. Flamey, et dans le jardin de laquelle il a été tué.

Cette maison a deux entrées : l'une par le jardin, l'autre par la chaussée. Chacune des deux portes était munie de deux clefs.

Je l'avais habitée un mois environ; un caprice me la fit quitter, ou plutôt le désir d'aller me loger avec B..., qui s'était casé à peu de distance, et avait un très-beau pavillon à portée du manége. Je ne sais comment cela se fit, mais, en rendant les clefs de la maison au propriétaire, j'en conservai une sans le savoir, et qui ouvrait la porte du jardin.

Je la retrouvai au fond d'une malle la veille de mon départ.

Tandis que je fermais mes valises, car j'avais arrêté une place de coupé dans la voiture de onze heures du soir, B... entra avec Jules de S..., notre ami commun.

B... avait une expression de physionomie triomphante; il se dandinait avec une incroyable fatuité, et ses allures conquérantes m'intriguèrent. La plus simple façon de faire causer les fats est de ne les point questionner. Au bout de dix minutes, le marquis m'avoua avec force restrictions compromettantes, qu'il était amoureux de madame Flamey; qu'il avait lié connaissance avec elle, à la promenade, offert ses services, lesquels avaient été acceptés, et qu'enfin il était au mieux déjà avec la jeune femme, dont il se promettait bien de mettre à profit le veuvage instantané. Je savais que B...

était vantard et timide, en même temps qu'il n'exécutait jamais que le dixième de ses rodomontades et qu'aucun homme n'était moins dangereux que lui pour le repos d'une honnête femme. Jules de S... et moi nous échangeâmes un regard et nous promîmes de pousser la modestie de notre ami dans ses retranchements extrêmes. C'était facile, B... finit par nous avouer qu'il avait la promesse d'un rendez-vous.

C'était complétement faux, j'en suis persuadé; mais la vanité dominait toujours ce pauvre garçon et le poussait parfois jusqu'à l'indélicatesse.

— Ah ça, lui dis-je en riant, il est au moins probable que tu possèdes déjà cette clef mystérieuse du parc, qui joue un si grand rôle dans les romans de M. Ducray-Duminil.

— Non, me répondit-il, mais je l'aurai.

— Ma foi! lui dis-je, je ne vois aucun inconvénient à te la donner moi-même, et je suis persuadé que tu en feras bon usage.

B... s'empara de la clef et la glissa mystérieusement dans sa poche, en ajoutant:

— J'achèterai ce soir une guitare et je donnerai ma première sérénade.

Je partis avec la conviction que B... oublierait en quarante-huit heures la guitare, la clef et madame Flamey elle-même.

Hélas! je me trompais... je ne sais ce qui est arrivé après mon départ; mais M. Flamey a été tué le lendemain, dans le jardin, par B..., et c'est moi qui en suis la cause innocente.

Gaston était désespéré.

Je me représentai alors l'horrible situation de cette malheureuse femme, à qui l'étourderie de trois jeunes fous enlevait son mari en la plongeant dans la misère; je sentis que la veuve et l'enfant de la victime avaient des droits sacrés à une réparation, et je dis à mon cousin :

— Il faut retrouver madame Flamey; nous partirons demain et nous la chercherons, dussions-nous fouiller la terre entière.

Nous fîmes des recherches le soir même: nous apprîmes

que la pauvre veuve était retournée dans son pays, un petit village du Nivernais, où elle vivait auprès de sa vieille mère.

Le hasard nous fit rencontrer en route Jules de S..., le témoin du meurtrier. Jules revenait en France accablé de remords, après avoir laissé en Espagne le marquis de B..., qui déjà avait oublié l'affreuse catastrophe du jardin.

Jules nous donna les détails qui devaient compléter ce que nous savions.

Après mon départ, le marquis n'avait pas hésité à se servir de la clef pour pénétrer dans le jardin; non qu'il songeât à s'introduire dans la maison, il n'avait pas assez d'audace; mais il voulait simplement persuader son ami Jules de S... qu'il n'avait qu'à se présenter pour être reçu.

Malheureusement, M. Flamey, arrivé depuis une heure à peine, fumait tranquillement son cigare dans le jardin lorsque B... y entra, et ils se rencontrèrent. Une explication était indispensable. B... voulut payer d'audace et de fanfaronnade; il poussa même le cynisme jusqu'à prétendre qu'il n'en était point à son coup d'essai. M. Flamey répondit à cette calomnie par un soufflet, car il croyait en sa femme comme à lui-même. Un duel fut convenu. M. Flamey, indigné, retint le marquis prisonnier jusqu'au jour; au jour, ce dernier envoya à son hôtel chercher Jules de S..., qui arriva avec des épées.

Ce ne fut qu'après l'issue fatale de cette rencontre, que M. de B... fit des aveux complets à son ami.

Nous quittâmes M. de S... à Orléans, et, prenant la route du Nivernais, nous nous dirigeâmes vers le petit village habité par la jeune femme.

Madame Flamey était la fille d'un militaire mort sans fortune, et ne laissant à sa veuve que le tiers de sa pension, c'est-à-dire cent écus par an. Les deux femmes, la mère et la fille, travaillaient nuit et jour pour vivre, car ce faible revenu était insuffisant; elles occupaient un pauvre logis, dans une vieille maison située à l'extrémité du village.

Elles n'avaient pas même de jardin, ce coin de terre que possède le plus humble des paysans.

J'allai les voir, laissant Gaston et sa mère dans la modeste auberge, la seule du village, où nous avions laissé notre chaise de poste.

— Madame, dis-je à madame Flamey après avoir décliné mon nom, qui lui était parfaitement inconnu, je suis la parente du baron de V... Le baron de V... a, par une étourderie, brisé votre bonheur et l'avenir de votre enfant. Je viens, au nom même de cet enfant, vous supplier de nous fournir les moyens de réparer, autant qu'il nous est possible, l'affreux malheur que le baron a causé.

Elle ne comprit pas bien; je la vis rougir, et me hâtai d'ajouter :

— Mon parent, M. de V..., est jeune et riche. Il a un noble cœur; sa main est libre et il vous aime...

Ai-je besoin de vous dire ce qui suivit ? Madame Flamey, à qui je racontai les événements de l'année précédente, événements dont elle ignorait le premier mot, se défendit longtemps avec une noble abnégation; mais je parlais au nom de l'avenir de son enfant, au nom de sa vieille mère, dont elle pourrait adoucir les derniers jours... et elle céda.

Alors je retournai auprès de Gaston, et j'eus assez de force pour lui dire :

— Il faut que vous épousiez madame Flamey.

— Mais ! s'écria-t-il en pâlissant, vous savez bien que je vous aime?

— Moi aussi, répondis-je, moi aussi je vous aime, Gaston; mais il faut sacrifier l'amour au devoir. A cette veuve sans appui il faut un époux, à cette orpheline il faut un père. Vous êtes le dernier représentant de votre nom; il faut que ce nom soit noblement porté.

Gaston était ému, il tremblait de tous ses membres, et couvrait mes mains de baisers.

— Écoutez, lui dis-je, madame Flamey est d'une condition trop honorable pour qu'on puisse lui offrir de l'argent; elle ne peut accepter que votre main. Entre le choix d'une réparation, je vous permettrais d'hésiter, mais, hélas! ce choix n'existe pas...

— Vous avez raison, me dit-il; l'honneur avant tout.

— Monsieur de V..., mon mari, ajoutai-je, m'avait légué sa fortune à la condition que je vous épouserais; puisque cela ne se peut, nous allons partager, ou plutôt prenez tout, j'ai une petite dot qui me suffira.

Un mois après, Gaston épousa madame Flamey. Nous allâmes ensemble faire un voyage en Italie, et, au retour, je refusai de les accompagner à Paris. Madame Flamey était belle, dévouée, aimante; elle se prit d'une tendre affection pour son mari, puis, à son tour, Gaston finit par l'aimer.

Je n'avais plus rien à faire auprès d'eux. Leur bonheur m'aurait tuée peu à peu, car je l'aimais toujours! Cinq ans auparavant, en allant en Italie, j'avais pris la route des Alpes, et je m'étais arrêtée ici pendant deux jours. Le site m'avait plu, il était demeuré gravé dans ma mémoire, et je quittai Gaston et sa femme à Marseille, décidée à me fixer dans ce coin ignoré, et renonçant pour jamais à Paris.

L'amour rend aveugle; madame Flamey ne s'était point aperçue que j'aimais son mari. Gaston l'avait bien vite oublié.

Il fallait cependant remplir ma vie à jamais brisée et déserte; j'avais besoin de m'enlacer à une de ces affections vivaces qui absorbent le cœur tout entier; je demandai à adopter la fille de M. Flamey. Sa mère résista d'abord, mais je fus si éloquente, je priai et je suppliai tant qu'elle céda encore, et alors je m'enfuis, craignant qu'elle ne revînt sur sa faiblesse, que le cœur de la mère ne parlât plus haut que l'amitié et la reconnaissance de la femme, et j'accourus ici cacher au monde entier cette enfant, ma dernière affection, mon dernier amour!

Au moment où madame de V... achevait, une blonde et rieuse petite fille ouvrit la porte du pavillon, tendit son front blanc à sa mère adoptive, et celle-ci y mit un baiser en me disant avec émotion:

— Ils sont heureux... J'essaye de l'être!

LE TRÉSOR MYSTÉRIEUX.

I

Cinq heures sonnaient à la pendule du salon, au château de la Buissière, en Dauphiné, sur les bords du Drac, à vingt lieues de Grenoble.

C'était au printemps, la neige couvrait la cime des Alpes, la vallée était verte, ombreuse et fleurie, la brise tiède et le ciel bleu. Les derniers rayons du soleil, prêt à disparaître, jetaient un reflet de pourpre aux tentures fanées du salon, et se jouaient dans les mèches blanches et rares de la chevelure du marquis, étendu sur sa chaise-longue où la goutte le clouait.

Le marquis était un vieillard de soixante-douze ans, au regard intelligent et clair, parfois malicieux. Un sourire mélangé de bonhomie et d'un grain de scepticisme arquait ordinairement sa lèvre autrichienne ; il exprimait rarement sa pensée tout entière, et était exempt de ces accès d'humeur noire qui assiégent la vieillesse.

Le marquis, ancien colonel de hussards, habitait, depuis 1830, son château de la Buissière, et vivait d'un revenu modeste, qui ne lui permettait pas toujours de reboucher les lézardes de ses tourelles féodales.

Il s'était marié tard, il était déjà veuf. Son unique héritier était un fils de vingt-cinq ans, qu'on appelait Maxime, et qui, déjà, avait pris sa volée du toit paternel.

Le marquis habitait son château toute l'année, et ne recevait pas d'autres visites que celles de son vieil ami M. Bertaud, le notaire, presque son contemporain, son voisin de campagne et veuf comme lui.

M. Bertaud avait une fille de seize à dix-sept ans, blonde ainsi qu'une enfant de la pâle Germanie, l'œil noir et brillant comme une Provençale.

Berthe était si jolie, que le bon notaire se prenait à regretter parfois le temps où l'on avait vu des rois épouser des bergères.

Or, ce jour-là précisément, vers cinq heures, M. le marquis de la Buissière était seul dans son salon, sur sa chaise-longue, et il achevait de plier, en forme de lettre, une large feuille de papier qu'il venait de couvrir d'une grosse écriture irrégulière, mais fort lisible, — lorsqu'on annonça :

— Monsieur Bertaud !

M. Bertaud, nous l'avons dit, était presque le contemporain du marquis. Il avait soixante-huit ans. C'était un petit homme un peu gros, vert, alerte, pétulant, qui montait lestement sur Roussine, sa jument, et trouvait un joli mot à l'occasion. M. Bertaud était notaire comme son père et ses aïeux l'avaient été avant lui. Il avait mille écus de revenu, une maisonnette blanche entourée d'arbres, à deux portées de fusil du château, deux chiens de chasse de bonne lignée, un clos de vigne qui donnait du vin passable, et une vieille gouvernante qui chérissait Berthe, et la choyait ni plus ni moins que la prunelle de ses yeux.

— Mon ami, lui dit le marquis en lui tendant la main, vous venez de bonne heure, tant mieux ; nous pourrons causer avant le dîner, car vous dînez avec moi, n'est-ce pas?

— Vous êtes mille fois trop bon, monsieur le marquis, répondit le notaire avec une familiarité respectueuse.

— Mon cher Bertaud, continua le vieux gentilhomme, ne trouvez-vous pas que l'amour du sol natal grandit en nous à mesure que nous approchons de ce terme fatal où il nous faudra quitter ce monde?

— Je suis de votre avis, monsieur le marquis. Jamais, autrefois, je ne m'étais arrêté à contempler avec autant d'admiration nos montagnes vertes et nos belles vallées. Le clocher de la Buissière me parait le plus gracieux des clochers, et votre château, monsieur le marquis, le plus majestueux des manoirs.

— On le voit, dit le marquis en riant, vous avez lu *Candide*, mon cher Bertaud, et vous êtes de l'école du docteur Pangloss. Mais il ne s'agit point du roman de M. de Voltaire; je veux vous entretenir de choses sérieuses. Bertaud, mon ami, vous êtes mon notaire, comme votre père était celui du mien. Il y a trois siècles, au moins, que nos deux races sont liées par de bonnes relations d'amitié et de voisinage...

— Monsieur le marquis... fit respectueusement le notaire.

— Bah! mon cher, continua le gentilhomme, nous sommes en 1849, c'est-à-dire que trois fois le niveau populaire a passé sur les préjugés de caste. Traitons-nous donc en vieux amis, et souvenez-vous un peu moins du passé pour songer plus à l'avenir. Vous avez une fille, Bertaud?

Le notaire tressaillit.

— Une charmante fille, mon ami, belle et pure comme un ange, la joie de votre vieillesse, la providence des pauvres, l'orgueil de notre village.

— Ah! fit le notaire ému.

— Cordieu! reprit le marquis, avec une brusquerie martiale, savez-vous, Bertaud, mon ami, que j'ai un projet en tête.

Le notaire regarda son voisin.

— J'en veux faire la marquise de la Buissière, acheva le bon gentilhomme.

L'excellent M. Bertaud fit un soubresaut sur son siège; il crut rêver, et jamais un pareil rêve n'avait germé dans la tête d'aucun de ses aïeux.

Le marquis poursuivit avec lenteur et d'une voix émue:

— Il est une grande ville que longtemps j'ai habitée, et que vous ne connaissez heureusement que de nom. Cette ville ressemble au minotaure antique, elle nous prend nos enfants, quand sonne leur vingtième année. Voici près de trois ans que mon fils Maxime est parti... il n'est pas revenu. Les plaisirs bruyants et les joies nocturnes de Paris séduisent la jeunesse bien mieux que le silence mystérieux de nos vallées, notre ciel bleu et nos soirs emplis de rêveries vagues et de tièdes parfums. Les vieillards aiment le calme et la solitude, aux jeunes gens il faut le bruit et le tourbillon du monde. Eh bien! mon ami, j'ai songé cependant à arracher Maxime à l'existence parisienne, à le ramener ici, et à lui faire auprès de nous, de vous, du moins, car moi je sens la mort approcher, une vie calme, heureuse, sans passions ni tempêtes.

Lorsqu'il partit, Berthe était une enfant; à son retour, il la trouvera une belle et suave jeune fille, comme il n'en rêva et n'en rencontra jamais à Paris, cette patrie de l'amour factice et vénal, et du sentiment coté à la Bourse ou métamorphosé en inscriptions de rentes. Si Maxime passait six mois à la Buissière et qu'il vit Berthe tous les jours, il l'aimerait éperdument, il vous demanderait sa main à genoux et ne songerait plus à nous quitter. Mais Maxime ne viendra pas! soupira le vieillard. Il n'y a qu'une catastrophe qui puisse arracher violemment sa proie au minotaure, et cette catastrophe vous la devinez, mon ami...

Le notaire, ému, prit les deux mains du marquis et les pressa vivement.

— Mon ami, continua le gentilhomme, j'ai soixante-douze ans, quinze blessures, j'ai éprouvé une attaque d'apoplexie, je sens la mort approcher, et j'ai le pressentiment que je n'atteindrai pas la chute des feuilles. Dans un mois, j'écrirai à Maxime; il tergiversera un mois encore, et il arrivera tout juste pour recueillir mon dernier souffle. Voici mon testament. Ce testament renferme un secret; je compte sur sa puissance pour retenir Maxime ici après ma mort, et lui donner le temps de voir et d'aimer Berthe.

Au moment où le marquis tendait son testament au notaire, Berthe entra et vint présenter son front aux deux vieillards.

— Allons dîner, dit M. de la Buissière, dont l'émotion

avait disparu pour faire place à son spirituel et gai sourire. Mon garde-chasse nous a tué un chevreuil, dont nous mangerons le premier cuisseau. Berthe, mon enfant, donne-moi ton bras.

II

Monsieur Bertaud à Maxime de la Buissière.

« Cette lettre vous sera remise, mon cher Maxime, par le vicomte de Tercy, notre compatriote, que j'ai chargé de vous préparer au coup terrible qui vous frappe. Hélas ! mon ami, votre père est mort hier dans nos bras. C'était pendant la moisson, un grave souci dans nos montagnes; la journée avait été chaude, presque étouffante. M. le marquis avait néanmoins voulu aller aux champs, porté dans son fauteuil, et il était revenu fort bas. Nous dinions au château, ma fille et moi; pendant le dîner, il fut gai, il nous parla de vous plusieurs fois; après, il témoigna le désir de respirer l'air du soir, cet air vif et pénétrant de nos montagnes qui suit d'ordinaire les journées brûlantes. Nous lui obéîmes. On roula son fauteuil sur la terrasse qui conduit au verger. Tout à coup il appuya la main sur son front et nous dit avec un geste de souffrance : « Ah! il me semble que je vais mourir; » et, tout aussitôt, il devint pâle, et puis il poussa un cri. A ce cri, Berthe accourut, deux domestiques la suivaient. Nous le prîmes dans nos bras trop tard! Il expira en murmurant votre nom, et le sourire aux lèvres.

. . . .

» Venez, mon cher Maxime, vos intérêts le réclament. Je me suis emparé provisoirement de la direction des fermes et de l'administration de votre fortune. Je vous attends pour vous rendre mes comptes, au double titre de notaire et d'ami. Je joins à ma lettre le testament de celui que nous pleurons. »

Dans le testament du marquis se trouvait cette phrase:
« Je ne vous laisse, mon cher enfant, que douze mille livres de rente. C'est peu, c'est même insuffisant pour que vous puissiez porter convenablement notre nom à Paris et y

tenir un rang; mais il faut que je vous confie un secret qui peut changer en opulence votre position modeste. Mon père, lors de la première révolution, fut contraint d'émigrer, et nous étions fort riches à cette époque. Il enfouit dans le château une somme considérable en or et en argent, de la vaisselle plate pour une valeur énorme, et des bijoux de famille. Mon père est mort en 1796, emportant dans la tombe le secret de sa cachette; mais je suis persuadé que son trésor n'a point été découvert et qu'on parviendrait à le retrouver avec de la patience et des fouilles intelligentes. J'étais trop vieux pour me livrer à ces recherches; mais je vous lègue ce secret, et, je l'espère, vous en profiterez après ma mort. »

III

Ce fut par un soir d'août que Maxime arriva à la Buissière. Il pleuvait, la foudre décrivait de fantasques et terribles arabesques au sommet des Alpes; le ciel était noir, les vastes salles du château mornes et tristes en leur séculaire délabrement.

Lorsque Maxime descendit de sa chaise de poste dans la cour, il aperçut, vêtus de noir et rangés silencieusement sur un seul rang les serviteurs de son père. M. Bertaud était à leur tête. Il ouvrit ses bras au jeune homme, qui s'y précipita en pleurant, et il le conduisit à l'appartement où le marquis était mort.

La douleur de Maxime fut grande; il refusa de prendre aucun aliment, et il s'enferma dans la chambre mortuaire, où il voulut demeurer seul.

Maxime avait vingt-trois ans; mais Paris l'avait vieilli avant l'âge; de précoces soucis avaient creusé son front; peut-être des passions tumultueuses et violentes, qu'on ne heurte que sur le sol brûlant et dur de la grande ville, avaient-elles déjà desséché et flétri son cœur... peut-être un de ces amours funestes qui germent parfois dans une âme noble et candide jusque-là et lui font choisir pour objet de son culte la plus indigne des idoles, l'enserrait-il de ses liens après l'avoir placé sur la pente irrésistible de la dette et du déshonneur, lorsque la nouvelle de la mort du marquis lui était arrivée? Toujours est-il que, le lendemain, quand M. Bertaud entra dans sa chambre, Maxime lui dit brusquement :

— Croyez-vous à l'existence de ce trésor.

— Pourquoi pas? répondit le notaire.

Maxime respira bruyamment, et puis il prononça tout bas un nom qui n'arriva point aux oreilles du notaire. Ce nom, peut-être, était celui de l'idole à laquelle il offrait d'avance, et comme nouveau sacrifice, l'or et la vaisselle de ses aïeux.

— Mon enfant, lui dit M. Bertaud, le château de la Buissière est vaste. Il vous faudra longtemps pour trouver la cachette.

— Oh! dit Maxime avec exaltation, qu'importe?

— Vous avez douze mille livres de rente.

— Je le sais.

— En biens-fonds, ne l'oubliez pas.

Maxime rêvait et n'écoutait pas.

— Champs, bois et prairies, poursuivit le notaire.

Maxime se taisait toujours.

— Ce qui représente quatre cent mille francs, une grande fortune pour nos pays.

— Ah! fit Maxime.

— Et à votre place...

M. Bertaud hésita.

— Eh bien? demanda Maxime.

— Ma foi! dit le notaire, je me soucierais peu du trésor.

— Vous êtes fou, murmura Maxime.

— Je vivrais tranquillement ici, continua M. Bertaud, comme mes pères. Je chasserais en automne, et je *rentrerais* mes foins au printemps, en attendant de trouver une héritière à ma convenance.

Maxime haussa les épaules et ne répondit pas.

Puis, peu après, il reprit brusquement :

— Ainsi donc, mon père n'avait aucune indication précise sur la cachette?

— Aucune.

— Et il ne supposait pas...

— Il ne supposait rien...

— Oh! dit Maxime, dussé-je bouleverser le château et le démolir pierre à pierre.

— Vous voulez donc être riche à tout prix?

— Il le faut, murmura Maxime d'une voix sombre, le bonheur de ma vie en dépend.

— Pauvre enfant, soupira le notaire avec compassion. Et puis il serra la main de Maxime et lui dit:

— Eh bien! mon enfant, installez-vous ici et cherchez. Et, comme l'homme qui cherche un trésor ne songe à autre chose, je continuerai à m'occuper de vos affaires, à administrer votre fortune, à être votre notaire, enfin. Vous avez quelques dettes à payer, je le sais; je vais les payer, et je mènerai si bien votre barque qu'avant deux ans votre revenu sera net. En attendant, mon cher Maxime, venez dîner et déjeuner chez moi tous les jours; vous n'avez que le parc à traverser, un trajet de dix minutes à travers la prairie. Votre douleur vous sera moins amère que si vous en étiez réduit à vivre seul dans cette vaste demeure où, hélas! ceux que vous aimiez ne sont plus.

— Soit, répondit Maxime ému.

IV

A partir de ce jour, une tout autre existence commença pour Maxime.

A côté de la douleur du fils, il y avait évidemment une douleur poignante, enflammée, et qui s'abreuvait opiniâtrément à cette source d'âcres espérances qui coule pour ceux qui ont, avant tout, la soif de l'or. Le jeune homme gardait impénétrablement son secret, et cependant le clairvoyant ami de son père devinait que Maxime avait laissé derrière lui un de ces gouffres béants où la jeunesse jette en vain son cœur, ses illusions, ses croyances, et qu'elle ne parvient à combler qu'en y entassant des monceaux d'or.

Dès le lendemain de son arrivée, Maxime parcourut le

château depuis les caves jusqu'aux combles, il fouilla les galeries obscures, les armoires profondes, les bahuts vermoulus. Il sonda les murs avec le poing; il visita les souterrains, une torche à la main, et tout cela sans rencontrer le moindre indice, le plus petit fil conducteur.

Le soir il alla dîner à l'Oseraie. Ainsi se nommait la maisonnette blanche du notaire.

S'il avait été moins préoccupé, il eût remarqué et admiré la beauté de Berthe; mais il aperçut à peine la jeune fille.

Elle fut charmante pour lui, cependant, charmante d'attentions minutieuses, de soins délicats, comme une femme seule sait en imaginer. Le père et la fille semblèrent se cotiser et s'entendre pour panser les plaies mystérieuses du jeune homme, et lui refaire une famille à lui, isolé et orphelin.

Le lendemain, Maxime recommença ses investigations et tout aussi infructueusement. Une seconde journée s'écoula, il se rendit plus sombre et plus soucieux encore que la veille, à l'Oseraie, où M. Bertaud et sa fille l'attendaient.

— Mon cher enfant, lui dit le notaire, je vous ai prévenu; à moins d'être servi par le hasard, on ne trouve pas, en un jour, un trésor dans un château aussi vaste que la Buissière. Prenez patience, on vient à bout de tout avec le temps.

Ces mots calmèrent la sourde irritation de Maxime; il passa la soirée à la maisonnette, assis sous une tonnelle auprès du notaire, contemplant malgré lui les sévères et majestueuses beautés du paysage, et aspirant à pleins poumons cette brise tiède et parfumée du soir qui fait tant de bien aux cœurs ulcérés.

Berthe s'était assise à son piano, dans une pièce voisine, au rez-de-chaussée, et les notes graves et mélancoliques d'une valse allemande arrivaient claires, distinctes, empreintes d'une douce rêverie, à l'oreille de Maxime, à qui M. Bertaud parlait des vertus de son père et de l'amour dont les habitants de la Buissière l'avaient entouré.

Si violentes que soient les passions et les douleurs secrètes d'un jeune homme, et quelque despotique empire qu'elles puissent exercer sur lui, elles se taisent parfois cependant quand une voix amie et des doigts d'enchanteresse apportent à son cœur la douce consolation de l'harmonie et l'éloge de ceux qu'il a aimés.

Maxime oublia Paris pendant quelques heures et ce qu'il y avait laissé, et ce trésor qu'il fallait découvrir à tout prix et qu'il y voulait emporter.

M. Bertaud et sa fille le reconduisirent vers dix heures jusqu'à la grille de la Buissière.

La nuit était lumineuse, étoilée, emplie des souffles mystérieux et des vagues parfums qui annoncent la fin de l'été; les grands bois étaient silencieux, les chemins déserts, on n'entendait plus d'autre bruit que le monotone refrain du grillon dans les chaumes, et la dernière lumière venait de s'éteindre au village. Maxime donnait le bras à Berthe, qui causait doucement avec cette voix un peu triste et pleine de charme qui va si bien aux jeunes filles; elle lui parlait musique, cette langue de tout ce qui est jeune et possède une fibre de poésie au fond du cœur.

Elle l'entretenait de Weber, ce maître des maîtres, moissonné au printemps, tandis qu'il chantait son hymne le plus mélodieux; et puis de la musique, elle avait passé à un autre sujet, la peinture. Berthe peignait à l'aquarelle, elle comprenait la nature comme un maître. Et, enfin, car l'éducation de cette fille des champs avait été complète, elle s'était prise à parler littérature et poésie; elle avait lu Lamartine, Byron, Shakespeare; elle aimait ces belles pages si honnêtes, si vraies, si poétiques, qui attachent, passionnent et émeuvent sans jamais apporter à l'âme la plus suave et la plus naïve un souffle corrupteur, et que Sandeau a signées.

Et Maxime écoutait malgré lui, et il lui semblait qu'une corde, muette jusque-là, frémissait peu à peu dans son cœur et se prenait à vibrer; — et il se demandait comment cette enfant qu'il avait remarquée à peine, qui jamais n'était sortie de son étroite vallée, pouvait deviner qu'elle réussissait à l'émouvoir en lui parlant musique, peinture et poésie, ces trois langues divines qui lui rappelaient le monde qu'il venait de quitter.

Malheureusement le rêve finit. Maxime rentra seul à la Buissière, et là il se trouva face à face avec ses douleurs secrètes et son ardent désir de découvrir le trésor que son aïeul avait enfoui.

La fenêtre de sa chambre donnait sur le parc; il s'y accouda et y fuma son cigare; puis le cigare s'éteignit et Maxime continua à rêver. Il ne songeait plus à Berthe, il pensait au trésor, et, tandis que son regard errait sur les grands arbres du parc, il lui vint une étrange idée :

— Qui sait, se dit-il, si mon grand-père n'a point enterré son or dans le parc au lieu de le confier à la discrétion d'un souterrain ou à la profondeur d'une muraille? Et ceci est vraisemblable, poursuivit-il, car il pouvait craindre que le château ne fût incendié ou rasé par les bandes révolutionnaires.

La réflexion que venait de faire Maxime prit insensiblement une certaine consistance dans son esprit, et, lorsqu'il se mit au lit, ce fut avec la ferme résolution de diriger toutes ses investigations vers le parc.

Le lendemain, il alla déjeuner à l'Oseraie, et fit part à M. Bertaud de son projet.

— Mon ami, lui dit le notaire, il est possible que vous ayez raison, et, dans ce cas, je vais vous donner un conseil.

— Voyons, dit Maxime.

— Votre parc a un quart de lieue de rayon, il faudrait six mois pour le fouiller. Cherchez la chambre qu'occupait votre aïeul, mettez-vous chaque soir à la fenêtre de cette chambre, observez tous les arbres, et peut-être qu'un beau jour vous éprouverez une de ces révélations instantanées qui sont le résultat de la méditation; alors vous étendrez le doigt et direz à coup sûr : C'est là !

— Vous avez raison, s'écria Maxime.

— En attendant, continua M. Bertaud, tâchez de vous distraire, chassez, faites de longues courses, peignez ou faites de la musique avec Berthe; pour que l'esprit soit lucide, il ne faut point le lasser par une attention soutenue, mais, au contraire, lui laisser ses heures. L'idée fixe conduit à la folie.

V

Maxime suivit le conseil du notaire. Chaque soir, accoudé à la fenêtre de la chambre autrefois occupée par son aïeul, il examinait attentivement, au clair de lune, la forme des arbres, les accidents du terrain, cherchant l'indice révélateur.

Mais les jours s'écoulaient, la révélation se faisait attendre; Maxime commençait à éprouver une secrète lassitude, en même temps qu'une sorte de torpeur morale s'emparait de lui peu à peu. Il ne souhaitait plus si impatiemment le trésor, il tournait moins souvent ses regards vers Paris, les lettres qu'il en recevait étaient moins fréquentes. En même temps il prolongeait insensiblement ses visites à l'Oseraie, il s'oubliait souvent, accoudé au piano de Berthe, à écouter la voix fraîche et sonore de la jeune fille, et cette voix éveillait en son cœur mille échos mystérieux et muets jusque-là. Parfois Berthe le priait de l'accompagner dans une champêtre excursion, et Maxime éprouvait une joie secrète à courir avec elle par les haies encore vertes malgré les premières bises d'automne, et les prairies où le gazon commençait à jaunir et semblait pleurer les blanches marguerites disparues avec le printemps.

Il avait bien encore de sombres accès de tristesse; il arrivait même souvent qu'une lettre, portant le timbre de Paris, le faisait tressaillir, pâlir et trembler, et, cette lettre ouverte, parfois encore, il se prenait à pleurer, comme pleure l'homme qu'atteint une déception nouvelle.

Cependant les jours s'écoulaient, aux jours succédaient les mois; Maxime parlait bien de son prochain départ, et il restait; du trésor qu'il trouverait à coup sûr, et de trésor point, malgré tout.

Tout en laissant à M. Bertaud la complète et absolue direction de ses affaires, le jeune marquis de la Buissière s'était insensiblement mêlé aux travaux agricoles, et il y avait pris goût. Puis, il s'était accoutumé facilement à cette existence calme et simple, occupée et grandiose à la fois du propriétaire agriculteur; il aimait à présider aux repas de ses faneurs et de ses bouviers; il apprenait avec la joie d'un enfant à émonder un arbre et à le greffer.

Bertaud souriait à cette lente métamorphose, et, lorsqu'il voyait Maxime à l'Oseraie, il jetait un regard furtif sur Berthe, qui rougissait, et dont le cœur battait bien fort.

On ne parlait presque plus du trésor enfoui; — très-souvent Maxime s'accoudait à la croisée qu'il avait choisie pour observatoire, et, au lieu d'examiner attentivement le parc, il laissait aller au delà son regard, qui s'arrêtait sur les persiennes vertes de l'Oseraie, et, au lieu de rêver aux richesses de ses pères, il rêvait à Berthe, qui sommeillait à cette heure sous les rideaux blancs de son lit virginal.

Un jour, M. Bertaud arriva de grand matin à la Buissière.

— Mon cher enfant, dit-il à Maxime, j'ai une bonne nouvelle à vous donner. J'ai fait, en votre nom, un marché superbe; j'ai vendu vos blaches, de pauvres bois rabougris qui ne rendaient absolument rien, et dont on m'offre une somme considérable : quarante mille francs!

— Ah! dit négligemment Maxime.

— C'est un beau denier, n'est-ce pas?

— En effet.

— Et cela bouchera un fameux trou.

Maxime tressaillit.

— Ah! fit mystérieusement M. Bertaud, vous pouvez bien maintenant me faire vos confidences, mon cher Maxime; vous aviez mené bonne vie à Paris...

Maxime rougit.

— Et, depuis deux mois, j'ai payé quarante-trois mille francs. Heureusement c'est tout, et vous avez bien douze mille bonnes livres de revenu, assez pour être nommé député quand cela vous plaira. Retournez-vous à Paris, Maxime?

— Paris! murmura le jeune homme, ainsi qu'on prononce un nom presque oublié et que nous renvoie un lointain et mourant écho. — Ah! oui; Paris, fit-il en tressaillant, Paris, la ville des souffrances ténébreuses et des tortures qu'on ne redit point... Paris, où il se trouve des créatures étranges, sphinx à triple énigme, marbres antiques sous lesquels le cœur ne bat point, et qui prennent notre cœur, à nous, jeunes gens, pour en faire un coussin à leurs pieds que nous avons chaussés d'or avec les économies de nos sœurs et les avances des usuriers sur l'hoirie de nos pères ; — Paris, où j'ai vécu trois ans, me tordant et me débattant en vain dans les liens d'un esclavage qui s'est brisé avec la dernière maille de ma bourse et le dernier remords de mon cœur.

Maxime s'exaltait en parlant :

— Ecoutez, dit-il au notaire, je suis venu ici, il y a trois mois, l'homme le plus malheureux du monde ; j'avais un gouffre derrière moi, et, nouveau Des Grieux, je voulais retourner à ce gouffre, des bords duquel j'avais été violemment arraché. C'est pour cela qu'il me fallait de l'or, et beaucoup ; que le trésor enfoui par mes pères, je devais le trouver au plus vite, et que, ce trésor trouvé, je n'aurais pas assez d'énergie pour courir, les chevaux seraient trop lents pour m'emporter, le railway des chemins de fer me paraîtrait une route encombrée, tant j'avais hâte d'aller reprendre ce qui venait de m'échapper, et de me rejeter dans le tourbillon que j'avais fendu un instant.

Hélas ! mon ami, le temps, la solitude, la réflexion m'ont calmé : l'ingratitude, le silence, un dédaigneux oubli ont achevé de me guérir. Et puis, un jour, le bandeau qui voilait mon front s'est détaché tout entier, j'ai vu le bonheur vrai heurtant à ma porte... Mon ami, allons lui ouvrir, faites-moi l'honneur de m'accorder la main de mademoiselle Berthe, votre fille, que j'aime, et dont je vous prie de faire le bonheur...

Un mois après, au sortir de l'église du village où Berthe venait de quitter le nom de son père pour s'appeler la marquise de la Buissière, Maxime prit le bras du notaire et lui dit :

— Mon cher père, il m'est venu, hier, une singulière pensée touchant ce trésor que nous cherchons et ne trouvons pas.

— Ah ! dit monsieur Bertaud.

— Je me suis pris à penser que mon excellent père avait fait, pour me ramener au sol natal et m'y entraîner, un innocent mensonge, et que ce trésor n'existait pas...

— Peut-être avez-vous raison, Maxime, dit le notaire en souriant.

— Mon père avait lu le bon la Fontaine, reprit Maxime en baisant sa jeune femme au front, il se souvenait du laboureur et de ses enfants, et il savait bien qu'après avoir cherché longtemps ce trésor imaginaire, je finirais par apercevoir celui qui m'était destiné, et qui vaut mieux que tout l'or du monde, car il se nomme le bonheur!

A TRENTE ANS.

I

OLIVIER DE MIBRAY A CHARLES C....

Château de Mibray, près Nevers.

Non, mon cher ami, je ne tiendrai point ma promesse ; je n'irai pas, cet hiver, m'installer à Paris, au premier étage de cette maison de la Chaussée-d'Antin dont tu habites l'entresol. Je passerai l'automne à Mibray, et après l'automne, l'hiver.

Et pourtant, ni la passion de la chasse, ni l'amour de la pêche, ni les vagues rêveries des poëtes qui aiment la chute des feuilles, ne me retiennent dans mon vieux manoir, dont la mort prématurée de mon excellent père m'a fait l'unique maître. Mon parc centenaire commence à se dépouiller, mes pelouses jaunissent aux âpres baisers des bises d'octobre, les veillées s'allongent, et mon vieux piqueur me gourmande si vertement chaque jour sur mes bévues cynégétiques et ma maladresse de tireur, que la campagne aurait pour moi fort peu d'attraits si je n'avais des voisins, — je veux dire une voisine. Voici la moitié de mon secret qui m'échappe.

Te souviens-tu de l'automne que tu vins passer à Mibray, il y a deux ans, au sortir de l'école de droit, et juste au moment où s'accomplissait notre vingt-unième année ? — Te souviens-tu encore de ce coquet petit castel bâti à mi-côte au bord de la Nièvre, à une demi-lieue de Mibray, et qui était à vendre, alors ? La Fontenelle, c'est son nom, a été vendue au printemps dernier, à une Parisienne, madame de Verne, qui l'habite depuis lors et y passera l'hiver.

Évoque, mon cher ami, tous les types gracieux et un peu romanesques de Walter Scott et de Balzac, si tu veux te figurer madame de Verne. Elle est blonde comme la Malvina d'Ossian, grande, svelte et frêle, ainsi que la Béatrix de Balzac ; rêveuse et mélancolique comme l'héroïne des puritains d'Écosse. Quel âge a-t-elle ? je ne le sais ; peut-être vingt ans, peut-être trente. Elle a le sourire de la jeunesse et le regard triste de l'âme éprouvée déjà.

Elle est veuve depuis trois ans ; elle n'a pas d'enfants, mais elle a adopté sa nièce, une jeune fille de quinze à seize ans, qu'on nomme Henriette, et qui est presque aussi belle que sa tante.

Je ne sais si madame de Verne, en fuyant Paris et le monde, a simplement obéi à un goût inné de solitude et de silence, ou si quelque sombre malheur l'a prématurément arrachée à cette existence toute de plaisirs et de bruit qui offre de si puissants attraits à une femme jeune, riche, belle et portant un noble nom. Quelquefois je me prends à penser qu'elle aimait son mari, qu'elle est venue le pleurer dans la retraite, et alors je frissonne et j'ai peur... Tu devines que je l'aime, n'est-ce pas ?

L'histoire de mon amour est simple, mon ami, comme celle de toutes les passions vraies et profondes. Je vais te la dire en quelques lignes.

Lorsque madame de Verne arriva, il y a trois mois, à la Fontenelle, mes fermiers et les siens se trouvaient en discussion à propos d'un bouquet de châtaigniers situé sur la lisière des deux propriétés. Les fermiers de la Fontenelle étaient des gens querelleurs et entêtés ; ils étaient dans leur tort, et c'est pour cela qu'ils ne voulaient point entendre raison. Je songeai que le plus sûr moyen d'aplanir le différend était de m'en mêler moi-même et d'en appeler à madame de Verne.

Je me présentai un jour, vers cinq heures, à la Fontenelle, par la plus tiède et la plus embaumée des soirées du printemps. La nouvelle châtelaine me reçut au fond du parc, sous un berceau de lilas et de chèvrefeuilles, où elle avait installé ses pénates rêveurs.

Elle brodait, assise sur un banc, lorsque je parus sur le seuil du pavillon de verdure; Henriette était auprès d'elle et lisait.

Mon valet de chambre avait le matin annoncé ma visite. On me reçut avec ce sourire digne et poli qui sent la femme distinguée, et qui semble indiquer la position remplie de délicates réserves de la veuve.

Je fus ébloui de la beauté de madame de Verne, de son esprit facile, léger et sans prétentions, de sa grâce en les plus petites choses. Nous nous prîmes à causer, et nous oubliâmes l'heure qui coulait entraînant le soleil à l'extrémité de l'horizon.

On vint annoncer à la veuve que son dîner était servi. Je m'excusai et voulus me retirer.

— Mon Dieu! me dit-elle, nous n'avons pas encore abordé le point essentiel de notre entrevue, monsieur le vicomte, oserais-je vous offrir le dîner à la Fontenelle? les graves questions diplomatiques se traitent toujours à table.

Elle accompagna ces mots d'un sourire qui me fascina. Je restai.

Huit jours après je revins. J'avais à faire une visite de digestion. Je fus assez adroit pour me ménager le prétexte d'une nouvelle entrevue. Je n'aimais point encore madame de Verne, cependant je me sentais attiré vers elle par un attrait irrésistible. Peu à peu, je multipliai mes visites à la Fontenelle, me servant du motif le plus insignifiant. Tantôt une compagnie de perdreaux que je poursuivais depuis le matin, m'avait conduit au bord du parc; tantôt je lui envoyais un chevreuil, et, alors, elle m'écrivait un gracieux billet pour m'inviter à dîner.

Elle est musicienne, elle chante à ravir : je l'accompagne souvent au piano. Enfin, mon ami, il arrive parfois, quand nos journées d'octobre ont une tiède et belle soirée remplie de murmures vagues et de parfums, il arrive qu'elle prend mon bras, que nous allons à l'aventure par les prés encore verts et les bois silencieux ; souvent muets, tremblants l'un et l'autre, nous aimant et n'osant nous le dire...

Bien des fois un aveu vient errer sur mes lèvres... je n'ose pas... Souvent aussi son regard semble me dire : Parlez! et je n'ose pas davantage.

Pourtant elle est veuve et je suis mon maître. Je suis riche, je suis jeune, on m'aime et on m'estime généralement, mon nom est sans tache, ma main loyale... pourquoi hésiter à lui offrir l'un et l'autre?

Donne-moi donc un conseil.

OLIVIER.

II

MADAME DE VERNE A LA MARQUISE DE B....

Il y a bien longtemps que je ne vous ai écrit, ma bonne Lucy, et c'est mal à moi. La douleur est expansive, le calme oublieux et muet. Après la mort de M. de Verne et tout le temps que j'ai enveloppé son ombre et sa mémoire de mon amour, je vous écrivais tous les mois, vous demandant ces consolations que le cœur brisé ne retrouve qu'au foyer de l'amitié ; — hélas! j'ai cessé tout à coup de vous écrire... comprenez-vous ?

C'est que, ma bonne Lucy, le temps a le funeste privilége de ressembler à ces vents d'automne qui dessèchent les pleurs du matin au bord des feuilles de nos grands arbres et dans la corolle des fleurs inclinées et jaunies déjà ; — le temps essuie en passant les larmes que nous versons, et après lui vient une brise qu'on nomme espérance, et les ombres les plus chères s'éloignent et s'effacent, et ceux dont la perte vous faisait souhaiter de les rejoindre au plus vite désertent insensiblement la place qu'ils occupaient au fond de notre cœur, et y laissent pénétrer une autre image qui grandit et prend consistance à mesure que la leur s'amoindrit et se décolore, ainsi que le crépuscule du matin, qui représente la nuit du tombeau, s'évanouit aux premiers rayons du soleil qui arrive comme l'emblème de la vie.

Vous me comprenez, n'est-ce pas, chère marquise? L'ombre de feu M. de Verne s'efface devant un vivant. On aime donc encore à trente ans bien sonnés? et le pauvre cœur des femmes ressemble donc à ces terres fertiles qu'en vain ravagent les inondations et les tempêtes, et qui s'ouvrent docilement sous la charrue après l'orage, et produisent, à la saison suivante, une ample moisson? Hélas! ma bonne Lucy, mon cœur a parlé. Au désespoir est venu succéder l'espérance; le souffle de mort qui me ravageait s'est éteint aux rayons d'un sourire...

Ici, madame de Verne racontait à la marquise l'histoire de ses relations avec le vicomte de Mibray, à peu près dans les mêmes termes qu'Olivier avait employés lui-même dans sa lettre; puis elle continuait :

Vous ne sauriez croire, marquise, combien je suis faible et tremblante lorsqu'il entre au salon de la Fontenelle. Il s'apercevrait bien certainement de ma pâleur et de mon trouble si lui-même n'était ému et tremblant. Il m'aime, je le sens, et, chaque jour, lorsque le hasard éloigne un moment de nous Henriette, quand nous nous trouvons seuls, je frissonne et j'ai peur... Je redoute un aveu presque aussi fortement que je le désire. Il me semble qu'au premier mot d'amour que nous essayerions d'échanger, il sortirait de terre un de ces obstacles qui renversent tout et détruisent l'avenir de ceux qui ont osé rêver le bonheur.

Et puis, chère Lucy, savez-vous bien que j'ai trente ans, et qu'il n'en a que vingt-trois?

Lorsque j'y pense, une lueur de raison se fait dans ma tête, je reconnais ma folie et j'essaye de revenir à la sagesse. Je regarde alors Henriette, cette enfant de mon frère aîné, cette pauvre orpheline à qui je dois servir de mère, et je songe qu'elle serait peut-être heureuse si elle était aimée d'Olivier. Ils seraient charmants tous deux, ces enfants; elle a seize ans, lui vingt-trois; ils s'aimeraient si je n'étais là...

Donnez-moi un bon conseil, chère marquise, envoyez-moi,

dans une de ces lettres où vous épandez votre noble cœur tout entier, quelques bonnes paroles qui puissent guider mon cœur affolé et ma pauvre tête qui s'égare...

Adieu.
         Clémence de Verne.

III

CHARLES A OLIVIER.

Sais-tu bien, mon ami, que je connais, sinon madame de Verne, au moins la moitié de son histoire. Elle a adoré son mari, elle est allée s'ensevelir à la Fontenelle pour le pleurer. M. de Verne était un homme accompli : beau, brave, spirituel, d'une grande distinction, bon jusqu'à l'abnégation, dévoué jusqu'à l'héroïsme ; c'est un terrible rival que l'ombre d'un tel mort!... Et si madame de Verne t'aime, sais-tu qu'au premier nuage, après la lune de miel, la comparaison sera fatale et terrible? — Et puis encore, sais-tu bien qu'elle a au moins trente ans?

Ah! mon ami, c'est une rude tâche qu'épouser une veuve, et lutter jour et nuit avec un fantôme, c'est-à-dire un être parfait, qui ne commet ni fautes ni trahisons, qui est descendu fidèle dans la tombe, et n'en ressort que pour se draper de toutes les qualités qui l'ornèrent pendant sa vie et que la mort poétise si bien! Il est terrible aussi, quand les premiers cheveux s'argentent çà et là d'un filet blanc et que nos fines moustaches épaississent, d'apercevoir la noire chevelure de celle dont nous avons fait notre compagne semée abondamment de ces mêmes filets d'argent..... Elle aura trente-sept ans, l'âge mûr des femmes, lorsque tu toucheras à peine à la trentième année, ce mois de juin de notre jeunesse...

Réfléchis et écris-moi.
         Charles G.

IV

OLIVIER A CHARLES.

Mon cher ami,

Je suis dans la position de l'homme qui demande un conseil et qui, ce conseil donné, agit cependant à sa guise. Non, mon ami, madame de Verne n'a pas trente ans, c'est impossible! Et, d'ailleurs, qu'importe, après tout?... L'amour est-il donc une question d'extrait de naissance? Je l'aime, mon ami, avec passion, avec délire, et si je ne parviens à enchaîner ma vie à la sienne, je sens que j'en mourrai. J'ai longtemps hésité, tremblé, reculé... Maintenant il est trop tard. Je vais écrire à madame de Verne ce soir pour lui demander officiellement sa main, et je me présenterai demain soir à la Fontenelle. Va, mon ami, ne t'apprête point à me gronder : quand tu verras madame de Mibray, tu me tendras les deux mains pour m'applaudir...

V

MADAME DE VERNE A LA MARQUISE.

Huit heures du soir.

Je perds la tête, chère Lucy. Vous ne m'avez point répondu encore ; votre conseil arrivera trop tard. Il vient de m'écrire; il me demande ma main... Que lui dire? Est-il possible de lui répondre demain, quand il se présentera : « J'attends le conseil et l'avis d'une amie? » Non, cela ne se peut. Le sort en est jeté... Mon Dieu! je suis folle. Pauvre Arthur! Dites-moi, mon amie, pensez-vous que l'ombre de M. de Verne ne tressaillera point d'indignation, et qu'elle ne me maudira point?

Henriette est rêveuse et triste depuis quelques jours. Cette tristesse et cette rêverie m'effrayent, je ne sais pourquoi; je tremble en y songeant. Si elle aimait Olivier? Ah! Lucy, vous êtes bien coupable de ne m'avoir point répondu aussitôt...

Minuit, même jour.

Lucy, il me semble que je vais mourir. Le plus affreux des malheurs fond sur moi. Henriette aime Olivier. Oh! le hasard a d'abominables combinaisons, et ses trahisons sont incalculables. Elle aime Olivier! Comprenez-vous ces trois mots? C'est-à-dire qu'à partir de cette heure il faut que je voie une rivale dans cette enfant si naïve, si pure, si bonne; que je ressente pour elle autant de haine que naguère j'avais d'amour; qu'elle cesse d'être pour moi une fille et une amie; que je la foule aux pieds sans remords et sans honte, — ou bien que je m'efface, que je renonce à Olivier, que j'étouffe les battements de mon cœur, les rêves et les espoirs de mon âme, et que je meure, moi, pour ne la point tuer! C'est affreux!

Oh! vous ne devinerez jamais ce qui s'est passé, quelle catastrophe s'est accomplie en une heure entre la première page de ma lettre et celle que j'écris en ce moment.

Le facteur rural passe à la Fontenelle vers la nuit. Il était en retard aujourd'hui; il n'est arrivé qu'à neuf heures. Il était porteur d'une lettre timbrée à Paris. J'ai eu un frisson de joie, j'ai espéré que cette lettre était de vous. Non, hélas!

Mon frère, le père d'Henriette, avait un ami d'enfance, le comte d'O..., qui partit en 1830 pour les États-Unis. Ils s'étaient plu souvent, dans leur jeunesse, à former le projet d'unir un jour leurs enfants, s'ils étaient assez heureux pour devenir pères. Le comte se maria à Philadelphie; il eut un fils qui a aujourd'hui vingt ans, et il est arrivé à Paris il y a deux mois. Le comte m'écrivait et me demandait la main d'Henriette pour son fils.

Henriette était alors près de moi. Je lui tendis la lettre du comte; elle la lut et devint fort pâle! et puis cette lettre lui échappa des mains et elle fondit en larmes. Vous pensez, ma bonne Lucy, qu'il ne m'a point été difficile de lui arracher son secret... Elle aime Olivier!

J'ai été forte et calme, je vous le jure : lorsqu'un malheur fond sur nous, la première heure qui le suit n'appartient pas encore au désespoir. On ne fléchit qu'après. Le coup de massue nous laisse debout. Henriette n'a rien deviné, rien compris; de mon côté, je ne lui ai adressé ni consolations ni reproches, je me suis tenue sur la réserve et lui ai demandé vingt-quatre heures pour me prononcer...

La pauvre enfant va bien souffrir. Et moi, mon Dieu! que vais-je faire?

Je ne sais...

Je laisse ma lettre ouverte. Je la continuerai demain.

VI

Le lendemain, vers trois heures, Olivier de Mibray, son fusil sur l'épaule, suivait à pas lents le sentier qui conduisait à la Fontenelle.

La soirée était belle, les haies emplies d'oisillons babillards, les prés encore verts, les tilleuls qui bordaient le chemin n'avaient perdu qu'une faible partie de leur ramure, et les grands marronniers du parc, qu'Olivier traversa, jaunissaient à peine à leur cime.

Le jeune homme, à mesure qu'il approchait, ralentissait sa marche; il semblait redouter d'arriver trop tôt, et le cœur lui manqua lorsqu'il eut aperçu Henriette assise seule sous le berceau de verdure où, pour la première fois, il avait vu madame de Verne.

Il s'approcha néanmoins et salua profondément la jeune fille.

Henriette rougit et balbutia. Ce trouble inusité impressionna vivement Olivier sans qu'il en pût au juste deviner la cause.

— Madame votre tante... murmura-t-il en tremblant.

— Ma tante, répondit Henriette, n'est pas au château.

Olivier pâlit. Henriette n'y prit garde.

— Ma tante, poursuivit la jeune fille, ne s'attendait point sans doute à votre bonne visite, monsieur...

— Ah ! murmura Olivier d'une voix altérée.
— Elle est partie après déjeuner...
— Partie ?
— Partie avec Jérôme, son intendant, pour la Combette, cette ferme qui dépend de la Fontenelle, et où elle avait affaire. Elle reviendra pour dîner.

Olivier respira.

— Vous nous restez, n'est-ce pas ? reprit la jeune fille d'une voix émue et tremblante qui frappa de plus en plus Olivier.

— Mais... sans doute...

— J'ai peur, continua Henriette, que vous ne trouviez le temps bien long, monsieur, d'ici là...

Olivier tressaillit, et regarda la nièce de madame de Verne, de plus en plus émue et rougissante.

— Ah ! mademoiselle, fit-il d'un ton de reproche, vous avez de moi une bien vilaine opinion...

Henriette soupira.

— Prendriez-vous bien mon bras pour un tour de promenade, mademoiselle ?

— Oui, monsieur. Où irons-nous ?

— Tenez, dit Olivier subjugué malgré lui et en proie à un trouble inconnu, voulez-vous que nous descendions au moulin de Chenevières, qui est à vingt minutes en aval de la Nièvre, ou que nous remontions aux forges de Nogaret, qui ne sont pas beaucoup plus loin ?

— Je préfère le moulin, répondit Henriette.

Et elle s'appuya doucement sur son bras.

Que se dirent pendant cette longue promenade faite au bras l'un de l'autre ces deux jeunes gens dont madame de Verne disait naguère : « Ils seraient charmants tous deux ! » nous ne le savons point au juste, mais il est dangereux pour un homme de vingt-trois ans de s'en aller au bord de l'eau et tout au long d'un rideau de saules, un soir d'automne, avec une gracieuse et naïve enfant qui caquette et babille un peu à tort et à travers, et laisse échapper, quoi qu'elle fasse, les secrets de son jeune cœur...

Et lorsqu'ils revinrent, après avoir bu du lait au moulin,

Olivier était tout pensif, et, en arrivant au château, il éprouva presque un mouvement de joie lorsqu'il apprit que madame de Verne venait d'envoyer Jérôme prévenir Henriette que, fatiguée d'une longue course à pied, elle coucherait à la Combette.

Olivier dîna à la Fontenelle en tête-à-tête avec Henriette, et, lorsqu'il rentra à Mibray, il écrivit à son ami Charles C.. la lettre suivante :

VII

Il y a dans le cœur humain, mon cher ami, de singulières contradictions. Les moralistes ne tiennent pas assez compte, je le crois, de l'influence de la nature sur l'amour.

J'arrive de la Fontenelle. Ma lettre m'avait précédé. Madame de Verne a-t-elle repoussé ma demande, ou bien hésite-t-elle comme j'ai hésité moi-même pendant un mois ? Je ne sais... toujours est-il qu'elle est partie de la Fontenelle ce matin, sous je ne sais quel prétexte, et qu'elle n'y est pas rentrée ce soir. Je n'ai trouvé qu'Henriette.

Un singulier pressentiment m'assaille et me domine : je crois qu'Henriette m'aime. Nous avons fait ensemble une longue promenade, à travers champs, par monts et par vaux. J'en suis encore tout ému. Elle est charmante, cette enfant ; si je n'aimais la tante, j'aimerais la nièce. Oh ! les trahisons féminines de la nature, mon cher ami ; oh ! les pièges incessants que la brise du soir, le murmure des ruisseaux et la chanson des fauvettes tendent à notre pauvre cœur, qui n'est pas sur ses gardes, lorsque vient à s'appuyer à notre bras une jeune fille rieuse et timide à la fois, qui dit naïvement en un sourire les pleurs et les espoirs de son âme...

Et, pourtant, j'aime madame de Verne, je l'aime avec passion, mon ami, et son absence d'aujourd'hui me paraît d'un sinistre augure... Pourquoi cette absence ?

Hélas ! que je voudrais donc que Paris fût à deux pas ! j'irais te consulter ; peut-être m'éclairerais-tu ?...

VIII

MADAME DE VERNE A LA MARQUISE DE B....

Je vous envoie, ma bonne Lucy, une copie de la lettre que mon valet de chambre vient de porter à Mibray, et je suis celle que j'écris en ce moment. Dans une heure nous partons pour Paris, Henriette et moi. J'ai été forte et courageuse, mais je souffre horriblement. Je l'aimais tant ! Dieu me pardonnera le mensonge que je lui fais en faveur de mon amour. J'ai donc trompé Olivier pour faire le bonheur d'Henriette.

IX

MADAME DE VERNE A OLIVIER DE MIBRAY.

Vous êtes un enfant, mon cher Olivier, une tête folle de vingt-trois ans, qui ne sait rien de la vie, pas même l'âge des femmes. Vous m'aimez, dites-vous, et vous m'offrez votre main. Pauvre ami ! Mais ne savez-vous pas qu'Henriette vous aime, et que c'est parce qu'elle vous aimait et que je le savais, que je vous ai permis de venir tous les jours à la Fontenelle ? Ne savez-vous pas encore que, si je vous épousais, Henriette en mourrait ?...

Et puis, ce que vous ne savez pas, et ce qu'il faut que je vous dise... Oh ! tenez, une détestable coquetterie a causé ce malheur ! Je suis belle encore, je ne veux pas avoir trente-six ans, et c'est pour cela que ma fille passait pour ma nièce aux yeux de tous.

Henriette est ma fille !

Olivier, mon enfant, j'ai trente-six ans ! c'est-à-dire que dans quatre années, je serai cette vieille femme que les romanciers ont ridiculisée, que la jeunesse raille et laisse sur sa banquette quand frissonne le premier accord d'une valse ; que, dans quatre années, si je vous épousais, le monde impitoyable, en vous voyant passer, dirait : C'est le fils et la mère !

Et puis ceux qui sauraient que ma fille vous aimait, et

que je l'ai sacrifiée à ma coquetterie surannée, auraient le droit de m'accabler de leur mépris; et vous, mon ami, vous seriez cet aveugle qui prend le saumon de cuivre et dédaigne le lingot d'or.

Vous allez éprouver une déception cruelle en lisant cette lettre, mon cher Olivier. Courage ! quelques jours écoulés, et le voile se déchirera, la plaie sera cicatrisée et votre amour éteint.

Alors, mon ami, partez, quittez Mibray, allez passer l'hiver en Italie, cette terre où vont ceux qui souffrent. Le ciel et les brises de la mer napolitaine achèveront votre cure morale; et, cette cure accomplie, vous pourrez, sans danger, tourner vos regards et vos espérances vers la terre de la patrie abandonnée, ainsi que dit Virgile, et songer à Mibray et à la Fontenelle, ces lieux où vous nous avez vues pour la première fois.

Alors encore, mon cher Olivier, au lieu de chercher à revoir en rêve cette vieille femme qui, touchant à l'automne, avait conservé quelques vestiges du printemps, rappelez-vous cette belle et candide jeune fille qui rougissait et dont le cœur battait bien fort lorsque vous entriez au salon de notre petit castel : songez à elle souvent, toujours, à toute heure. Le temps n'est pas loin, je l'espère, où vous viendrez vous agenouiller devant sa mère et lui demander la main de sa fille.

Adieu, tête folle et cœur d'or.

Votre vieille amie,

CLÉMENCE DE VERNE.

X

CHARLES G... A LA MARQUISE DE B....

Madame,

Nous avons été les confidents d'un roman, et il paraît que le dénoûment nous en est confié.

Mon ami, le vicomte de Mibray, m'écrit de Florence, où il a passé l'hiver, pour me charger de demander la main de mademoiselle Henriette de Verne.

Les termes de sa lettre sont tels, que je crois sans danger aucun, maintenant, de lui avouer le sublime mensonge de madame de Verne. Il aime Henriette, — l'amour va vite à distance, — et il apprendra sans trop d'émotion qu'il a une jeune tante et non une belle-mère. Pauvre femme !

XI

LA MARQUISE DE B... A CHARLES G....

Monsieur,

La main d'Henriette est accordée au vicomte de Mibray.

Je ne vous dirai point, à mon tour, que madame de Verne a oublié Olivier, — mais les femmes sont plus fortes que les hommes lorsque le sacrifice de leur amour repose sur la raison et le dévouement.

LE VASE DE CHINE.

I

C'était en automne, en plein mois d'octobre, et dans cette sauvage et poétique contrée qui a nom le Morvan.

Un dernier rayon de soleil glissait, indécis et tremblotant comme le sourire d'un vieillard, sur les vieux murs d'un château adossé à une colline, baignant ses tourelles dans le Cousin, une jolie rivière morvandelle, et entourée d'une ceinture de prairies et de grands peupliers mélancoliques, dont les premières bises d'octobre avaient respecté la verdure.

Ce château était un peu délabré, mais il avait encore fière mine et grand air. On eût dit Alcibiade ou Lauzun à leur soixante-dixième automne.

Le parc, négligé et touffu, renfermait quelques-uns de ces grands chênes qui sont la gloire du milieu de la France; les tourelles, converties en colombiers, avaient conservé leurs créneaux et leurs machicoulis. Çà et là, sur les deux façades, on apercevait une croisée gothique à vitraux peints et armoriés.

Enfin, sur la porte d'entrée principale, un écusson bien

taillé, aux couleurs du maître, disait que cette vieille demeure n'avait jamais, et en dépit du temps et des révolutions, changé de propriétaires.

Ce castel se nommait la Roche, du nom de ses anciens possesseurs, qui portaient le titre de barons. A l'heure où notre récit commence, il était habité par la veuve du dernier baron, et ce soir-là, car la nuit allait succéder bientôt aux derniers rayons du soleil, — la baronne était assise au coin du feu de son boudoir, — une ravissante petite pièce ménagée au premier étage de l'une des tours, prenant jour sur la rivière par une croisée, sur une belle forêt par une autre, meublée et décorée, enfin, avec tout le confortable parisien, malgré l'apparence féodale et sévère du castel.

Madame de la Roche était veuve depuis deux ans, et elle en avait vingt-cinq à peine. C'était une veuve de roman dans toute l'acception du mot; cependant, elle n'était ni blonde et vaporeuse comme les héroïnes de Walter Scott, ni petite, grassouillette et rosée, ainsi que les veuves de M. Scribe.

Madame de la Roche avait un type de beauté presque à part, et tout au moins original.

Elle était brune comme une Andalouse, svelte, mince, les épaules larges, les lèvres rouges et ombrées d'un imperceptible duvet. Son pied et sa main étaient le pied et la main d'un enfant. Ses grands yeux noirs eussent exprimé tour à tour la joie ou la colère, s'ils n'avaient été d'ordinaire mélancoliques et rêveurs.

La baronne était donc assise au coin de son feu, seule et abandonnée à cette rêverie charmante et pleine de mystère qui s'empare des femmes quand leur isolement est volontaire.

Son regard allait parfois consulter la pendule de la cheminée, une jolie rocaille du meilleur temps rococo; puis il s'abaissait sur un petit meuble de Boulle qui supportait une grande potiche chinoise, de celles qu'on nomme céladons.

Et, alors, un de ces sourires énigmatiques, mutins et mystérieux, où les femmes semblent ébaucher leurs projets et dessiner tout un plan de conduite à venir, arquait à demi ses lèvres, et creusait en même temps, dans l'ivoire de son front, un de ces plis imperceptibles qui trahissent une résolution bien prise et tout à fait inébranlable.

L'aiguille de la pendule atteignit le chiffre cinq, et cinq heures sonnèrent.

Au même instant, un bruit de voiture se fit dans la cour du château, et, à ce bruit, se joignirent les jappements de plusieurs chiens de chasse.

— Voici mes trois amoureux, murmura la baronne. Ils sont d'une exactitude qui sent la race.

Une porte s'ouvrit peu après, et un domestique en livrée jeta tour à tour, aux échos du boudoir, ces trois noms :

— Monsieur le comte de Massille,
— Monsieur le baron d'Arcy,
— Monsieur Max de Lerh.

La baronne se leva, et reçut ses trois visiteurs avec un sourire.

Ils étaient jeunes tous trois, beaux tous trois, d'une beauté différente, et vêtus uniformément de l'habit bleu sombre à boutons d'argent, qui est l'habit de chasse des veneurs bourguignons.

— Messieurs, leur dit la baronne, je vous remercie mille fois d'avoir accepté mon invitation et de venir ainsi, après une journée de chasse, vous asseoir à la table d'une pauvre veuve bien isolée, et qui n'a pas même ce soir un chaperon, car le marquis, mon père, est parti hier pour Paris et n'en reviendra qu'après-demain. Monsieur le comte, voulez-vous me donner la main ?

Et la baronne passa avec les trois jeunes gens dans la salle à manger, où le dîner était servi.

Elle plaça le comte à sa droite, le baron à sa gauche et le troisième convive en face d'elle. Ces trois messieurs avaient été les amis du défunt baron ; ceci expliquait donc à peu près, et à première vue, cette invitation singulière d'une jeune femme sans époux et sans chaperon, à trois hommes dont le plus âgé avait trente-cinq ans à peine. Mais ce qui, tout à coup, aurait jeté un nouveau jour mystérieux et tout à fait original pour un observateur attentif, sur la réunion de ces quatre personnages, ce fut le vase de Chine du boudoir qu'un valet apporta et plaça sur la table, au dessert.

Et, comme l'étonnement des convives était grand à cette apparition, madame de la Roche les regarda tous trois en souriant, et leur dit :

— Messieurs, ce vase joue un rôle assez important ici : c'est ma boîte aux lettres.

A ce mot de lettres, un embarras visible se peignit sur les traits de chacun des invités, ce qui fit que chacun d'eux, empressé de dissimuler son trouble, ne remarqua point le trouble de son voisin.

— Messieurs, continua la baronne, j'ai eu un but très-mystérieux en vous priant à dîner tous trois, et si vous voulez avoir la clef du mystère, accordez-moi la parole et promettez-moi de m'écouter attentivement.

Les jeunes gens s'inclinèrent.

— Feu mon mari, monsieur de la Roche, reprit la baronne, était votre ami à tous trois. Il était de votre âge, monsieur le comte de Massille, et, des fenêtres de ce château, on aperçoit les tourelles du vôtre. Vous avez été son compagnon d'enfance, vous étiez son plus ancien ami.

Vous, baron, vous avez étudié le droit et la médecine avec lui et vos relations dataient d'au moins quinze ans. Vous avez également des propriétés dans les environs, et vous quittez Paris chaque année, pendant l'automne, pour les venir habiter.

Vous, enfin, monsieur de Lerh, vous étiez un ami plus récent mais non moins cher du baron. Vous vous êtes rencontrés, il y a cinq ans, en Italie, où il m'avait conduite pour ma santé, et où vous étiez allé vous-même accomplir ce pèlerinage obligé de tous les artistes qui ont foi en leur art.

Ai-je dit vrai, messieurs ?

Les trois jeunes gens s'inclinèrent de nouveau.

— Feu le baron était chasseur passionné, il avait fondé le club de Ballie-Morvan, et vous y étiez entrés avec lui. Le baron est mort, hélas ! et vous êtes demeurés fidèles à vos engagements de veneurs, et c'est pour les remplir que chaque année, vous vous réunissez ici, chez vous, monsieur le comte.

Or, messieurs, voici la deuxième année de mon veuvage qui va finir...

Les trois gentilshommes tressaillirent en même temps. J'ai vingt-cinq ans, l'isolement règne autour de moi; le marquis, mon père, touche à l'extrême vieillesse, et j'ai besoin d'un protecteur.

Quelque attachement qu'elle ait eu pour son premier époux, si grande que soit sa vénération pour sa mémoire, si violente qu'ait été sa douleur, une veuve de vingt-cinq ans se remarie quand elle ne peut reporter ses premières affections, brisées par la mort, sur la tête blonde d'un enfant...

Vous avez compris cela, messieurs, et chacun m'a écrit pour me demander ma main.

A ces derniers mots de la baronne, ses trois convives se regardèrent mutuellement avec une stupéfaction profonde. Aucun d'eux n'avait confié son secret aux autres.

— Feu le baron avait écorné sa fortune, poursuivit madame de la Roche, et il avait même ébréché ma dot. Donc je ne suis pas riche, je possède dix mille livres de rente à peine; donc vous m'aimez, puisque vous voulez m'épouser, car vous, monsieur de Massille, vous avez trente mille francs de revenu; vous, monsieur d'Arcy, cent cinquante, et vous, monsieur de Lerh, qui n'avez plus qu'un patrimoine assez mince, vous êtes devenu un de nos grands peintres, et vos toiles sont couvertes de pièces d'or à l'avance.

Je crois donc — et madame de la Roche eut un sourire de coquetterie mélancolique — que vous m'aimez tous les trois.

— Oui, répondirent-ils spontanément.

— Que faire, alors? vous êtes amis, vous possédez tous trois de nobles qualités qui rendent le choix difficile, et je suis vraiment fort embarrassée.

D'ailleurs, je ne veux point que vous deveniez ennemis, et je ne me marierais jamais si le bonheur de l'un d'entre vous lui devait attirer la haine des deux autres.

La baronne, à ces mots, plongea sa main blanche et menue dans le vase de Chine et en retira les trois déclarations de ces messieurs.

— Voilà vos lettres, dit-elle. Elles se ressemblent quant au fond; cependant il est facile de voir que vous m'aimez tous trois d'une façon différente et que chacun de vous a rêvé l'avenir à sa manière. Voulez-vous me permettre de lire successivement vos lettres ?

L'embarras des amoureux de la baronne était à son comble; mais elle souriait, et le sourire de la femme aimée est irrésistible. Elle ouvrit donc la lettre du comte de Massille. Le comte commençait par une déclaration dans toutes les formes voulues; il avouait son amour, ses espérances, et il finissait par faire à la baronne un tableau de l'existence qu'il lui destinait si elle daignait exaucer ses vœux :

« Nos terres se touchent, disait-il; réunies, elles formeront le plus beau domaine de la contrée. Vous en serez la belle châtelaine, et je serai orgueilleux et fier de posséder à la fois la plus jolie, la plus aimable des femmes, et la plus belle fortune terrienne du Morvan. Nous passerons l'hiver dans mon hôtel d'Avallon, le printemps et l'été à Massille, l'automne chez vous, car la Roche est un délicieux rendez-vous de chasse. Nous recevrons nos voisins et leur donnerons des fêtes. Je veux, madame, que votre nom éveille des échos d'admiration par toute la province, et que, dans le pays bourguignon, on cite le comte de Massille comme le plus heureux des hommes. »

— Je conclus de là, acheva la baronne, que vous espérez me faire partager vos goûts champêtres et votre amour de la province.

— Ah! madame, exclama le comte, peut-on vivre et aimer ailleurs?

— Je ne discute pas la question, je la pose simplement. Voyons maintenant la lettre du baron.

La première moitié de cette seconde lettre était semblable en substance à l'exorde de celle du comte. Mais les projets du baron étaient tout autres :

« Mon hôtel de la rue de Grenelle-Saint-Germain, disait-il, est bien vaste, bien désert maintenant; mais j'en voudrais faire une charmante demeure si vous consentiez à l'habiter avec moi. L'hiver sera pour nous une longue fête, dont vous seriez la reine. Tout le Paris élégant se presserait dans nos salons et vous admirerait en m'enviant mon bonheur. Puis, au printemps, aux premiers souffles des brises de mai, nous partirions, nous irions voyager. L'Allemagne, l'Italie, les bains de mer seraient pour vous tout autant de lieux où votre beauté triompherait de l'admiration universelle. »

— Je le vois, dit la baronne en terminant, il me faudra renoncer, si je vous aime, à la calme existence que je mène à la campagne.

— Mon dieu! madame, répliqua le baron avec un sourire demi-railleur, pensez-vous que les champs couverts de neige, les bois dépouillés et le morne silence d'un vieux manoir, soient, en hiver, choses bien réjouissantes?

— Passons, dit la baronne, à la lettre de M. de Lerh.

Cette dernière était courte, et la voici tout entière.

« Vous le savez, madame, deux révolutions et l'aveugle prodigalité de mes pères m'ont contraint à demander à une profession quelconque les ressources que ne pouvait plus m'offrir mon patrimoine amoindri. A vingt ans il m'a fallu choisir une carrière. La diplomatie, l'armée, la magistrature m'étaient fermées par mon respect et la religion du passé. Je ne pouvais servir le roi Louis-Philippe. J'avais quelque talent, je me suis fait artiste. J'ai eu le bonheur de réussir ; le succès a couronné mes efforts et récompensé mes veilles. Longtemps les enivrements de la gloire ont suffi à remplir ma vie, ne laissant aucun vide dans mon cœur; — mais, un jour, ce vide s'est fait. J'ai regardé autour de moi et n'ai vu que l'isolement; — au dedans de moi... et je me suis aperçu qu'il y avait, au fond de mon âme, une corde généreuse qui n'avait point vibré. Je me suis demandé sérieusement, alors, à quoi bon cette gloire, ces succès, ces travaux, si je ne pouvais les consacrer à un de ces anges qu'on nomme des femmes et qui doivent remplir l'existence de l'homme qui a une foi profonde en son art. C'est alors, madame, que j'ai osé élever mes regards jusqu'à vous et faire un rêve... Ah! s'il m'était permis de mettre à vos pieds ma jeune renommée, si je pouvais me dire, au soir d'une pénible journée passée aux prises avec l'inspiration longtemps rebelle, vaincue enfin : C'est pour elle, pour grandir le nom que je lui ai donné...

» S'il m'était permis un jour, un de ces jours de découragement profond que les artistes connaissent seuls, en détournant les yeux de ma toile inachevée, de les porter sur vous... sur vous, assise, rêveuse et souriante à la fois, dans l'angle le plus sombre de mon atelier et m'encourageant d'un regard... Et comme je saurais me construire, en quelque vallon ignoré et perdu, à trente lieues de Paris, au bord d'une rivière, cachée sous un massif de saules et d'ébéniers, une charmante retraite, un joli nid mignon et coquet pour abriter notre amour, à cette époque bénie où Dieu, ouvrant ses deux mains, laissera tomber une nappe de marguerites blanches dans les prés et de liserons bleus au bord des ruisseaux!... Hélas! madame, tout cela n'est-il point un rêve? »

— Décidément, messieurs, fit la baronne en souriant, M. de Lerh est moins exclusif que vous, il compte mener avec moi la double existence de Paris et de la campagne.

Un sourire dédaigneux glissa sur les lèvres des deux gentilshommes.

— C'est un artiste! pensèrent-ils tous deux.

La baronne reprit :

— Vous le voyez, chacun de vous a arrangé à sa manière l'existence qu'il me réserve si je deviens sa femme. Il n'a oublié qu'une chose, « me consulter d'abord un peu moi-même. » Si bien que mon embarras augmente au lieu de diminuer.

— Que faire alors? dirent-ils tous trois à leur tour.

— Écoutez, répondit la baronne, vous m'aimez tous les trois d'un amour différent. Eh bien! j'ai une condition différente à poser à chacun de vous. Celui qui l'acceptera obtiendra ma main. C'est aujourd'hui, messieurs, que votre déplacement de chasse d'octobre est clos; demain, vous, baron, vous retournerez à Arcy, M. de Lerh à Paris, et vous, comte, vous resterez à Massille.

— Oui, madame.

La baronne plongea de nouveau sa main dans l'urne mystérieuse et en retira trois petits billets écrits sur papier rose, et soigneusement pliés et cachetés.

— Vous allez m'engager votre parole, dit-elle, de n'ouvrir la lettre qui vous est destinée que lorsque vous serez séparés tous trois. Si la condition que j'attache à ma main convient à l'un de vous, il fera un détour au lieu de poursuivre sa route, et viendra me demander à déjeuner.

— Et si nous l'acceptons tous trois?

— Alors, fit la baronne en souriant, nous aviserons. Adieu, messieurs.

Madame de la Roche congédia ses trois soupirants, car l'œil-de-bœuf de la salle à manger marquait neuf heures, l'heure solennelle où le couvre-feu doit sonner pour une veuve de vingt-cinq ans.

II

Le lendemain, à huit heures du matin, dans la cour du château de Massille, monsieur le baron d'Arcy et monsieur de Lerh mettaient le pied à l'étrier, tandis que le comte leur disait :

— Vous aurez à peine franchi la grille du parc, que je romprai le cachet de ma lettre, et je vous engage à en faire autant, car il est probable que nous déjeunerons tous trois à la Roche. Ainsi donc, messieurs, à bientôt.

III

Et lorsque le galop des chevaux de ces messieurs se fut perdu dans l'éloignement, le comte ouvrit le billet de la baronne et lut :

« Monsieur le comte,

» Vous le savez, je suis Parisienne. Feu mon mari m'avait imposé un bien lourd sacrifice en m'obligeant à vivre à la Roche une partie de l'année. J'ai horreur de la campagne, et je regrette amèrement ma première jeunesse, et ces enivrements du monde élégant de Paris au milieu duquel elle s'est écoulée. Je ne consentirai à épouser que l'homme qui renoncera bravement à la vie de province et me ramènera à Paris... »

— Palsembleu! s'écria monsieur de Massille, elle est folle! Mais, à ce compte, il faut que je vende ma terre de Massille, mes bois, mes prairies; que je renonce à la chasse... Ceci est complétement impossible!

Ma foi! d'Arcy est, bien mieux que moi, le mari qui convient à la baronne.

Et le comte ajouta en soupirant :

— Décidément, je ne déjeunerai pas à la Roche.

IV

Le baron et le peintre gentilhomme chevauchèrent ensemble l'espace d'une demi-lieue, puis ils se séparèrent en se disant également :

— A bientôt.

Alors monsieur d'Arcy ouvrit le billet rose et lut :

« Cher baron,

» Vous avez cru que j'aimais le monde, le bruit, les fêtes; vous vous êtes trompé. Je suis un peu désillusionnée et j'éprouve un grand besoin de repos, de solitude, je dirais presque d'isolement. Il y a trois années que je caresse un rêve, un rêve charmant à mes yeux, celui d'aller vivre en Italie, sous le ciel napolitain, dans l'une de ces îles verdoyantes et parfumées autour desquelles soupire éternellement cette mer bleue du golfe de Naples. L'amour que vous avez pour moi serait-il assez fort, assez puissant, pour vous faire renoncer à Paris, au Jockey-Club, aux courses de la Marche et de Berny et aux bruyantes réunions des eaux? Consentiriez-vous à passer nos hivers à Ischia ou Sorrente, et nos étés à Arcy ou à la Roche?

— Ah! par exemple! s'écria le baron, voilà des goûts singulièrement romanesques! La baronne perd la tête!... si c'est là son dernier mot sur l'avenir, je renonce à déjeuner aujourd'hui chez elle.

Et le baron poussa son cheval et continua son chemin sans détourner la tête et jeter un dernier regard aux tourelles du château de la Roche, dont les toits ardoisés étincelaient au soleil levant.

V

Pendant ce temps, le peintre suivait un sentier qui longeait la rivière, et il lisait également le billet de la baronne, avec cette émotion grave et recueillie de l'homme qui attend sa destinée d'un seul mot :

« Monsieur, disait la veuve, vous m'offrez de partager cette vie d'artiste que vous vous êtes faite, existence mêlée de travail et de succès. Vous m'aimez, dites vous, je le crois ; mais m'aimeriez-vous assez pour me sacrifier précisément ce que vous seriez si fier de me consacrer ? Si je vous disais que je préfère mille fois, — et en cela, peut-être, j'obéis à de certains préjugés de race, — que je préfère, dis-je, être la femme d'un bon gentilhomme de province que la femme d'un peintre célèbre ? — Si je vous disais encore : Vous renoncerez à Paris, à vos amis, à votre art, vous viendrez ici partager mon modeste revenu, vivre à la Roche, été et hiver, y oublier votre gloire personnelle pour ne vous plus enorgueillir que du nom de vos aïeux ?...

VI

M. de Lerh ne poussa point une exclamation de surprise et de découragement comme le baron et le comte, mais il éperonna son cheval, et s'en alla droit à la Roche, le cœur palpitant.

La baronne se promenait dans le parc, son ombrelle sur l'épaule ; elle vint à lui en souriant et lui tendit sa main à baiser :

— Je crois, dit-elle, que vous êtes le premier au rendez-vous. Je crois même, ajouta-t-elle, que vous y serez seul.

Il poussa un cri de joie :

— Ainsi, reprit-elle, vous acceptez ma condition?

— Madame, répondit gravement le jeune homme, la gloire ne vaut pas le bonheur. Je ne suis plus peintre, je redeviens gentilhomme.

Et il s'agenouilla, lui prit les mains, et murmura :

— Oh ! je vous aime !...

Madame de la Roche le releva, puis elle le fit asseoir auprès d'elle sur un banc de verdure qui bordait l'avenue :

— J'ai demandé, lui dit-elle, à monsieur de Massille, le sacrifice d'une passion. — A monsieur d'Arcy celui de ses plaisirs. — A vous, je vous ai demandé plus encore, le sacrifice de votre art, c'est-à-dire de la moitié de votre existence. Ces messieurs ne sont point venus, le sacrifice leur a paru trop lourd; vous arrivez, vous, donc vous acceptez; c'est que vous m'aimez...

Et elle ajouta tout bas :

— Et c'est vous que j'aime ! J'avais prévu ce qui arrive, et je savais fort bien que vous seul triompheriez de l'épreuve.

— Une épreuve ! exclama le jeune homme.

— Eh ! sans doute, mon ami. Pourquoi renonceriez-vous à une gloire, à des travaux dont je suis fière depuis le jour où mon cœur a parlé. Oui, c'était une épreuve, et j'accepte à mon tour cette existence que vous m'offrez. La noblesse de notre temps ne déroge point en devenant artiste. L'art n'est-il point une aristocratie ? Reprenez vos pinceaux, ami.

Monsieur de Lerh s'agenouilla de nouveau :

— A quoi bon ? murmura-t-il, la destinée des artistes est de courir sans cesse après un idéal, mais moi, j'ai trouvé le mien.

— Vous le peindrez, répondit-elle.

LE RÊVE D'OR.

SOUVENIR DE HEIDELBERG.

I

Oswald était assis au coin du feu, dans son vieux fauteuil de velours d'Utrecht éraillé, placé entre la cheminée et la fenêtre de sa modeste chambre d'étudiant.

C'était en hiver, il pleuvait ; le Nekar roulait un flot roussâtre et limoneux, les toits de la bonne ville allemande étaient noirs, et le brouillard qui se mêlait à la pluie avait une telle densité qu'on voyait à peine les murs des maisons alignées de l'autre côté de la rue.

Oswald tisonnait d'un air de méchante humeur ; il allait parfois à la fenêtre, d'où il découvrait le fleuve, qui coulait à quelques pas, il en contemplait un moment l'eau bourbeuse, irisée par le vent du nord, puis il quittait la fenêtre, s'approchait d'une pauvre étagère chargée de livres, feuilletait un volume, le rejetait avec colère, et finissait par venir se rasseoir dans son vieux fauteuil, après avoir saisi de nouveau les pincettes.

Oswald était un grand garçon de vingt-trois ou vingt-quatre ans, blond, pâle, fluet comme un poëte, rêveur ainsi qu'un amoureux.

Il était le fils d'un bourgmestre de campagne, dans une province prussienne. Son père lui faisait une modique pension de quarante florins par mois, et il étudiait la médecine en la noble université de Heidelberg.

La maison où Oswald avait pris un quartier (logement garni) baignait ses premières assises dans le fleuve, tout près du temple luthérien, à côté du fameux pont de Heidelberg, qui supporte la statue du duc Charles-Théodore.

La propriétaire de cette maison était une vieille femme, quinteuse et maussade, qui grondait toujours et passait sa vie à tourmenter ses locataires, des étudiants pauvres, pour la plupart, car les quartiers loués à la quinzaine par la mégère étaient modestes en tous points, et ne coûtaient que trois florins douze kreutzers, à peu près sept francs cinquante centimes de notre monnaie.

En revanche, la bonne dame avait une fille, une perle de beauté et qui portait le nom de ses sœurs, avait dit un étudiant-poëte qui passait de longues soirées juché dans les ruines du vieux château, où il conversait avec les cigognes.

Rœschen (Rose) était bien la plus ravissante créature qu'il se pût trouver des rives brumeuses du Rhin aux bords plantureux du Danube, et, cependant, elle n'avait point ce type nonchalant et un peu fade, ces yeux d'un bleu pâle, ces cheveux cendrés et ce sourire rêveur et presque triste des filles de la Germanie.

Elle était petite, svelte en sa taille exiguë, brune et rieuse comme une Espagnole ou une femme de Provence; ses cheveux étaient aussi noirs que l'aile d'un corbeau; son œil, d'un bleu foncé, pétillait d'insouciance et de malice; sa lèvre, d'un rouge cerise, et son mutin sourire faisaient battre le cœur de tous les étudiants qui la rencontraient à la brune, dans les rues tortueuses de la ville universitaire.

Rœschen était le correctif de sa mère, — qu'on nous passe le mot, — elle faisait oublier à ses locataires les duretés, les exigences et l'âpre parcimonie de la vieille femme, qui les fournissait de café au lait et de beurre, ce menu invariable du déjeuner de l'étudiant.

Mais de tous les hôtes de la maison, aucun n'était le but

des attentions délicates et des petits soins de Rœschen autant qu'Oswald.

La jeune fille avait dévalisé les quartiers voisins pour meubler convenablement celui de l'étudiant ; elle lui apportait le meilleur café, la crème la plus fraîche, et elle avait bien soin de joindre à tout cela un verre d'eau-de-vie de cerise.

Lorsque Rœschen entrait chez Oswald, Oswald se sentait tout joyeux et se disait parfois : Ah ! si mon père le bourgmestre était moins fier...

Quand Oswald prenait dans ses mains la taille de guêpe de Rœschen, Rœschen rougissait, baissait les yeux, et son cœur battait bien fort.

C'est que Rœschen aimait Oswald et qu'Oswald l'aimait.

Ils se l'étaient avoué, un soir, en se prenant les mains et causant au coin du feu, tandis que la vieille hôtesse était sortie ; — ils se le répétaient chaque jour depuis, et il eût semblé qu'Oswald dût être le plus fortuné des hommes et le plus orgueilleux des étudiants, car il était aimé par la plus jolie fille de Heidelberg.

Malheureusement il est fort rare que l'homme heureux apprécie longtemps son bonheur. — Oswald était une de ces têtes faibles, un de ces cerveaux emplis de bruit et de mots, vides d'idées, qu'on appelle des poëtes, peut-être parce qu'il ne leur arrive jamais de créer quelque chose ; — la moitié de la vie d'Oswald se passait dans les nuages, la seconde au coin du feu, dans ce vieux fauteuil que nos lecteurs connaissent déjà.

Lorsque son imagination l'emportait sur l'aile d'un nuage, Oswald souriait d'orgueil, il se promenait à grands pas, posait le poing sur la hanche d'une façon conquérante, traitait dédaigneusement une escorte nombreuse de valets et de commensaux, s'asseyait à la table de son légitime souverain, le roi de Prusse, et disait bien haut :

— Je suis le poëte du roi !

Quand il redescendait des nuées et se retrouvait dans son fauteuil, l'étudiant poussait une exclamation de colère, montrait le poing au ciel, que représentait le plafond crevassé et jauni de sa chambrette, promenait un morne regard sur le papier en lambeaux, les meubles vermoulus et boiteux qui l'entouraient, et murmurait :

— Oh! l'affreuse chose que la pauvreté, et quand donc serai-je riche et célèbre?

Ce jour-là Oswald sentait son obscurité profonde et sa pauvreté avec plus d'amertume encore que de coutume. Il envisageait avec terreur l'avenir borné, sans horizon, qui lui était réservé; il se voyait déjà, et il en frissonnait, le successeur de son brave père, le bourgmestre, cultivant ses quatre arpents de vigne et son champ de tabac.

C'est pour cela qu'il allait et venait dans sa chambrette, tantôt feuilletant un livre, tantôt regardant avec tristesse couler l'eau bourbeuse du Nekar.

Il avait fini par se rasseoir dans son vieux fauteuil, et là, allumant sa longue pipe à tuyau de cerisier et à fourneau de porcelaine, embellie d'une peinture assez mesquine, il s'environnait d'un nuage de fumée et essayait de reprendre un de ses rêves favoris, lorsque la porte de sa chambre s'ouvrit sans bruit, et livra passage à un personnage assez bizarre qu'Oswald ne connaissait ni d'Ève ni d'Adam, et qui, cependant, entra sans frapper, salua d'un geste amical et d'un sourire, prit une chaise au pied du lit, et vint s'asseoir à l'angle opposé de la cheminée, en face de l'étudiant, auquel il dit :

— Bonjour, Oswald; comment vous portez-vous?

Ce personnage nous paraît mériter quelques lignes de description.

C'était un petit vieillard de soixante à soixante-cinq ans, maigre, jaune, le nez pointu, la lèvre mince et déprimée, le front fuyant, le menton anguleux, le regard abrité derrière des conserves bleues.

Ses doigts longs et maigres paraissaient terminés par des griffes bien mieux que par des ongles; à travers ses chaussures de lisière cousue on devinait d'autres griffes en tout semblables à celles des mains.

Il portait une houppelande grise à brandebourgs, une culotte courte d'un vert fané et une casquette à longue visière qui assujétissait ses lunettes bleues.

— Monsieur, dit-il à Oswald étonné et pétrifié de cette apparition, j'ai pensé que vous pourriez avoir besoin de mes petits services, et je suis venu vous rendre visite.

— A qui ai-je l'honneur de parler? demanda Oswald, qui se sentait dominé par une sorte de terreur superstitieuse.

— Je ne vois aucun inconvénient à vous décliner mon nom, répondit le petit vieillard; cependant, avant de le faire, je crois devoir m'enquérir de ce que vous pourriez attendre de moi.

— Pardon, monsieur, dit Oswald jetant un regard dédaigneux sur les haillons de l'inconnu; je ne vois pas trop...

— Ah! fit le vieillard avec un sourire moqueur, je vous parais bien chétif et bien pauvre, et, de fait, pour un homme qui, comme vous, désire devenir le poëte favori du roi de Prusse, avoir des laquais, des complaisants, des chevaux, de l'or, un palais, toutes les jouissances du luxe réunies à tous les enivrements de l'orgueil satisfait...

— Mais, monsieur, interrompit vivement Oswald tressaillant de se voir ainsi deviné...

— Pardon, continua le vieillard, vous voyez que je sais bien des choses...

— Mais qui donc a pu vous dire?...

— Tout cela, je l'ai lu.

— Où donc, demanda Oswald.

— Dans votre pensée. Et c'est pourquoi je suis venu à vous.

— Eh bien? fit Oswald fasciné.

— Eh bien! causons, mon maître. Vous m'inspirez quelque intérêt, peut-être pourrai-je vous être utile. Votre père est bourgmestre de campagne, et il est pauvre, n'est-ce pas?

— Hélas! murmura Oswald.

— Son héritage sera mince, et la pension que, dès aujourd'hui, il vous fait, est mesquine, je crois?

— Très-mesquine, soupira Oswald.

— C'est triste pour un beau garçon comme vous, et qui est poëte comme Gœthe ou Hoffmann, de n'avoir pas toujours trois kreutzers pour prendre une schop au Comersch et deux florins pour payer un mois d'abonnement au spectacle de la ville où des chanteurs italiens viennent donner parfois des représentations. C'est plus triste encore, alors qu'on pourrait habiter un palais et se choisir pour maîtresse une cantatrice célèbre, de loger en un taudis comme celui-ci et de faire les doux yeux à une petite assez gentille, il est vrai, mais qui n'est, après tout, que la fille d'une mégère.

Oswald tressaillit, mais il n'osa démentir le vieillard.

— Savez-vous, reprit celui-ci, que c'est vraiment ridicule à vous, qui avez l'étoffe nécessaire pour faire un homme riche et célèbre, de vous être ainsi amouraché d'une petite fille sans importance?

— Peuh! dit Oswald, je ne sais pas trop si je l'aime, après tout.

— Ah! dit le vieillard, s'il en était ainsi, nous pourrions nous entendre.

— Plaît-il? demanda Oswald.

— Si l'on vous donnait à choisir : demeurer pauvre, obscur, misérable, et aimer Rœschen, — ou bien renoncer à elle, et devenir aussitôt riche, considéré, choyé des grands, respecté des petits, — que feriez-vous?

Oswald hésita bien un peu, nous devons en convenir; il se souvint même à propos que la voix de Rœschen était harmonieuse comme le murmure printanier de la brise, son regard enivrant et doux, sa lèvre plus rouge que les cerises de juin, sa main blanche et mignonne comme une main de grande dame; il lui sembla, en ce moment, qu'elle montrait sa jolie tête par la porte entrebâillée et lui jetait son plus agaçant sourire; — mais tout cela disparut bientôt et fit place à ce rêve, caressé depuis si longtemps par Oswald, et que le petit vieillard venait d'évoquer tout à coup :

— Ma foi! dit-il, tant pis pour Rœschen.

Un petit rire sec accueillit ces paroles.

— Très-bien! dit le vieillard. Et puisqu'il en est ainsi, venez avec moi.

— Mais.... observa Oswald.

— Venez toujours, ajouta le vieillard avec un accent de fascination tel que l'étudiant obéit sans mot dire et se leva pour le suivre.

Le bizarre personnage prit l'étudiant par la main, ouvrit la porte et l'entraîna dans l'humide et sombre escalier de la maison.

Dans la rue il y avait une calèche éblouissante attelée de quatre chevaux de race ; les postillons étaient en selle, deux laquais se pendaient aux étrivières, les coussins étaient brochés d'or.

Un chasseur galonné à outrance abaissa respectueusement le marchepied.

— Montez, dit le petit vieillard.

Oswald obéit machinalement, l'inconnu se plaça près de lui, le chasseur dit un mot aux postillons, et la chaise s'ébranla, traversa le pont du Nekar au galop, et continua à courir avec une rapidité toute fantastique.

Oswald attachait toujours son œil fasciné sur le petit vieillard, et ne songeait point à regarder par les portières pour voir quelle direction prenait la chaise de poste.

Au bout d'un quart d'heure, et lorsque les voyageurs furent déjà loin de Heidelberg, il sembla à Oswald que le petit vieillard grossissait sensiblement et grandissait à mesure, puis sa casquette tomba et avec elle les lunettes bleues qu'elles assujétissaient, le front déprimé et chauve se garnit de quelques mèches de cheveux noirs, ou, tout au moins, admirablement teints, les joues caves prirent de l'embonpoint et se trouvèrent accompagnées d'un menton à trois étages, les chaussons de lisière firent place à une botte irréprochablement vernie, la houppelande grise et la culotte vert fané disparurent, remplacés par un vêtement noir comme en portent les gros bonnets de la finance, et, enfin, les doigts crochus du vieillard se transformèrent en une main blanche et grassouillette comme la main d'un prélat, et Oswald aperçut, à l'annulaire de la gauche, un solitaire de la plus belle eau qui valait bien six mille thalers de Prusse.

— Ah ! mon Dieu ! murmura Oswald épouvanté, j'ai affaire au diable.

— Allons donc ! répondit son compagnon avec un sourire plein de bonhomie, fi ! mon jeune ami, croyez-vous que le diable se mêle des affaires d'un pauvre étudiant ? Rassurez-vous, mon cher Oswald, le diable et moi nous faisons deux, et je vaux mieux que lui. Le diable est un pauvre hère qui court après une âme, bâtit un pont pour la trouver, et ne récolte que l'esprit d'un chat; il va toujours à pied et ne figure plus guère que dans les livres des poëtes, d'autres pauvres diables qui logent celui-ci dans leur poche.

Le diable est un être fantastique; je suis, moi, ce qu'il y a de plus réel, et j'exerce plusieurs professions parfaitement honorées en ce monde. Je suis tantôt commerçant, tantôt homme de loi, souvent diplomate, rentier; plus souvent encore je siége au conseil aulique, les rois me consultent, les démagogues me font leur cour, les pères qui ont filles à marier ont besoin de mon avis sur l'exiguïté de la dot à donner, et les hommes qui épousent une héritière laide et vicieuse me demandent toujours conseil. Pardonnez-moi, mon jeune ami, le costume un peu sordide dans lequel je me suis présenté à vous, mais j'ai l'habitude de l'endosser lorsque je sors à pied, personne ne me demande l'aumône.

— Ah çà, fit Oswald, qui donc êtes-vous?

— Mon cher, répondit l'ex-vieillard, car ce n'était plus un vieillard maintenant, mais un homme mûr à peine, bien couvert, bien nourri et guilleret, il fallait voir! mon cher, je ne vous dirai point encore mon nom, qu'il vous suffise de savoir que je suis le secret de la vie personnifié en une maxime beaucoup plus sage que celles du philosophe français, le duc de la Rochefoucaud: « *Se servir de tout le monde et ne servir personne.* » Faites-en votre profit, et, en attendant que je vous décline mes qualités, veuillez bien rajuster un peu votre toilette dans cette glace placée vis-à-vis de vous, afin que vous paraissiez convenable à vos gens.

— Mes gens! fit Oswald étonné.

— Sans doute; nous sommes à la porte de votre hôtel.

— Mon hôtel!

— Eh! pardieu, oui, votre hôtel de Berlin, près du palais du roi, dont vous êtes le poëte favori.

Oswald jeta un cri de surprise; son guide mystérieux abaissa les glaces dépolies des portières, et l'étudiant s'aperçut alors qu'ils roulaient sur le pavé d'une grande ville,

Berlin, la capitale du royaume de Prusse. Ils avaient fait cent cinquante lieues en quelques minutes.

La chaise s'arrêta dans la cour d'un hôtel somptueux. Au bas du perron étaient alignées dans un ordre respectueux deux rangées de valets en livrée qui se précipitèrent au-devant de leur nouveau maître.

Oswald crut rêver, il se regarda dans la glace de la berline, s'aperçut qu'il avait les yeux bien ouverts, et remarqua, en même temps, que les pauvres habits d'étudiant avaient fait place à un somptueux costume. Quant à son compagnon, il était déjà hors de la chaise abaissant le marchepied et lui disant :

— Monseigneur veut-il bien s'appuyer sur l'épaule de son intendant indigne, pour descendre?

Oswald descendit.

— Le dîner de monseigneur est servi, ajouta l'étrange intendant.

Oswald le suivit, précédé par ses valets, il entra dans un vestibule dallé en marbre, traversa plusieurs salles où l'art et l'opulence s'étaient cotisés pour réaliser le plus idéal des rêves de l'étudiant, et il parvint à la salle à manger.

Une table servie avec un luxe et une recherche inouïs ne supportait qu'un seul couvert. Oswald se mit à table, l'intendant se trouva subitement revêtu de sa livrée de gala et se tint debout, la serviette sur l'avant-bras gauche, dans la plus respectueuse des attitudes, servant son jeune maître et lui versant, dans une coupe du cristal de Bohême le plus merveilleux, du Johannisberg de deux siècles et des vins de France récoltés au temps du roi Henri IV.

Oswald, qui n'avait jamais approché de ses lèvres une liqueur plus traîtresse que l'eau-de-vie de cerise de Rœschen, ne résista pas longtemps aux fumées de ces crus célèbres, il s'endormit sur la table, et dormit comme on dort à vingt-trois ans, en la bonne ville de Heidelberg.

II

Quand l'étudiant s'éveilla, il était au lit, dans une coquette et ravissante chambre à coucher, abrité par le lampas broché de lourds rideaux. Un rayon de soleil venait s'ébattre sur son oreiller, un feu clair flambait dans la cheminée, et, sur la plaque du foyer, sommeillait gracieusement un de ces grands lévriers aimés des poëtes depuis Ronsard jusqu'à Walter Scott.

Oswald s'était apparemment habitué à tout ce luxe, car il étendit avec nonchalance sa main vers le gland d'or d'une sonnette et le tira impérieusement.

Le bizarre intendant parut :

— Monseigneur désire-t-il son valet de chambre? demanda-t-il.

— Sans doute, dit Oswald.

Sur-le-champ, le valet de chambre se présenta. Il portait un plateau de vermeil; sur ce plateau se trouvaient plusieurs lettres, arrivées sans doute pendant le sommeil d'Oswald.

Il en prit une, elle portait pour suscription :

« Au seigneur comte Oswald, poëte ordinaire de S. M. le roi de Prusse. »

Oswald tressaillit d'orgueil, l'ouvrit et lut :

« Sa Majesté le roi recevra le comte Oswald ce soir, à dix heures, en audience particulière. »

La lettre était signée du nom d'un secrétaire des commandements.

Les autres lettres portaient la même suscription : Oswald les parcourut rapidement; dans l'une, un libraire lui offrait une somme énorme pour son dernier volume de poésies; dans l'autre, ambrée et parfumée, une comtesse lui assignait un tendre rendez-vous.

Toutes, enfin, contenaient cet âpre et voluptueux parfum de vanité qui monte si bien au cerveau de l'ambition.

Oswald aperçut alors sur le plateau deux autres lettres écrites sur du papier commun.

Il ouvrit dédaigneusement la première et lut :

« Monseigneur,

» Je vous ai écrit plusieurs fois sans que vous ayez daigné

me répondre; mais le malheur qui nous poursuit, ma vieille mère et moi, me fait une loi de recourir encore à vous. »

Oswald tressaillit, courut à la signature et lut le nom de Rœschen.

Il se souvint alors qu'il avait acheté son opulence et sa célébrité au prix de son amour, et repoussant cette lettre, il ouvrit la seconde :

« Mon cher fils,

» Quand ma dernière lettre vous arrivera, je n'existerai plus. Vainement vous ai-je appelé à mon lit de mort, vainement ai-je prié et imploré Dieu, lui demandant la faveur suprême d'embrasser mon fils avant de mourir; il paraît que les grandeurs qui vous environnent ont fermé votre cœur... »

— Mon père! s'écria Oswald jetant un cri.

Il regarda la date de la lettre, et crut avoir mal lu. La lettre était du mois de mars 1860. Or, le jour où Oswald avait quitté sa chambre d'étudiant était le 16 février 1853.

Il se tourna éperdu vers l'intendant.

Celui-ci parut deviner et lui dit :

— Monseigneur est victime d'une méprise. Frantz, son valet de chambre, lui a apporté de vieilles lettres, au lieu de lui présenter celles du jour.

— Comment! s'écria Oswald, ces lettres...

— Sont de trois ans. Il y en a dix que monseigneur étudiait à l'université de Heidelberg, et trois que son père le bourgmestre est mort. Nous sommes en 1863. Monseigneur a été rudement éprouvé, il est vrai, par cette perte cruelle, mais la mort est la loi de ce monde, il faut la subir. Et, d'ailleurs, monseigneur est, en définitive, le favori de la fortune, il a un million de thalers de revenu, il est le favori du roi, il est question même de le nommer ambassadeur à Londres...

— Mon père! Rœschen! murmurait Oswald, comment se fait-il que je n'aie rien reçu, rien appris?

— Pardon, observa l'intendant avec respect, monseigneur

oublie que j'étais son intendant, et que je mettais un soin particulier à ce que rien ne troublât sa quiétude parfaite, et monseigneur sait qu'il est toujours pénible d'apprendre à l'heure où l'on part pour le bal, que son père meurt, — au moment où l'on va à un rendez-vous galant, que sa première maîtresse est plongée dans une misère profonde.

— Mais qui êtes-vous donc? s'écria Oswald frissonnant.

— Je suis l'intendant de monseigneur et sa pensée incarnée, tant j'ai l'habitude de le servir.

— Mais votre nom? votre nom?

— Ah! dit le bizarre inconnu, vous voulez savoir mon nom? Attendez alors.

Et alors, en effet, une métamorphose nouvelle s'opéra: l'intendant replet et bien couvert disparut, et Oswald aperçut dans un fauteuil, au coin de la cheminée, les jambes croisées et souriant du plus ironique des sourires, le petit vieillard à houppelande grise, à conserves bleues, chaussé de lisière et les ongles crochus, qui lui était apparu dans sa chambre d'étudiant.

— Eh bien! mais, dit-il avec un petit rire sec et cassant, mon nom est bien connu, monseigneur, et je suis le personnage le plus influent de notre siècle; c'est moi qui change le cuivre en or et l'obscurité en renommée... On m'appelle l'Égoïsme.

III

Oswald poussa un cri de douleur:

— Oh! dit-il, qu'est-ce que la fortune et la célébrité auprès du bonheur? Et qui me rendra Rœschen, ma brune et rieuse maîtresse, et mon vieux père assis sur le pas de sa porte, fumant avec calme sa longue pipe de cerisier, et me donnant de sages conseils?

A peine Oswald avait-il prononcé ces paroles, qu'il se fit un grand bruit autour de lui; le petit vieillard s'évanouit comme une ombre, les murs de la somptueuse chambre semblèrent s'écrouler, et Oswald, éprouvant une violente secousse, se retrouva dans son vieux fauteuil de velours d'Utrecht, au coin de son feu d'étudiant. Le temps était toujours noir, le Nekar agité par le vent du Nord, la pluie continuait à fouetter tristement les vitres, et Oswald n'était plus l'opulent favori du roi ; — mais, près de lui, était Rœschen qui serrait tendrement ses deux mains ; auprès de Rœschen, son père, le vieux bourgmestre, fumait tranquillement sa pipe et lui disait en souriant :

— Puisque tu aimes Rœschen et qu'elle t'aime, épouse-la ; le bonheur, la fortune, la célébrité, — c'est l'amour !

Et si triste que fût le ciel, si dénudée que fût la modeste chambre de l'étudiant, l'un et l'autre lui parurent magnifiques, car il avait toujours vingt-trois ans, et il était environné des rayons de ce soleil des soleils qui a nom la *jeunesse!*

C'est Rœschen, la femme d'Oswald, qui me contait cette histoire, l'an dernier, en juillet, à Heidelberg.

Oswald avait rêvé !

LE QUATRAIN DU VICOMTE.

Midi sonnait, le temps était magnifique.

Le mois de mai, en véritable étourdi qui ne doute de rien, s'était trompé de six semaines. Il était arrivé le 15 mars, en la gracieuse année 17... sous le règne de S. M. Louis le Bien-Aimé.

Dans les vastes jardins qui formaient les derrières des grands hôtels du Marais, l'aristocratique quartier par excellence, on ne voyait que fleurs écloses, arbustes poudrés à frimas et pelouses vertes. Les oisillons chantaient dans les massifs que c'était merveille ! le soleil était tiède et le vent doux ainsi qu'en un poëme d'un philosophe ami de la nature ; les carrosses roulaient à grand bruit, et les amoureux soupiraient tout bas.

Sur la Place-Royale, ce n'étaient que galants seigneurs enrubanés et l'épée en verrouil, mousquetaires et gardes-françaises, tordant avec fatuité les crocs lissés de leur moustache.

Chez la petite baronne, à l'angle nord de la place, le feu du boudoir s'éteignait, Manette, la camérière, ne songeait point à le rallumer, et serrait les boites à poudre, les couteaux d'argent et les mouches inutiles de la toilette de sa maîtresse.

La petite baronne était coiffée, habillée, prête à sortir. Son carrosse attendait sous les arceaux ; les deux chevaux pie, qui devaient l'entraîner avec la rapidité de l'éclair, piaffaient d'impatience.

Tamburino, le petit lévrier favori, sautillait du sopha à la bergère et de la plaque du foyer à son oreiller placé dans le fond de la ruelle, frétillant de la queue, pointant les oreilles, tant il avait hâte de s'étaler sur les coussins de la calèche.

Manette, elle-même, jetait à la dérobée un regard mutin par la fenêtre sur un beau Suisse qui retroussait galamment sa moustache, et se promenait sous les arceaux, le poing sur la hanche.

Et, cependant, la petite baronne ne bougeait, et, à demi renversée sur sa bergère, elle s'éventait coquettement le visage et rêvait le plus délicieusement du monde.

La petite baronne avait vingt ans, l'âge des rêves roses, un mutin sourire, un œil agaçant et de blonds cheveux qui se fussent passés de la poudre si la poudre n'eût été de rigueur pour une femme de qualité.

Lorsqu'elle s'agenouillait, à la messe ou au sermon, sur son coussin de brocart et feuilletait, de sa petite main creusée de fossettes, un beau livre d'heures orné de merveilleuses estampes, elle devenait le centre d'un groupe admirateur de jeunes roués et de galants seigneurs, qui se faisaient dévots pour l'amour d'elle.

Chez la belle marquise de Prie, qui régnait alors sur la France en empruntant le nom de son altesse le duc de Bourbon, quand la petite baronne entrait, c'étaient des rumeurs élogieuses et de flatteurs murmures à dépiter la séduisante marquise elle-même, si la marquise et la petite baronne n'eussent été fort bonnes amies.

La petite baronne était riche, belle, adorée ; c'était assez pour lui mériter un vieux mari infatué de sa noblesse, aimant les philosophes, des hommes ennuyeux, et les poëtes, des gens crottés ; — un mari laid, goutteux, égrillard, possédé de la manie d'écrire des sonnets ou de composer des charades ; un mari, enfin, ainsi qu'il convient d'en avoir un pour une femme charmante qui cherche une excuse à risquer un faux pas.

Point !

Le baron était un joli garçon, spirituel, un peu timide, rose comme une pensionnaire, aimant ainsi qu'un écolier, buvant mal, qualité rare en cette époque légèrement *ébriolée*, jouant peu, et brave comme feu le régent, qui avait été son parrain.

Le petit baron et la petite baronne s'adoraient. Les pigeons du bon la Fontaine pouvaient, auprès d'eux, être, à bon droit, taxés de tiédeur ; ils se quittaient peu, dînaient en tête-à-tête chaque jour, dansaient ensemble le menuet et jouaient aux échecs tous les soirs, riant et se taquinant comme deux étourdis.

En vérité, il eût été téméraire d'affirmer que la petite baronne, qui se nommait Lasthénie, un nom grec alors à la mode, n'était point la plus heureuse et la plus enviée des femmes.

Et pourtant, ce jour-là, malgré le soleil, le printemps, les fleurs et les parfums, tout ce qui fait la vie bonne et charmante, la petite baronne était triste, maussade, et elle ne songeait presque plus à sortir, bien qu'elle eût tout fait disposer pour cela.

Un quart d'heure s'était écoulé, puis un autre et encore un autre ; Manette s'impatientait, la bouche close, Tamburino sautillait de plus belle, — l'éventail allait son train toujours, la petite baronne ne bougeait.

Tout à coup, elle se leva, jeta l'éventail et dit à Manette :

— Fais ôter les chevaux, je ne sortirai pas !

Et la petite baronne se prit à pleurer et versa de grosses larmes qui eussent ému l'homme le plus dur et la femme la plus grassouillette. — Rien n'est insensible comme une femme chargée d'embonpoint.

La petite baronne eût parfaitement pu pleurer fort longtemps, si le bruit d'un carrosse ne se fût fait entendre à la porte de l'hôtel, et si, deux minutes après, le grand laquais chamarré qui se tenait dans l'antichambre n'eût ouvert les deux vantaux du fond et annoncé :

— Madame la marquise de Prie!

La petite baronne essuya à la hâte les perles qui roulaient sur le duvet de ses joues et courut à la rencontre de la marquise.

— Bonjour, chère belle, dit celle-ci. J'arrive de Chantilly, et, tout courant, je viens chez vous. Avez-vous du chocolat à me donner? j'en raffole!

— Sans doute, marquise.

— Mais quoi? s'écria madame de Prie, vous pleurez, chère ma mie, vos yeux sont rouges... et vos lèvres pâles... Ah! mon Dieu! que se passe-t-il donc?

Et la marquise congédia, d'un geste, Manette, qui ne demandait mieux, entraîna la petite baronne sur le sopha, la fit asseoir auprès d'elle, prit ses deux mains dans les siennes et continua :

— Voyons, ma mie, je suis votre aînée d'au moins six mois, on peut me regarder comme une vieille amie et me tout confier. Pourquoi ces pleurs? Est-ce un chagrin, une migraine, une fantaisie impossible, ou une querelle d'amour? le petit baron aurait-il bu, hier, ou bien aviez-vous les nerfs agacés ce matin?

— Rien de tout cela, murmura la petite baronne.

— Qu'est-ce alors, chère ma mie?

— Je suis jalouse! minauda Lasthénie.

— Ceci est impossible, riposta résolûment madame de Prie, à moins que le petit baron ne soit fou... ou qu'il m'aime!

Dans ce dernier cas, acheva la marquise en riant, n'ayez crainte et ne pleurez plus. Je l'éconduirai de la belle manière... je...

— Doucement, ma mie, interrompit la petite baronne, je ne vous ai point dit qu'il aimât une autre femme que moi...

— Eh bien! alors?

— Il a un ami.

— Ah! s'écria la marquise éclatant de rire, ceci devient étourdissant.

— Il a un ami, poursuivit la petite baronne, un ami intime, un Pylade, un Nisus, un autre lui-même, qui s'est

17.

fait son ombre et dont il est devenu l'écho. Il aime son ami presque autant que moi...

— L'impertinent!

— Son ami vient ici chaque jour, à toute heure, il dîne avec nous, il fait ma partie d'échecs...

— Très-bien, je devine. Cet ami-là vous fait la cour.

— Point!

— Il est donc aveugle?

— Nullement.

— Vieux?

— De mon âge.

— Laid?

— Je le trouve charmant.

La marquise devint sérieuse et prit un éventail pour se donner une contenance :

— Décidément, fit-elle, je ne comprends plus et je jette ma langue au chat.

— Hélas! soupira la petite baronne.

— Mais, enfin, quel est cet ami?

— Le vicomte de Martenelles.

— Cornette au régiment de Bretagne-Cavalerie?

— Précisément.

— Le régiment qui va entrer en campagne le mois prochain?

— Tout juste.

— Et dans lequel son altesse compte donner au petit baron l'emploi de guidon?

— C'est cela même.

— Le vicomte n'est-il pas son cousin?

— Au huitième degré au moins, marquise.

— Mais ils se voyaient fort peu, autrefois.

— Certainement oui. Ils ne se voyaient même pas du tout. Mais, un beau jour, ils se sont rapprochés, et depuis les voilà inséparables. Le baron ne jure que par le vicomte, et le vicomte ne saurait faire un pas sans le baron. Mon mari est ensorcelé, Dieu me pardonne! — Il devient joueur, il se grise, il ne rougit presque plus. Ma tante la maréchale en est scandalisée, et mon cousin, l'abbé de Saint-Gilles, me parle déjà purgatoire à faire frémir un athée.

— Oh! oh! fit la marquise, ceci est bizarre.

— Ah! soupira la petite baronne, ce qui est plus bizarre encore, c'est que le baron accorde à un simple conseil du vicomte ce qu'il refuse à mes prières.

— Par exemple! vous aimerait-il moins?

— Nullement.

— Peut-être le vicomte est-il un de ces ténébreux scélérats qui passent leur temps à brouiller les amants?

— Hélas! non, il ne cesse de lui répéter que je suis adorable de tous points.

— Le vicomte a raison, ma mie. Mais qu'a-t-il obtenu qu'on vous a refusé?

Ici deux larmes nouvelles s'échappèrent des beaux yeux de Lasthénie :

— Il a obtenu, murmura-t-elle, que le baron n'irait pas à l'armée!

— En vérité!

— Qu'il refuserait l'emploi de guidon!

— C'est incroyable! Et pourquoi?

— Parce que, lui a-t-il dit, il ne faut pas tenter Dieu lorsqu'il est prodigue envers nous. « Cher baron, lui disait-il, vous avez vingt ans, vous êtes riche, votre femme est une créature incomparable. Qu'avez-vous besoin d'autre chose encore? Songez, mon ami, que le trépas est aveugle, qu'il peut vous atteindre et briser ainsi votre bonheur et celui de la femme qui vous aime. A la guerre, nul n'est à l'abri d'une balle qui vous frappe au front, d'un cheval qui s'abat et qui vous étouffe sous lui, d'un coup d'épée qui vous défigure..... et cette pauvre baronne, que deviendrait-elle, grand Dieu!

— Peste! fit la marquise, mais il est plein de sollicitude pour vous, le vicomte?

— C'est ce qui me dépite, je vous l'avoue.

— Et que répondait le petit baron?

— Il répondait qu'un gentilhomme est au roi avant d'être à lui-même, que l'honneur est plus saint que l'amour, et que son devoir était d'entrer en campagne.

— Il avait raison, le baron.

— Et, cependant, le vicomte a été si éloquent que mon mari a fini par céder.

— Ah ça, ma mie, interrompit madame de Prie, permettez-moi de penser que le vicomte vous adore et qu'il use de moyens détournés pour s'acquérir votre affection.

— Vous vous trompez, marquise, le vicomte ne m'aime pas. J'en ai la preuve.

— Ah !

— La preuve irrécusable.

— J'en doute.

— Le vicomte vous aime.

— Moi ?

— Vous-même. Tenez, il m'a chargée, pas plus tard qu'hier, de vous parler de sa flamme, et de vous faire tenir ce poulet qu'un abbé rimailleur de sa connaissance lui a composé moyennant dix écus.

— C'est cher, minauda la marquise dépliant le papier ambré qui renfermait le quatrain de trente lignes d'assez méchante prose dans laquelle le vicomte s'exprimait clairement.

La marquise se prit à rire :

— Eh bien ! dit-elle, voici le mot de l'énigme : c'est par amour pour moi, qui suis votre amie, que le vicomte s'est fait l'ami du petit baron.

— Point, marquise, il lui eût suffi de s'adresser à moi. D'ailleurs, le baron ne sait absolument rien.

— Ventre-saint-gris ! s'écria la marquise avec un petit air martial qui lui seyait, j'aurai la clef du mystère, et vous ne pleurerez plus, ma mie. Où verrez-vous le vicomte ?

— Je m'étonne qu'il ne soit point venu encore, c'est son heure.

— A merveille ! dit la marquise, je me charge de l'interroger avec la patience et la sagacité d'un juge de l'inquisition.

La marquise achevait à peine, qu'on annonça le vicomte.

— Ma chère amie, dit la marquise, passez au salon et ménagez-moi un tête-à-tête que je souhaite fort.

La petite baronne fut prompte à s'esquiver, et, lorsque le vicomte entra, madame de Prie était parfaitement seule, demi-couchée sur le sopha, s'éventant avec non moins de coquetterie que Lasthénie tout à l'heure, et rêvant aussi délicieusement, en apparence, que le peut faire une femme qui sait être aimée.

Le vicomte s'avança d'un pas délibéré, croyant d'abord avoir à faire à la petite baronne; mais, lorsque la marquise eut tourné la tête, il s'arrêta un peu interdit, salua jusqu'à terre et témoigna une confusion profonde.

Le vicomte était un fort beau cavalier; il avait à Chantilly, et naguère au Palais-Royal, une réputation de viveur et de roué méritée de tous points; il était spirituel, disait-on, brave à coup sûr, querelleur, mauvaise tête, prompt à s'éprendre, inconstant comme pas un, et, par suite, fort couru d'une ruelle à l'autre.

Madame de Prie l'avait remarqué plusieurs fois; la petite baronne, en s'acquittant de sa mission, n'avait point soupçonné, peut-être, tout le plaisir qu'elle causait à la marquise; cependant celle-ci était femme, coquette et dissimulée par conséquent, et le vicomte fut reçu avec un dédain glacial qui, certainement, eût épouvanté et fait rougir le timide petit baron.

Mais le vicomte savait par cœur son Chantilly aussi bien que son Palais-Royal; il se remit promptement de sa feinte émotion, baisa galamment la main de la marquise, s'agenouilla ensuite devant elle, lança à propos quelques œillades et débita imperturbablement une ou deux phrases romanesques empruntées à l'abbé qui lui composait ses quatrains, et, dix minutes après, on ne sait comment, d'ailleurs, il se trouva non plus à genoux, mais assis auprès de la marquise, laquelle daigna bien se reprendre à sourire, et Dieu sait ce que promettait le sourire d'une marquise poudrée à frimas.

— Ah çà, vicomte, dit alors madame de Prie, vous savez la nouvelle?

Le vicomte ouvrit de grands yeux.

— La petite baronne est désolée... elle pleure...

— Tout beau! marquise, et pourquoi?

— Parce que le petit baron a décidément accepté l'emploi de guidon dans votre régiment.

A ces mots, débités d'un ton nonchalant, le vicomte fit un soubresaut et pâlit.

— Le baron est fou! s'écria-t-il.
— Fou? dit la marquise, et pourquoi?
— Parce qu'accepter du service ne lui sied guère.
— Douteriez-vous de sa bravoure?
— Non, certes.
— De son attachement au roi?
— Moins encore.
— Eh bien! alors!
— Eh bien! fit le vicomte avec emportement, quand on est jeune, riche, heureux et aimé, on ne tente pas les prodigalités de la fortune; une bonne étoile se lasse tôt ou tard.
— Vous exagérez, vicomte.
— Non, de par Dieu! marquise, et je n'écoute qu'à moitié mon amitié fraternelle pour lui, car je ressens un violent chagrin en songeant que la prochaine campagne va nous séparer.
— Vous aimez donc fort le baron?
— Comme un autre moi-même. C'est mon ami, mon parent, et je frissonne à la pensée qu'il suffit d'une balle égarée, d'un cheval qui bute, d'un boulet qui s'enterre pour briser cette existence si jeune, si belle, si pleine d'avenir.
— En vérité, monsieur, votre amitié est digne des temps antiques.
— Cher baron! murmura sentimentalement le vicomte. Je l'aime comme mon enfant.
— Et... sa femme? demanda malicieusement la marquise.
— Ce mot est une longue ingratitude, madame, répondit le vicomte en appuyant ses lèvres sur la belle main de madame de Prie.
Madame de Prie ne répondit pas. Elle examinait le comte à la dérobée et se demandait comment il lui serait possible d'arracher au rusé gentilhomme le secret de son amitié exagérée.
— Ah ça, dit-elle tout à coup, je vois que vous avez une affection vive pour votre parent et l'aimez fort, mais alors laissez-moi vous faire un sermon.
— Le prédicateur est séduisant, marquise.

— Le petit baron tire-t-il bien l'épée?
— Heu! heu!
— S'il avait un duel...
— Oh! ciel! fit le vicomte épouvanté, je me battrais pour lui dix fois plutôt qu'une, cher baron!
— Alors, permettez-moi de vous traiter de franc étourdi.
— Moi?
— Vous-même. Mon Dieu! dit la marquise ingénument, nous avons notre petite police secrète, M. de Bourbon et moi, sans compter celle de Richelieu, qui est une police à jupons, et, à nous trois...

Le vicomte fit la grimace.

— A nous trois, continua la marquise, nous savons à peu près tout, et il n'est pas gentilhomme de marque, vous, par exemple, dont les actions ne nous soient connues.

— En vérité!!!

— Or, je sais, par là même, vicomte, que vous entraînez le baron chaque jour en une foule de lieux où rien n'est plus aisé à rencontrer qu'une bonne querelle suivie d'un coup d'épée.

— Ne suis-je point là pour me battre en son lieu et place?

— C'est juste, mais savez-vous bien que c'est chose triste qu'un duel?

— Bah! une misère.

— Le jeune roi ne les aime point.

— Je le sais.

— Et M. de Bourbon moins encore.

— Peuh!

— Vous n'ignorez pas qu'il s'est catégoriquement expliqué, et qu'il a dit formellement que le gentilhomme qui croiserait le fer à la suite d'une altercation légère serait exclu de l'armée et ne pourrait entrer en campagne.

— Je le sais, marquise, mais que voulez-vous?

Et le vicomte fit un geste de résignation héroïque.

Tout aussitôt des pas précipités retentirent dans l'antichambre, la porte s'ouvrit, le petit baron entra.

Le petit baron était pâle, blême, son regard brillait de colère, il avait les lèvres crispées.

Il salua la marquise et alla droit au vicomte :
— Mon ami, lui dit-il, viens avec moi.
— Où cela?
— Dans la rue, à deux pas.
— Pourquoi faire?
— Pour me servir de témoin.
— De témoin! s'écria la marquise.
— Un duel! exclama à son tour avec effroi la petite baronne, qui, de la pièce voisine, avait tout entendu, et accourait éperdue.
— Il le faut! dit le baron.

Le vicomte était devenu fort calme, au grand étonnement de la marquise, et il écoutait le baron froidement, au lieu de manifester cette émotion qu'on avait le droit d'attendre de sa vive amitié.

— Il le faut, reprit le baron, j'ai été insulté.
— Par qui?
— Par un gentilhomme que je ne connais pas, mais que j'ai rencontré dans les antichambres du duc de Bourbon.
— Ah! fit négligemment le vicomte.
— Comment! dit la marquise, vous venez de chez le duc?
— Oui, il m'a fait appeler à huit heures du matin.
— C'est bizarre.
— Pour m'offrir de nouveau l'emploi de guide au régiment de Bretagne.
— Ma foi! pensa la marquise, je n'en savais absolument rien, tout à l'heure, quand je disais au vicomte...
— Et, demanda celui-ci, as-tu accepté?
— Mon Dieu! oui, répondit le baron.
— Ciel! murmura la petite baronne.
— Or, continua le baron, dans les antichambres j'ai trouvé un gentilhomme assez vieux, fort laid, piètrement accoutré, et qui m'a dit : Permettez-moi, monsieur, de vous féliciter de la faveur que vous venez d'obtenir, mais laissez-moi vous dire aussi que je plains sincèrement ce pauvre régiment de Bretagne. — Et pourquoi cela, monsieur? ai-je demandé avec hauteur. — Parce qu'il aura un bien mauvais guidon, m'a-t-il insolemment répondu.

Tu le vois, mon ami, cet homme m'a insulté, je lui ai donné rendez-vous, là, sous les fenêtres, et nous allons nous battre.

— C'est tout simple, dit froidement le vicomte.

— Comment, c'est tout simple ! exclamèrent avec effroi la petite baronne et la marquise.

— Pardieu! oui, mesdames, le baron a été insulté.

— Mais c'est affreux!

— L'honneur avant tout, dit le vicomte; je te suis, baron.

La marquise prit le vicomte par le bras et l'entraîna dans un coin du boudoir :

— J'espère, lui dit-elle, que vous allez vous battre à sa place?

— Pas le moins du monde, marquise.

— Mais tout à l'heure... ne me disiez-vous pas...

— L'insulte est trop grave...

Et le vicomte salua et voulut rejoindre le baron.

Mais la marquise était une femme d'esprit, elle était douée de l'art merveilleux de débrouiller le nœud le plus compliqué et de deviner les énigmes les plus ténébreuses.

— Pardon, vicomte, dit-elle, j'ai encore un mot à vous dire, veuillez me suivre au salon.

L'accent de madame de Prie était devenu impérieux; il renfermait la double autorité de la femme qui se sent aimée et de la femme qui a un pouvoir redoutable dans les mains.

Elle regarda le vicomte en face, et lui dit:

— Monsieur, vous avez prétendu tout à l'heure que vous m'aimiez.

— C'est vrai, madame.

— Vous savez que j'ai tout pouvoir sur monsieur de Bourbon?

— Hélas!

— Et que si je montrais au duc ce papier...

Et la marquise déplia le quatrain du vicomte.

Le vicomte pâlit.

— Vous iriez coucher à la Bastille ce soir, acheva froidement la marquise.

— Madame, dit le vicomte ému, je suis en vos mains; faites de ma liberté ce qu'il vous plaira.

— Je vais vous fournir le moyen de la racheter, vicomte.

— Que dois-je faire?

— Vous allez vous battre pour le baron.

— Impossible, marquise!

— Comment! impossible?

— J'ai bien assez de mes querelles.

— Mais c'est votre ami...

— Sans doute.

— Vous redoutiez pour lui les périls de la guerre...

— Peuh! un duel est moins dangereux. Et puis, marquise, vous n'y songez pas... le duc n'aime pas les duels...

— J'y songe, au contraire, et ce pauvre baron perdra son emploi de guidon accordé ce matin.

— Si je me battais, je perdrais celui de cornette.

— Vicomte, dit gravement madame de Prie, voulez-vous que je vous explique une énigme?

— Quelle énigme, madame?

— Celle de votre amitié subite pour le baron.

— Ah! ricana le vicomte.

— Vous voulez être guidon, vicomte? Ne vous en défendez point, et comme le précepteur du roi, M. de Fleury, vous protége chaudement, vous le serez certainement si le baron ne l'est pas. Mais M. le duc, qui fait grand cas de M. de Fleury, fait encore plus grand cas de moi, qui protége le baron. Or, vous vous êtes dit un jour: Soyons l'ami du baron; conduisons-le partout où il pourra trouver une bonne querelle, et, lorsqu'il se sera battu, je n'aurai plus rien à craindre? Ai-je deviné, vicomte?

Le vicomte balbutia.

— Or, poursuivit la marquise, il est clair comme le jour, à présent, que l'homme qui a insulté le baron était un estafier payé par vous, et par vous mis en sentinelle dans les antichambres du duc.

Le vicomte pâlit.

— Monsieur, dit froidement madame de Prie, je vous

donne ma parole d'honneur que vous serez guidon au lieu et place du baron, mais à une condition.

— Laquelle? demanda le vicomte dont l'œil étincela.

— Pardon, je me trompe, je pose deux conditions au lieu d'une.

— Voyons, la première?

— Vous allez empêcher ce duel.

— C'est fait, dit le vicomte.

Et il ouvrit une croisée du salon qui donnait sur la rue, dans laquelle son estafier se promenait de long en large. Il lui fit un signe; l'estafier comprit et disparut.

— Le baron ne le reverra jamais, dit-il. Quelle est la seconde condition, marquise?

— Celle-ci, répondit la marquise, est plus difficile. Lorsque vous aurez besoin de gagner mes bonnes grâces pour obtenir du crédit, et que vous penserez que le moyen le plus sûr et le plus efficace est de me parler d'un amour que vous n'éprouvez pas, et de le faire en un quatrain, au lieu de dépenser dix écus, composez le quatrain vous-même.

Et la marquise se prit à rire au nez du vicomte stupéfait, pirouetta sur son talon rouge, et s'approcha d'une glace pour rajuster une de ses mouches qui tremblait au coin de sa lèvre et était prête à s'en détacher.

TABLE DES MATIÈRES

	Pages
Le Lion de Venise.................................	1
Les Oranges de la Marquise......................	53
Chez mon Grand-Père.............................	67
La Dragonne du Chevalier........................	96
Le Marquis de Pré-Gilbert.......................	112
La Pupille de Henri IV...........................	161
La Fée de Noël...................................	178
Les Folies d'une Chanoinesse....................	190
La Clef du Jardin................................	229
Le Trésor mystérieux.............................	240
A trente ans.....................................	255
Le Vase de Chine.................................	269
Le Rêve d'or.....................................	281
Le Quatrain du Vicomte...........................	294

Paris.—Imprimerie Morris et Comp., rue Amelot, 64.

CHARLIEU,

ÉDITEUR DE LA SOCIÉTÉ DES GENS DE LETTRES

Boulevard Saint-Martin, 12.

CATALOGUE

NOUVELLE

BIBLIOTHÈQUE CHOISIE

à 1 franc le volume (in-18 ou in-16)

1 fr. 25 c. à l'étranger.

VOLUMES PARUS OU A PARAITRE

LE VICOMTE PONSON DU TERRAIL.

LE LION DE VENISE, 1 volume in-18. . . . . 1 fr.

ALEXANDRE DUMAS

LA MARQUISE DE BRINVILLIERS, LA COMTESSE DE SAINT-GÉRAN, JEANNE DE NAPLES, VANINKA, 1 volume in-18. . . . . 1 fr.
LES BORGIA, LA COMTESSE DE GANGES, LES CENCI, 1 volume in-18. 1 fr.
LA JEUNESSE DE LOUIS XIV, comédie inédite en cinq actes et en prose, 1 volume in-16. . . . . 1 fr.

ÉTIENNE ÉNAULT

LES QUATRE FAUVETTES, 1 volume in-16. . . . . 1 fr.
LA VIE EN MINIATURE, 1 volume in-16. . . . . 1 fr.

ALFRED DALMBERT

FLANERIE PARISIENNE AUX ÉTATS-UNIS, 1 volume in-16. . . . . 1 fr.

JACQUES ARAGO

DEUX OCÉANS, 2 volumes in-18. . . . . 2 fr.

O. MOCQUART

NOUVELLES CAUSES CÉLÈBRES, 1 volume in-18. . . . . . . 1 fr.

X. B. SAINTINE

LES SOIRÉES DE JONATHAN, 1 volume in-18. . . . . 1 fr.
LES MÉTAMORPHOSES DE LA FEMME, 1 volume in-18. . . . . 1 fr.

LE VICOMTE PONSON DU TERRAIL

LE LION DE VENISE, 1 volume in-18. . . . . 1 fr.

PHILIBERT AUDEBRANT
UN CHATEAU DE CARTES, 1 volume in-18. . . . . 1 fr.
G. DE LA LANDELLE
LA SEMAINE DES BONNES GENS, 1 volume in-18. . . . . . . 1 fr.
LES PASSAGÈRES, roman maritime, 1 volume in-18. . . . . . 1 fr.
LOUIS JUDICIS
FUSAINS ET PASTELS, 1 volume in-18. . . . . 1 fr.
CLÉMENT CARAGUEL
LE MARQUIS D'ARGENS, 1 volume in-18. . . . . 1 fr.
PIERRE ZACCONE
COMME IL VOUS PLAIRA, 1 volume in-18. . . . . 1 fr.
BIBLIOPHILE JACOB
HÉLOÏSE ET ABÉLARD, traduction littérale, précédée d'une notice littéraire par M. VILKENAVE, 1 volume in-18. . . . . . . 1 fr.
LE MARQUIS DE VARENNES
HISTORIETTES, 1 volume in-18. . . . . 1 fr.

GÉOGRAPHIE UNIVERSELLE
DE
MALTE-BRUN

revue, rectifiée et complétement mise au niveau de l'état actuel des connaissances géographiques

PAR

E. CORTAMBERT,
SECRÉTAIRE DE LA SOCIÉTÉ DE GÉOGRAPHIE.

8 forts tomes grand in-8° Jésus
DIVISÉS EN 16 VOLUMES

Illustrés de 80 vignettes sur acier gravées exprès pour la publication, savoir :
16 gravures coloriées à la main, contenant environ 50 types des costumes de tous les pays;
64 vignettes représentant les vues des principales villes et les monuments historiques du monde entier;
Enfin, 8 grandes et magnifiques cartes dressées exprès pour l'intelligence de l'ouvrage, formant un atlas à part.

160 livraisons à 50 cent. — 16 volumes à 5 francs.
IL PARAIT UN VOLUME PAR MOIS.

L'Atlas des 8 Cartes se vend à part 8 francs.
CHAQUE CARTE SEULE 1 FR. 50 CENT.

PUBLIÉ PAR DUFOUR, MILLAT ET BOULANGER.

LIVRES D'ÉTRENNES

ANCIEN TESTAMENT
LES FEMMES DE LA BIBLE

PRINCIPAUX FRAGMENTS
DE L'HISTOIRE DU PEUPLE DE DIEU
Par l'Abbé G. DARBOY

Un magnifique volume grand jésus, in-8°, illustré de 20 gravures sur acier.

Prix broché, 20 fr. — Reliure mosaïque, 24 fr.

NOUVEAU TESTAMENT
LES FEMMES DE LA BIBLE

PRINCIPAUX FRAGMENTS
DE L'HISTOIRE DU PEUPLE DE DIEU
Par l'Abbé G. DARBOY

Un magnifique volume grand jésus, in-8°, illustré de 18 gravures sur acier.

Prix broché, 20 fr. — Reliure mosaïque, 24 fr.

LE CHRIST
LES PROPHÈTES ET LES APOTRES

PRINCIPAUX FRAGMENTS
DE L'HISTOIRE DE LA RELIGION

Un beau volume grand-Jésus in-8, illustré de 18 gravures sur acier

Prix broché, 20 fr. — Reliure mosaïque, 24 fr.

LES SAINTES FEMMES
FRAGMENTS D'UNE HISTOIRE DE L'ÉGLISE

PAR L'ABBÉ G. DARBOY

Avec collection de Portraits des Femmes remarquables de l'Histoire de l'Église

Ouvrage approuvé par Mgr l'Archevêque de Paris

UN SUPERBE VOLUME JÉSUS, GRAND IN-8°

Prix broché. 20 fr. — Reliure mosaïque 24 fr.

BEAUTÉS DU CHRISTIANISME
Texte par M. l'Abbé E. BEUF

Nous avons placé en tête du volume la lettre de félicitations écrite à l'auteur par Mgr l'Archevêque de Paris,

UN BEAU VOLUME GRAND JÉSUS IN-8°

Illustré de 13 vignettes sur acier.

Prix broché, 16 fr. — Reliure mosaïque, 20 fr.

BEAUTÉS DE L'HISTOIRE SAINTE

COLLECTION DE VIGNETTES

REPRÉSENTANT LES SCÈNES LES PLUS REMARQUABLES DE L'HISTOIRE
DU PEUPLE DE DIEU

Texte tiré des Livres Saints

MAGNIFIQUE VOLUME GRAND JÉSUS IN-OCTAVO

Illustré de 20 gravures sur acier.

Prix, broché, 20 francs. — Reliure mosaïque, 24 francs.

Beautés de Walter Scott

PORTRAITS DES HÉROINES DE WALTER-SCOTT

Avec Texte

PAR

Alex. Dumas, E. Souvestre, F. Soulié, Jules Janin, Hip. Rolle,
Mmes Ancelot, A. Tastu, Desbordes-Valmore, Louise Collet, etc.,

MAGNIFIQUE VOLUME ILLUSTRÉ DE 28 PORTRAITS,

Prix, broché, 12 francs. — Reliure mosaïque, 16 francs.

PICCIOLA, par X.-B. Saintine.

splendide volume illustré de Vignettes sur acier et sur bois.

Prix, broché, 7 fr. 50 c. — Reliure mosaïque, 12 fr.

ROMANS ILLUSTRÉS A 20 CENTIMES.

Alexandre Dumas.
LES CRIMES CÉLÈBRES :

	fr.	c.
LA MARQUISE DE BRINVILLIERS. — KARL SAND. — MURAT. — LA COMTESSE DE SAINT-GÉRAN. — LES CENCI........	»	90
MARIE STUART..	»	70
LES BORGIA. — LA MARQUISE DE GANGE...............	»	90
LES MASSACRES DU MIDI. — URBAIN GRANDIER.........	1	10
JEANNE DE NAPLES. — YANINKA.........................	»	70

Paul de Kock.

	fr.	c.
LA JOLIE FILLE DU FAUBOURG.........................	1	10
L'AMOUREUX TRANSI...................................	1	10
L'HOMME AUX TROIS CULOTTES........................	»	90
SANS CRAVATE..	1	30
L'AMANT DE LA LUNE.................................	3	15
CE MONSIEUR...	1	10
LA FAMILLE GOGO.....................................	1	50
CAROTIN	1	10
MON AMI PIFFARD....................................	»	50
L'AMOUR QUI PASSE ET L'AMOUR QUI VIENT..........	»	70
TAQUINET LE BOSSU..................................	»	70

Frédéric Soulié.
OEUVRES COMPLÈTES.
ÉDITION ILLUSTRÉE DE GRAVURES SUR BOIS.

	fr.	c.
LES DEUX CADAVRES..................................	1	10
LE VICOMTE DE BÉZIERS..............................	1	10
LE COMTE DE TOULOUSE..............................	1	10
SATHANIEL..	1	10
LES MÉMOIRES DU DIABLE............................	3	15
LE MAGNÉTISEUR.....................................	1	10

LA COMTESSE DE MONRION :

	fr.	c.
1re partie : LA LIONNE..............................	1	10
2e partie : JULIE...................................	1	30
LE CONSEILLER D'ÉTAT...............................	1	10
LE LION AMOUREUX...................................	»	50
EULALIE PONTOIS....................................	»	50

	fr.	c.
LE BANANIER	»	70
MARGUERITE	»	90
UN MALHEUR COMPLET	»	80
DIANE DE CHIVRY	»	80
LES QATRE SOEURS	1	10
AU JOUR LE JOUR	»	90
HUIT JOURS AU CHATEAU	1	10
CONFESSIONS GÉNÉRALES	2	55
SATURNIN FICHET	2	75
LES PRÉTENDUS	»	70

Shakspeare. — ŒUVRES COMPLÈTES.
TRADUCTION NOUVELLE PAR Benjamin Laroche.

2 magnifiques volumes, illustrés de 225 gravures sur bois. Prix des 2 volumes.......... 11 55

Saintine.

PICCIOLA, 1 volume illustré.......... » 90

Eugène Sue.

LES MYSTÈRES DE PARIS	3	75
LE JUIF ERRANT	3	15
LES MISÈRES DES ENFANTS TROUVÉS	4	80
LA FAMILLE JOUFFROY	3	»

Jacques Arago.

VOYAGE AUTOUR DU MONDE, 1 volume illustré.......... 2 93

Charles Didier.

ROME SOUTERRAINE	1	10
THÉCLA	»	70

Marco de Saint-Hilaire.

LES MÉMOIRES D'UN PAGE DE LA COUR IMPÉRIALE.......... » 90

Alboise et Maquet.

LES PRISONS DE L'EUROPE.......... 3 55

Dinocourt.

UNE TÊTE MISE A PRIX.......... » 90

J. Lafitte.

LE DOCTEUR ROUGE.......... » 90

Gonzalez et Moléri.

LES SEPT BAISERS DE BUCKINGHAM.......... » 70

Alexandre Devred.

LA FAMILLE PERLIN.......... » 70

MAGASIN THÉATRAL ILLUSTRÉ

CHOIX DE PIÈCES DES AUTEURS CONTEMPORAINS

Jouées sur les divers théâtres de Paris.

—◦○◦—

20 centimes chaque Pièce complète, publiée séparément.

Mercadet, 3 actes.
La Marquise de Senneterre, 3 ac.
Claudie, 3 actes.
Jenny l'Ouvrière, 5 actes.
Le verre d'eau, 5 actes.
Le Riche et le Pauvre, 5 actes.
Jean le Cocher, 5 actes.
La Pensionnaire mariée.
Les Rubans d'Yvonne.
La Faridondaine, 5 actes.
Simple Histoire.
Un Bal du grand monde.
La fille de madame Grégoire, 1 a.
La Chanoinesse, 2 actes
Masséna, 3 actes.
Le Diplomate, 1 acte.
Le Mari de la Dame de Chœurs, 2 actes.
La Camaraderie, 5 actes.
Frère Tranquille, 5 actes.
Les Pilules du Diable, 5 actes.
Les Enfants de troupe, 2 actes.
La Dame aux Camélias, 5 actes.
Le Château des Tilleuls, 5 actes.
Bertrand et Raton, 5 actes.
Richard III, 5 actes.
Une Nichée d'Arlequins, 1 acte.
Les Femmes du Monde, 5 actes.
Adrienne Lecouvreur, 5 actes.
Le Bourreau des Crânes, 3 actes.
La Table tournante, 1 acte.
Les Œuvres du Démon, 5 actes.
Les deux Marguerite, 1 acte.
La Haine d'une femme, 1 acte.
Elvire ou le Collier, 3 actes.
Les Diamants de Madame, 1 act.
Les deux Précepteurs, 1 acte.
Le Consulat et l'Empire, 5 actes.
Maurice ou l'Amour à Vingt ans, 5 actes.
La Corde Sensible, 1 acte.
Le vieux Garçon et la petite Fille, 1 acte.
L'ouvrier, 5 actes.
Diane de Chivry, 5 actes.
Jacques le Corsaire, 5 actes.
La Vénitienne, 5 actes.
Les fils Gavet, 1 acte.
Ali-Baba, 3 actes.
La Pêche aux Corsets, 1 acte.
La Belle-Mère, 1 acte.
Le Prince Eugène, 3 actes.
Le Mauvais Gas, 5 actes.
La Poudre de Perlinpinpin, 5 a.
L'Ambassadeur, 5 actes.
Le Mariage d'Argent, 5 actes.
Le Bois de Boulogne, 2 actes.
La Partie de Piquet, 1 acte.
Le Juif de Venise, 5 actes.
Le Coiffeur et le Perruquier, 1 a.
Le Bal du Sauvage, 3 actes.
Gusman ne connaît pas d'obstacles, 4 actes.
Paillasse, 5 actes.
Avant, Pendant, et Après, 3 actes.
La Quarantaine, 1 acte.
Une Indépendance en Cœur, 1 a.
L'Ondine, 1 acte.
Les Noces de Merluchet, 3 actes.
Une Idée de jeune Fille, 1 acte.
Un moyen dangereux, 2 actes.
L'Héritière, 1 acte.
Les Rues de Paris, 5 actes.
La Fille du Feu, 3 actes.

Le Paradis Perdu, 5 actes.
Un Conte de Fées, 2 actes.
Le Vieux Bodin, 1 acte.
Les Amours Maudits, 5 actes.
Une Partie de Cache-Cache, 2 a.
L'Enfant de la Halle.
La Bataille de l'Alma, 3 actes.
Grégoire, 1 acte.
Un vieux Loup de Mer, 1 acte.
La Bourgeoise ou les Cinq Auberges, 5 actes.
Les Conquêtes d'Afrique, pièce militaire, 4 actes.
Voilà ce qui vient de paraître, 5 a.
Mauprat, 5 actes.
Le Cordonnier de Crécy, 5 actes.
André le Mineur, 5 actes.
Le Manoir de Montlouvier, 5 act.
Le Monde Camelotte, 3 actes.
Les Vignerons d'Argenteuil, 3 a.
Les Carrières de Montmartre, 5 a.
Malvina, 3 actes.
La Duchesse de La Vaubalière, 5 actes.
La Tour de Londres, 5 actes.
La Grotte de la Falaise.
Suzanne, 5 actes.
Le Royaume du Calembourg, 3 a.
César Borgia, 5 actes.
Comte Herman, 5 actes.
La Servante, 7 actes.
Flaminio, 3 actes.

MAGASIN THÉATRAL

ÉDITION A 2 COLONNES

Choix de Pièces jouées sur les divers Théâtres de Paris

Prix de chaque Pièce : 60 centimes.

Absents ont raison (les).
Alchimiste (l'), d. 5 a. A. Dumas.
Ami Grandet (l'), c.-v. 3 a.
Ame transmise (l').
Amours de Psyché (les), p. f. 3 actes.
Amours d'une rose (les), v. 3 a.
Ango, drame en 5 actes.
Apprenti (l'), vaud. 1 a.
A qui mal veut mal arrive.
Armée de Sambre-et-Meuse (l').
Atar-Gull, drame en 5 actes.
Auberge de la Madone, dr. en 5 a.
Aumônier du régiment (l'), vaud. 1 a.
Aventures de Télémaque (les), v. 3 a
Aveugle et son bâton (l'), v. 1 a.
Avoués en vacance (les), v. 2 a.
Badigeon 1er, vaud. en 2 actes.
Barrière de Clichy (la).
Belle Limonadière, com.-vaud, 3 a.
Blanche et Blanchette, dr.-vaud. 5 a.
Bonaparte, drame militaire en 5 a.
Bonaparte ou les pages d'une gr. hist.
Bergère d'Ivry (la), dr.-vaud. 5 a.
Berline de l'Emigré (la), dr. en 5 a.
Brigands de la Loire (les), dr. 5 a.
Biche au Bois (la), féerie, 18 tabl.
Brelan de Troupiers (le), vaud. 1 a.
Boquillon, dr. 3 a.
Benoit ou les deux Cousins.
Bianca Cantarini, dr. 5 a.
Boudjali.
Cabaret de Lustucru, v. 1 a.
Cachemire vert (le), 1 a. A. Dumas.
Camille Desmoulins, monolog. dramat.
Cas de Conscience (un), c. 3 a.
Chasse au chastre (la).
Chatterton mourant, monologue.
Cheval de bronze (le), op. c. 3 a.
Cheval du Diable (le), dr. 5 a.
Châle Bleu (le), com. 2 a.
Charlot, comédie en 3 actes.
Claude Stock, drame en 4 actes.
Chauffeurs (les), drame en 5 actes.
Château de Verneuil (le), dr. 5 a.
Château de Saint-Germain (le), dr. 5 a.
Chef-d'œuvre inconnu (le), v. 1 a.
Chiens du mont St-Bernard (les), dr. 5 actes.

Cromwell et Charles Ier, dr. 5 a.
Caligula, tragédie en 5 a., A. Dumas
Calomnie (la), com. 5 a.
Chambre ardente (la), dr. 5 a.
Chanvrière (la).
Christine à Fontainebleau, drame.
Canal Saint-Martin (le), dr. 5 a.
Chevaux du Carrousel (les), dr. 5 a.
Chevalier de Saint-Georges (le), dr. 3 actes.
Chevalier du Guet, com. 3 a.
Christophe le Suédois, dr. 5 a.
Colombe et Perdreau, idylle, 3 a.
Circassienne (la).
Commis (le) et la Grisette, vaud. 1 a.
Contre fortune bon cœur.
Course au plaisir (la).
Compagnons (les) ou la Mansarde de la Cité, dr. 5 a.
Chevalier d'Harmental (le), dr. 5 a. Alex. Dumas et Maquet.
Conscrit (le) de l'an VIII, com. 2 a.
Connétable de Bourbon (le), dr. 5 a.
Comte Hermann (le), dr. 5 a. A. Dumas.
Chercheurs d'Or (les), dr. 5 a.
Camille Desmoulins, dr. 5 a.
Chevaliers du Lansquenet (les), dr. 5 actes.
Cravate et Jabot, com.-vaud. 1 a.
Croix de Malte (la), dr. 3 a.
Chute des feuilles (la), prov. 1 a.
Comte de Mansfield, dr. 4 a.
Chevau-légers de la reine, 3 a.
Corde de Pendu.
Dame aux gobéas (la).
Dernière nuit d'André Chénier (la).
Deux Anges, com.-vaud. 3 a.
Deux Amoureux de la grand'mère (les), 1 acte.
Diable (le).
Discrétion (une), com. 1 a.
Deux Serruriers (les), drame 5 a.
Demoiselles de Saint-Cyr (les), drame 5 actes, A. Dumas.
Deux Divorces (les), vaud. 1 a.
Demoiselle majeure (la), v. 1 a.
Domestique pour tout faire.
Dot de Suzette (la), dr. 5 a.
Doigt de Dieu (le), dr. 1 a.
Don Juan de Marana, dr. 5 a. A. Dumas.
Diane de Chivry, dr. 5 a.
Duchesse de la Vaubalière (la), dr. 5 a.
Dragons de la reine (les).

En pénitence.
Éclat de rire (l'), dr. 3 a.
École Buissonnière (l'), com.-vaud.
École du monde (l'), 5 actes.
Éléphants de la Pagode (les).
Emma, com. 3 a.
Empire (l'), 3 a. et 18 tabl.
Enfants d'Édouard (les), dr. 5 a.
Enfants de troupe (les), v. 2 a.
Enfants du Délire (les), v. 1 a.
Entre deux Cornuchets.
Estelle, com. 1 a. Scribe.
Être aimé ou mourir, com. 1 a.
Eulalie Granger, dr. 5 a.
En Sibérie, dr. 3 a.
Entre l'enclume et le marteau.
Étoiles (les), vaud. 5 a.
Expiation (une), drame 4 a.
Faction de M. le curé (la), v. 1 a.
Famille du Mari (la), com. 3 a.
Frères Corses (les), dr. 3 a.
Famille Moronval (la), dr. 5 a.
Famille du Fumiste (la), v. 2 a.
Fargeau le Nourrisseur, v. 2 a.
Fille à Nicolas (la), com.-vaud. 3 a.
Fille de l'Avare (la), com.-vaud. 2 a.
Fille de l'air (la), féerie 3 a.
Fille du régiment (la), op.-com.
Fille de Frétillon (la),
Fourberies d'Arlequin (les).
Filets de Saint-Cloud (les), dr. 5 a.
François Jaffier, dr. 5 a.
Frétillon, com.-vaud. 3 a.
Fiole de Cagliostro (la), v. 1 a.
Folle de Waterloo (la), dr.-vaud. 2 a.
Forte-Spada, dr. 5 a.
Fablio le Novice, dr. 5 a.
Fils de la Folle (le), dr. 5 a. F. Soulié.
Fils d'une grande Dame (le), com. 2 a.
Fille du Régent (la). A. Dumas.
Ferme de Montmirail (la).
Femme de ménage (la).
Garçon de recette (le), dr. 5 a.
Gars (le), dr. 5 a.
Gaspard Hauser, dr. en 5 actes.
Grand'Mère (la), 3 actes, Scribe.
Geneviève de Brabant, mélod.
Gazette des tribunaux (la), v. 1 acte.
Gothon de Béranger (la).
Guerre de l'indépendance (la).
Guerre des Femmes.
Halifax, com. par Alex. Dumas.
Henri le Lion, drame en 6 actes.
Homme du Monde (l').
Honneur dans le crime (l'), 5 actes.
Honneur de ma mère (l'), 5 actes.

Indiana et Charlemagne, 1 acte.
Indiana, drame en 5 actes.
Ile d'amour (l') c.-v. 3 actes.
Il faut que jeunesse se passe.
Il y a plus d'un âne à la foire.
Impressions de voyage (les).
Japhet à la recherche d'un père.
Jacques le Corsaire, dr. 5 actes.
Jacques Cœur, drame en 5 actes.
Jarvis l'honnête homme, d. 5 actes.
Jarnic le Breton, drame en 5 actes.
Jeanne de Flandre, dr. 5 a.
Jeanne de Naples, idem.
Jeanne Hachette, dr. en 5 actes.
Jean le cocher.
Jeanne d'Arc en prison, monologue.
Je serai comédien, com. 1 acte.
Joanita, op.
Juive de Constantine (la), 5 a.
Juillet, drame 3 actes.
Lanterne de Diogène (la), monologue.
Lestocq, op. com. 3 a.
Lectrice (la), c.-v. en 2 actes.
Léon, drame en 5 actes.
Lucio, drame en 5 actes.
Louisette, c.-v. en 2 actes.
Louise Bernard, Alex. Dumas.
Laird de Dumbiky (le), A. Dumas.
Lorenzino, par Alex. Dumas.
Lescombat (la), d. en 5 actes.
Lucrèce, com.-vaudeville.
Le Lansquenet, vaudeville 2 a.
Madame Panache, c.-v. 2 actes.
Margot, vaudeville, 1 acte.
Mineurs de Trogolft (les), d. 3 a.
Mont-Bailly, drame, 4 actes.
Marco, comédie en 2 actes.
Misère (la), d. 5 actes.
Maurice et Madeleine, 3 actes.
Marino Faliero, tragédie, 5 actes.
Marie, comédie, 5 actes.
Mari de la veuve (le), A. Dumas
Marguerite d'York, dr. 5 actes.
Marguerite de Quelus, idem.
Marguerite, vaudeville, 3 actes.
Mathias l'invalide, c.-v. 2 actes.
Madame et Monsieur Pinchon.
Marcel, drame en 5 actes.
Monck, drame en 5 actes.
Maîtresse de langues (la), v. 1 a.
Marquise de Senneterre (la).
Mathilde ou la Jalousie, 3 actes.
Monsieur et Madame Galochard.
Murat, drame, 5 actes et 16 tab.
Mari de la dame de chœurs (le).
Marquise de Prétintailles (la).

Madeleine, drame en 5 actes.
Manoir de Montlouviers (le), 5 a.
Main droite et main gauche (la)
Mademoiselle de la Faille, d. 5 a.
Marché de Saint-Pierre (le), 5 a.
Marguerite Fortier, idem.
Maître d'école (le), c.-v. 2 actes.
Masséna.
Mémoires du diable (les), 5 a.
Meublé et non meublé.
Mille et une nuits (les), 3 a. 16 t.
Moulin des Tilleuls (le), 1 acte.
Ma maîtresse et ma femme, 2 a.
Mon parrain de Pontoise, 1 a.
Monde volant (le).
Mort de Gilbert (la), monologue.
Mère de la débutante (la), 3 a.
Madame Camus et sa demoiselle.
Marcelin, drame 5 actes.
Meunière de Marly (la), 1 acte.
Monsieur Lafleur.
Naufrage de la Méduse (le), 5 a.
Napoléon Bonaparte, A. Dumas.
Nonne sanglante (la), dr. 5 actes.
Nièce du précepteur (la).
Nouveau Juif-Errant (le), 3 actes.
Officier bleu (l'), dr. 5 actes.
Orphelins d'Anvers (les), idem.
Orangerie de Versailles (l'), 3 a.
Ouvrier (l'), 5 actes, F. Soulié.
Parisienne (une), c.-v. 2 actes.
Philippe III, tragédie 3 actes.
Paris au bal, vaudeville 3 actes.
Paris dans la comète, 3 actes.
Peste noire (la), drame 5 actes.
Paysan des Alpes (le), d. 5 a.
Paul Jones, 5 actes, Alex. Dumas.
Pauvre mère, d. 5 actes.
Père Turlututu (le).
Premières armes de Richelieu (les), 2 a.
Proscrit (le), 5 a. F. Soulié.
Pauvre fille, idem.
Pascal et Chambord, 2 a.
Paméla Giraud, 5 actes, Balzac.
Paul et Virginie, 5 actes.
Paris la nuit, idem.
Paris le bohémien, idem.
Plaine de Grenelle (la), 5 actes.
Pensionnaire mariée (la), v. 2 a.
Perruquier de l'empereur (le).
Pierre Lerouge, c.-v. 2 actes.
Pilules du diable (les), f. 18 tab.
Petites misères de la vie humaine.
Petit Tondu (le), 3 a. et 10 tab.
Pruneau de Tours, vaud. 1 a.
Pauline, drame en 5 actes.

Pied de mouton (le), féerie.
Prince Eugène et l'impératrice Joséphine (le), dr. à) tab.
Prussiens en Lorraine (les), 5 a.
Paillasse.
Pauline.
Plantou de la marquise (le).
Paysanne pervertie (la).
Pauline, châtiment d'une mère.
Paris à cheval, c.-v. 3 a.
Père Trinquefort, vaud. 2 actes.
86 moins 1.
Quand on va cueillir la violette.
Qui se ressemble se gêne, v. 1 a.
Quenouilles de verre (les).
Quand l'amour s'en va. v. 1 a.
Renaudin de Caen, com. 2 actes.
Riche et pauvre, drame 5 actes.
Reine des bals publics (la).
Rita l'Espagnole, dr. 5 a.
Roméo et Juliette, dr. 5 a. F. Soulié.
Rubans d'Yvonne (les), c. 1 a.
Ralph le Bandit, mélod. 5 a.
Révolution française (la), 4 a.
Rigobert, ou fais-moi bien rire.
Ramoneur (le), dr.-vaud. 2 a.
Salpêtrière (la), dr. 5 a.
Sac à malices (le), féerie en 3 a.
Servante du curé (la).
Stella, dr. 5 a.
Sans nom, folie-vaud. 1 acte.
Sarah la Créole.
Sept Châteaux du Diable (les), féerie 5 a.
Sœur du Muletier (la), dr. 5 a.

Sept Enfants de Lara (les), 5 a.
Sonnette de nuit (la), 1 acte.
Stéphen, dr. 5 actes.
Sous une porte cochère, v. 1 a.
Simplette, vaud. 1 acte.
Tache de sang (la), dr. 3 a.
Tout est bien qui finit bien.
Trois Épiciers (les), vaud. 3 a.
Trois Voisins et les Trois Voisines (les).
Traite des noirs (la), dr. 5 a.
Tremblement de terre de la Martinique (le), drame 5 actes.
Tirelire (la), vaud. 1 acte.
Thomas Maurevert, dr. 3 a.
Tailleur de la Cité (le), dr. 5 a.
Tyran d'une femme (le), v. 1 a.
Urbain Grandier, par A. Dumas.
Une Femme par intérim.
Un grand Criminel, dr. 3 a.
Un Mariage sous Louis XV.
Une Mauvaise nuit est bientôt passée.
Une Nuit au Louvre, dr. 3 a.
Un Changement demain, 2 a.
Vicomte de Girofle (le), 1 acte.
Vautrin, dr. 5 a. par Balzac.
Vendredi (le), vaud. a.
Vénitienne (la), dr. 5 a.
Voisin (la), dr. 5 a.
Vouloir c'est pouvoir, com.-vaud. 2 a.
Veille de Wagram.
Vie de Napoléon (la), récit, 1 a.
Vision du Tasse (une), monologue, 1 a.
Voyage en Espagne, vaud. 1 a.
Zanetta ou Jouer avec le feu.

Chefs-d'œuvre du Théâtre Français à 40 centimes.

Athalie, tragédie en 5 a.
Andromaque, tragédie en 5 a.
Avare (l'), com. en 5 a. de Molière.
Barbier de Séville (le), c. 4 a.
Britannicus, trag. en 5 a.
Cinna, trag. en 5 a.
Cid (le), trag. en 5 a.
Dépit amoureux (le), com. 2 a.
École des Femmes (l'), c. 5 a. de Molière.
Folies amoureuses (les), com. 3 a.
Hamlet, trad. 5 a.
Horaces (les), trag. 5 a.
Iphigénie en Aulide, trag. 5 a.

Mahomet, trag. 5 a.
Mort de César (la), trag. 5 a.
Misanthrope (le), com. 5 a.
Mariage de Figaro, com. 5 a.
Mère coupable (la), com. 3 a.
Mérope, trag. 5 a.
Métromanie (la), com. 5 a.
Malade imaginaire (le), com. 3 a.
Othello, trag. 5 a.
Phèdre, trag. 5 a.
Polyeucte, trag. 5 a.
Tartufe (le), com. 5 a.
Zaïre, trag. 5 a.

Paris. — Imprimerie Morris et Comp., rue Amelot, 64.

COLLECTION A 1 FRANC LE VOLUME
FORMAT GRAND IN-18 JÉSUS

VOLUMES PARUS OU A PARAITRE

LE VICOMTE PONSON DU TERRAIL
LE LION DE VENISE, 1 volume in-18. . . . . 1 fr.

ALEXANDRE DUMAS
LA MARQUISE DE BRINVILLIERS, LA COMTESSE DE SAINT-GÉRAN, JEANNE DE NAPLES, VANINKA, 1 volume in-18. . . . . 1 fr.
LES BORGIA, LA COMTESSE DE GANGES, LES CENCI, 1 volume in-18. . 1 fr.
LA JEUNESSE DE LOUIS XIV, comédie inédite en cinq actes et en prose, 1 volume in-16. . . . . 1 fr.

ÉTIENNE ÉNAULT
LES QUATRE FAUVETTES, 1 volume in-16 . . . . 1 fr.
LA VIE EN MINIATURE, 1 volume in-16. . . . . 1 fr.

ALFRED DALMBERT
FLANERIE PARISIENNE AUX ÉTATS-UNIS, 1 volume in-16. . . . . 1 fr.

JACQUES ARAGO
DEUX OCÉANS, 2 volumes in-18. . . . . 2 fr.

C. MOCQUARD
NOUVELLES CAUSES CÉLÈBRES, 1 volume in-18. . . . . . . 1 fr.

X. B. SAINTINE
LES SOIRÉES DE JONATHAN, 1 volume in-18 . . . . 1 fr.
LES MÉTAMORPHOSES DE LA FEMME, 1 volume in-18. . . . . 1 fr.

PHILIBERT AUDEBRAND
UN CHATEAU DE CARTES, 1 volume in-18. . . . . 1 fr.

G. DE LA LANDELLE
LA SEMAINE DES BONNES GENS, 1 volume in-18 . . . . . . 1 fr.
LES PASSAGÈRES, roman maritime, 1 volume in-18. . . . . . 1 fr.

LOUIS JUDICIS
FUSAINS ET PASTELS, 1 volume in-18. . . . . 1 fr.

CLÉMENT CARAGUEL
LE MARQUIS D'ARGENS, 1 volume in-18. . . . . 1 fr.

PIERRE ZACCONE
COMME IL VOUS PLAIRA, 1 volume in-18. . . . . 1 fr.

BIBLIOPHILE JACOB
HÉLOÏSE ET ABÉLARD, traduction littérale, précédée d'une notice littéraire par M. VILLENAVE, 1 volume in-18. . . . . . . 1 fr.

LE MARQUIS DE VARENNES
HISTORIETTES, 1 volume in-18. . . . . 1 fr.

Paris. — Typ. Morris et Comp., rue Amelot, 64.

www.ingramcontent.com/pod-product-compliance
Lightning Source LLC
Chambersburg PA
CBHW060355170426
43199CB00013B/1876